動機づけ面接を始める・続ける・広げる

原井宏明 編著

金剛出版

緒言

原井宏明

本書について

　本書は 2021 年 2 月から開始された雑誌『精神療法』の連載「動機づけ面接（MI）を始める・続ける・広げる」の 17 回を一冊にまとめたものである。執筆者は全員が私の知り合いである。そして一人を除いて，現在も MI のトレーナーや臨床家として，また執筆者として活躍しておられる。お忙しい中，寄稿いただいた先生方に改めて感謝を申し上げる。

　最後の鼎談に関しては，あえて MI とは関係ない人を選んだ。斎藤環先生とは初対面である。斎藤環先生を思い当たったのは某編集者からの誘いがきっかけである。ニッポン放送アナウンサーである吉田尚記さんの本『没頭力――「なんかつまらない」を解決する技術』（吉田＆ヤスダ，2018）のために吉日さんのインタビューに応じるというお誘いだった。なぜ私が？　と編集者に尋ねたら，斎藤環先生が動機づけ面接の専門家として私を推薦されたからという答えだった。いつか，この恩を返したいと思っていたので，斎藤環先生が今回の鼎談の依頼を受けていただいた時はとても嬉しかった。

　奥田健次先生も MI とは無関係に見えるが，実は私の本に一度登場している。日本人による MI を取り上げた最初の本になる『方法としての動機づけ面接――面接によって人と関わるすべての人のために』の p.156 サイドコラム 4 「クライエントは MI に気づくか？」（原井，2012）に，「広汎性発達障害の幼児に対する応用行動分析を使った自宅での養育の名手」として登場する。今の彼は行動分析学に基づく学校教育にも手を広げ，2018 年に「サムエル幼稚園」，さらに 2024 年に「さ

やか星小学校」を開設した。自宅療育のために世界中を飛び回りながら，学校開設にも追われる中で鼎談に応じていただいた。

それぞれの執筆者との思い出

目次を開いて執筆者の顔ぶれを見るだけでも，10 年間で日本でも動機づけ面接が広まったことについては誰にも異論がないだろう。国立国会図書館サーチをつかって，書籍の中で「動機づけ面接」がタイトルに入っているものを検索し，上下巻や付録などを一冊にまとめて数えると 28 冊（2024 年 12 月 9 日現在）がヒットする。5 年ごとに分けて著者の名前を表にまとめてみた。表を見ていただくと本の著者の大半が本書の執筆者として名を連ねていることが分かる。

一方，私は物事に表があるなら，その裏を考える癖がある。表を見ると，この本に加わっていない方々が気になってしまう。その代表は，松島義博先生と後藤恵先生である。そもそも最初の日本語の MI の本は，お二人の訳による『動機づけ面接法─基礎・実践編』（Miller & Rollnick, 2007）である。松島先生とは個人的な思い出がある。2001 年，私がハワイ大学精神科にいたとき，私も MI に興味を持ち始め，MIller 先生の本を翻訳出版することを考えた。このときすでに松島先生が後藤恵先生と翻訳を開始しておられたが，出版が遅れていた。私も何かお手伝いできないかと考え，星和書店の社長から松島先生の連絡先を聞いて電話したのだった。当時，ハワイ大学精神科は NIDA（米国ドラッグアディクション国立研究所）による覚せい剤依存症に対する Matrix プログラムに関わっており，私もロサンゼルスの Matix Institute を見学しにいく予定があった。ついでに松島先生にも会おうともちかけたら，「日本人が精神科施設を見たいといってやって来るけれど，建物だけ見てどうするんでしょうね，来てもしょうがないでしょう」と言われて断られてしまったのだった。松島先生には結局，一度もお会いすることがないまま，2024 年 3 月 11 日にロサンゼルスの施設で亡くなられた。後藤先生とは日本で何度かお会いした。後藤先生は MI を最初に日本に紹介した精神科医である。その後の MI の展開について，今はどう思っておられるのだろうか？

表をみると当初は翻訳書だけだった MI が近年は日本人によるものがほとんどになったことが分かる。また，訳者・著者の間に特定の人間関係があることが分かる。本書の執筆者には自己紹介を兼ねて MI を学ぶ経過を書いていただくこと

表　日本で出版された動機づけ面接の本のタイトルと訳者・著者

		翻訳・タイトル・訳者		タイトル・日本人著者
− 2014 以前	4	● 「動機づけ面接法—基礎・実践編」 　松島義博，後藤恵 ● 「動機づけ面接法実践入門—あらゆる医療現場で応用するために」 　後藤恵，荒井まゆみ ● 「動機づけ面接法 . 応用編」 　松島義博，後藤恵，猪野亜朗 ● 「動機づけ面接を身につける——人でもできるエクササイズ集」 　原井宏明，岡嶋美代，山田英治，望月美智子	2	● 「方法としての動機づけ面接—面接によって人と関わるすべての人のために」 　原井宏明 ● 「禁煙外来を開設しよう！（今日からできるミニマム禁煙医療）」 　神奈川県内科医学会（加濃正人）
2015 − 2019	3	● 「動機づけ面接法の適用を拡大する—心理的問題と精神疾患への臨床適用」 　後藤恵 ● 「グループにおける動機づけ面接」 　藤岡淳子，野坂祐子 ● 「動機づけ面接　第 3 版」 　原井宏明，岡嶋美代，山田英治，黒澤麻美	8	● 「禁煙の動機づけ面接法」 　加濃正人 ● 「医療スタッフのための動機づけ面接法—逆引き MI 学習帳」 　北田雅子，磯村毅 ● 「矯正職員のための動機づけ面接」 　青木治，中村英司 ● 「カウンセリングテクニック入門—プロカウンセラーの技法 30」 　岩壁茂 ● 「リーダーのための動機づけ面接」 　谷口治子，後藤英之，倉本剛史，瀬在泉，濱田佳代子 ● 「失敗しない！ 動機づけ面接—明日からの産業保健指導が楽しくなる」 　磯村毅 ● 「実践アディクションアプローチ」 　信田さよ子 ● 「福祉現場で役立つ動機づけ面接入門」 　須藤昌寛

| 2020 – | 1 | ● 「動機づけ面接を身につける——一人でもできるエクササイズ集 改訂第2版」原井宏明 | 9 | ● 「グループ動機づけ面接 回復への意欲を引き出す! 高める!」磯村毅, 関口慎治
● 「医療スタッフのための動機づけ面接2——糖尿病などの生活習慣病におけるMI実践」北田雅子, 村田千里
● 「回復への意欲を引き出す! 高める! グループ動機づけ面接」磯村毅, 関口慎治
● 「物質使用障害の治療——多様なニーズに応える治療・回復支援」松本俊彦
● 「リーダーのための動機づけ面接——実践編」濱田佳代子, 後藤英之, 石黒仁
● 「外来で診る"わかっちゃいるけどやめられない"への介入技法. 動機づけ面接入門編」清水隆裕
● 「矯正職員のための動機づけ面接——実践編」磯村毅, 青木治, 中村英司
● 「上司・リーダーのためのついついやっちゃう不安全行動改善の手引き——動機づけ面接を活用した4×4で組み立てる部下との関わり」柴田喜幸, 後藤英之
● 「マンガでわかる! 歯科臨床での動機づけ面接超入門——患者さんがみるみる変わる、スタッフも楽になる」吉田直美, 新田浩, 磯村毅, うさっぱ |

をお願いしたが, 省略してしまっている方もいる。この中で岡嶋先生と磯村先生, そして坂上先生について, あえて私から追加させていただきたい。

　岡嶋先生とは私が熊本の菊池病院にいた2000年, 県の精神保健福祉センターで知り合った。それまで熊本から出たことがなかった彼女をなごやメンタルクリニックに連れてきたのは私である。医中誌を使って"岡嶋美代"を検索すると100件の論文がヒットする。そのうち43件が私との共著である。岡嶋先生がな

ぜ私との関わりを書かなかったか？　何があったかは読者の想像にまかせたい。

　磯村先生と知り合ったのはトヨタがらみである。私が2010年，日本行動療法学会第36回の大会長を仰せつかったとき，大会シンポジウムの一つとして「医療品質と効率性　日本の製造業の知恵を医療に生かす」を企画した。名古屋と言えばトヨタ，トヨタと言えば「カイゼン」。「ザ・トヨタウェイ」（ライカー，2004）を読んだばかりだった私は，なんとかして「カイゼン」の人をシンポジウムに呼びたかった。しかし，精神科しか知らない私には何の足掛かりもない。こんなとき，私のMIのワークショップに参加された磯村先生が思い当たった。彼は当時，トヨタ記念病院禁煙外来の内科医だったのである。彼が私をトヨタ記念病院の当時の院長，稲垣春夫先生につないでくれた。そして，稲垣院長がトヨタインスティチュート部長であった吉村一孝さんを紹介してくださったのだった。吉村さんの話は素晴らしかった。磯村先生との知己がなければ実現できなかった企画だった。その磯村先生は今では精神科医である。内科から精神科に転科されたのはなぜなのだろう？　理由はいろいろあるのだろうが，MIを学び，人に教えるようになったことが理由の一つであることは想像に難くない。ちなみに加濃正人先生も内科から精神科に転科しておられる。

　最後に2023年3月22日に亡くなった坂上貴之先生に触れておきたい。慶應義塾大学名誉教授，日本行動分析学会の理事長，日本心理学会の理事長をしておられた行動分析学の著名人である。その人がなぜこの本の中に？　と思うだろう。知り合ったきっかけは偶然中の偶然である。2018年6月17日に東京大学で行われた日本心理学諸学会連合（日心連）の会議に私が日本認知行動療法学会の理事として出ることになった。私の仕事は理事長の指示通りに理事選挙に投票するだけだった。会議が終わり，ロビーでメールの返事を書いていたら，行動科学学会の坂田省吾先生に捕まった。二人で話しているところに坂上貴之先生と弘前医療福祉大学の平岡恭一先生が加わり，上野で酒を飲みながらHullやHerrnstein, Premack, Baum, Lattalの話をすることになってしまった。この後，今井淳司先生と一緒に坂上先生の実験室を見学させてもらったり，2021年の日本行動科学学会年次大会に協力いただいたりなど坂上先生には言い尽くせないほど恩を受けた。改めて感謝申し上げる。

本書の構成について

　最初の連載順から変えて，内容に合わせて章立てをすることにした。大きく分けて MI の概説と執筆者個人の変化，オリジナルな領域への適応などの 3 部立てにした。

第 1 部　MI の概説：教える立場から

　原井　動機づけ面接とは
　北田　学び教える
　沢宮・佐藤　心理臨床概説
　坂上　言語行動分析
　村井　機能と作用機序
　加濃　他理論との接点
　山田　司法
　大坪　評価

第 2 部　個人や組織の変化：実際に MI を使う立場から

　挾間　精神科医として
　川村　糖尿病専門小児科医として
　松浦　受付として
　瀬在　忙しいヘルスケア従事者のために
　今井　精神科病院

第 3 部　オリジナルな領域へ：MI でキャリアを変えた人

　岡嶋
　磯村
　原井　翻訳
　鼎談

読者の方へ

　今後，日本で MI がさらに広がっていくことは確実だろう。臨床家として精神科しか知らない私には想像もしていなかった領域でも使われるようになるだろうし，編者としてこの本を読んで実際にそう思う。それぞれの領域に合わせた MI が実践され，その活動を記した本が今後，現れてくるだろう。各章の執筆者はそうした日本における MI の広がりの先駆者である。彼らの取り組みをこの本の中から読み取っていただきたい。

文献

原井宏明（2012）方法としての動機づけ面接―面接によって人と関わるすべての人のために．岩崎学術出版社．

ジェフリー・K・ライカー（稲垣公夫訳）（2004）ザ・トヨタウェイ（上・下）．日経 BP．

Miller, WR & Rollnick, S（松島義博・後藤恵訳）(2007)動機づけ面接法―基礎・実践編．星和書店．

吉田尚記＆ヤスダスズヒト（2018）没頭力「なんかつまらない」を解決する技術．太田出版．

目　次

第3部　オリジナルな領域へ：MI でキャリアを変えた人

第 1 部

MI の概説

教える立場から

1. 動機づけ面接とは

原井宏明

はじめに

　今日では「動機づけ面接」（Motivational Interviewing：以下，MI）はよく知られた言葉になった。公認心理師試験の課題の一つに加わり，大学病院の精神科医が作った教育ビデオ——「MI の捉え方」が第 2 版までの古いままになっている——を YouTube で見ることができる（松崎，2020）。2003 年には私だけだった MINT（Motivational Interviewing Network of Trainers Inc.：動機づけ面接トレーナーネットワーク）の日本人メンバーも今では 50 人以上になった。MI 関連の翻訳本も私が監訳した MI の標準的教科書である『動機づけ面接　第 3 版』（MI-3 と呼ばれることが多い）（Miller & Rollnick, 2019）をはじめとして数種類以上がさまざまな翻訳者によって公刊されている。日本人 MINT メンバーによる独自の解説書もこの 2, 3 年で数冊が公刊された。

　本書の元となる連載企画は『精神療法』誌にも日本人による MI の連載が掲載されても良いはずだ，それをもとにした日本における MI の発展をまとめた解説書がでてきても良いころだという考えから始まった。

　表 1 に私にわかる範囲で MI の歴史をまとめた。

1.　さまざまな精神療法の中における MI の位置づけ

　私自身は行動療法家である。もし患者や家族から，どんな病気を専門にしているか？　と問われたら，「強迫一筋」と答えるし，どんな治療法を専門にしているか，と問われたら「行動療法」「エクスポージャー」「アクセプタンス＆コミッ

表 1　MI の歴史 （原井，2012，pp.12-13 を更新）

	世界	日本
1969	Miller が Lycoming カレッジで Cliff Smith からクライエント中心療法を学ぶ	
1972	ウィスコンシン州ミルウォーキーの依存症治療プログラムの夏期インターンシップに参加	
1976	ニューメキシコ大学の教官に就職。アルコール依存症に関する研究をはじめる	
1983	ノルウェーでのサバティカル。Behavioral Psychotherapy 誌に最初の MI の論文を掲載（Miller, 1983）	
1986	Rollnick が MI のデモビデオをつくる	
1989	Miller と Rollnick がオーストラリア，シドニーの国立薬物アルコール研究センター（National Drug and Alcohol Research Centre, NDARC）で出会い，意気投合，本を書きはじめる	
1991	MI 初版刊行	
1992	Project MATCH で用いられた動機づけ強化療法（MET）マニュアルが刊行される	
1993	ニューメキシコ州サンタフェで最初の TNT（Training for New Trainers：新規トレーナー育成）ワークショップ	
1995	ロードアイランド州ニューポートで最初の MINT（Motivational Interviewing Network of Trainers/MI トレーナーネットワーク）フォーラム。『MI とは何か』を出版（Rollnick & Miller, 1995）	
1998	MI トレーニングビデオをリリース	
1999	Miller が Monty Roberts に会う。Horse Whispering（野生馬と心を通わせること）と MI の類似性	厚生労働科学研究において動機づけ強化療法を取り上げる（原井，1999）
1999	Rollnick が Health Behavior Change を刊行	

	世界	日本
2000		永田の論文「治療意欲面接」（永田，2000）
2001		地域医療振興協会公衆衛生委員会 PMPC 研究グループによる Rollnick の Health Behavior Change 翻訳出版（Rollnick et al, 2001） 国立菊池病院で MATRIX プログラムに沿った薬物依存症外来治療プログラム（KATS）開始
2002	MI-2 出版	原井が九州アルコール関連問題学会で KATS について発表
2003		原井が日本人最初の MINT メンバーになる
2004		WCBCT（World Congress of Behavioral Cognitive Therapies）世界行動・認知療法会議神戸大会にて Susan Butterworth, Ulfert Hapke によるワークショップ，原井らによるシンポジウム
2005		MI トレーニング DVD 日本語版導入編をリリース
2006	法務省性犯罪者処遇プログラムに MI が取り入れられる	山田英治が司法領域で日本人最初の MINT メンバーになる
2007		後藤らによる MI-2 の翻訳出版
2008	第 1 回国際 MI 学会（International Conferenceon Motivational Interviewing : ICMI）がスイスで開催される	
2010	MINT が法人化される	MI トレーニング DVD 日本語版応用編 加濃・磯村が第 1 回 MI 集中講座を横浜で開催
2012		日本動機づけ面接協会（JAMI）設立 加濃・磯村が MINF を設立
2013	MI-3 出版	
2015		MINT Endorsed TNT 東京開催 日本人 MINT メンバーが 50 人を超える。 寛容と連携の日本動機づけ面接学会（JASMINE）設立
2019		MI-3 日本語版出版
2023	MI-4 出版	

トメント・セラピー」の順で答えるだろう。原井クリニックを開業して気づいたのは MI をクリニックの宣伝文句にはできないことである。「動機づけ面接専門クリニック」と言われても何をするところなのかわからない。

　MI は特定の病気を専門にした治療法ではない。また言い過ぎになるのかもしれないが，MI だけで治せるような疾患には専門家は不要である。たとえばダイエットや運動などの生活習慣の変容に対して MI は有効だが，いずれも専門家の手助けなしで患者一人でも達成が可能である。ある意味，MI は「専門性」の否定から始まっていると言える。読者の多くは，特定の精神療法のエキスパートが高説を論じることを期待しているのだと思うのだが，本書はそのような期待を覆すような内容になっている。

2.　執筆者の選択に当たって

　執筆を依頼するに当たって，最初に頭に浮かんだのは現在，MI のトレーナーとして指導する立場にある人たちである。日本における MI の初期採用者である。これは Everett M. Rogers の技術革新の普及に関する採用者カテゴリーの分類である（Rogers, 2003）。彼によれば技術の採用者をイノベータと初期採用者，初期多数派，後期多数派，ラガードの 5 つにわけることができる。図 1 に示す。

　MINT のメンバーであり，MI の創始者である William M. Miller や Stephen Rollnick に会ったことがあり，MI の概念の変化も知っている。医療者向けの指導書を執筆し，アマゾンでベストセラー 1 位になった人もいる。彼らは教科書の執筆者としても最適だろう。一方，言うまでもないが，私を含めてどの執筆者も生まれつき動機づけ面接をわかっていたとか，大学在学中や研修中に MI を身につける機会があったという人はいない。MI が日本でも知られるようになったのは 2000 年以降のことである。初期採用者がどうやって MI に触れたのか，身につけたのかは読者なら教えて欲しいことだろう。

　次に浮かんだのが MI を最前線で利用する立場にいる人である。MI はアディクションの治療から始まり，今は一般的な保健指導にも使われるようになった。さらに広げるとしたら電話相談窓口や受付だろう。クライエントが最初に接する相手が MI を使えるかどうかによってクライエントが受診するかどうかが決まる。MI が行政の電話相談窓口や受付でも使われるようになったら，一般市民としての私も恩恵をうけることになるだろう。

　最後に考えたのが，私自身が自分の科学哲学として採用している徹底的行動主

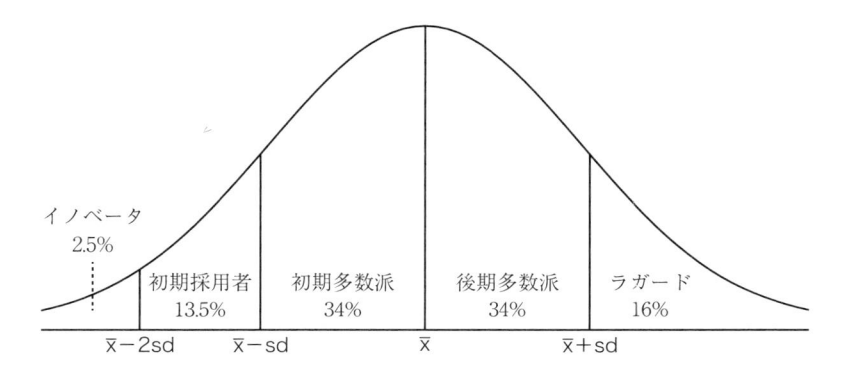

図 1　革新性に基づいた採用者カテゴリー（Rogers, 2003）

イノベーションを採用する時点によって計測される革新性の次元は，連続的な量である。革新性の変数は，採用時点の平均値（x）から標準偏差（sd）分ずつずらすことで，5つの採用者カテゴリーに区分される。

義の立場にいる人である。MI のスピリットでいう自律や受容，内在的価値とは行動の言葉で言い換えればいったい何のことなのだろう？

　それぞれの執筆者には一応のテーマをお願いしているが，執筆者の自己紹介も含めていただくことにした。私も含めて現在 MI のトレーナーとして活躍している人はもともと MI と縁遠いところにいた。MI というアプローチを知らず，もしクライエントが抵抗したり，治療が思うように進まなかったりしたら，それをクライエントや病理のせいにしていた。そんな人が，どこかの時点で MI に触れるチャンスがあり，スキルを実際に習得し，自分を変え，その結果としてクライエントの変化を見てきた。そして，自分やクライエントを変えるだけでは飽きたらず，他人にも伝えようとしている。

　現時点では MI とは何かについてどの執筆者でも大きな違いはない。一方で，MI に触れる前のやり方や MI につながったきっかけ，学び方，教え方については多様である。MI は単独で使うことが少ないアプローチだから，誰でも他の方法と一緒に使っていることが普通である。併用する方法は精神療法に限らない。薬物療法や保健指導，身体リハビリもあるだろう。MI の今後がどうなっていくのか，MI のトレーナーはどうあるべきかについて意見が分かれる。精神療法はおおよそすべてが対人関係に関わるものだから，自学自習だけで習得できることはありえず，習得過程には人との関わりが必要である。カジュアルな人間関係で

もよいが，同じ精神療法の研鑽を目的とする人々が集まった組織があったほうが良いだろう。ではその組織はどうあるべきなのだろうか？　運営はどうしたら良いのだろうか？　MINT はトレーナーだけの集まりである。一方でトレーナーになる気はないが MI を習得したい人も大勢いる。そうした人たちのための組織は？

　技能検定や資格認定，組織運営に対する態度は MINT のメンバーの中でもはっきり別れている。技術の普及と品質向上，仲間の必要性には誰もが賛同するが，実際に仲間づくりをどう進めていくのかについては意見が別れる。そもそも MI 自体が一人ひとりの自主独立を尊重するものなのだから，多種多様な MI 関連団体が乱立したとしても，それはそれで MI らしい。一方で他からみれば MI もどきを推進しているとみなされる団体もでてくるだろう。

I　自己紹介

1．MI につながったきっかけ

　私は今でこそ「強迫一筋 34 年」をキャッチフレーズにするような強迫症に対する行動療法を専門にしたクリニックの院長になっているが，国立病院で働いていた 3，40 代のころは物質関連障害を専門にしていた。MI に出会えたのは依存症治療に関わったからである。

　2000 年に国立菊池病院にいたとき，当時，国立肥前療養所におられた村上優先生に声をかけられて厚生労働科学研究費を受けることになり，依存症治療について系統的に調べることになった。系統的レビューを行うと，CBT と 12 ステップ，MI を比較した Project MATCH（Project MATCH, 1993）に行きあたった。CBT と 12 ステップはよく知っていたが，MI を知らなかった私には MI が興味深く思えた。依存症患者の日米比較のためにハワイ大学精神科に派遣され，患者の面接調査を行い，その結果を発表するため同年 5 月のアメリカ精神医学会に参加した（Harai & Haning, 2006）。学会場で隣になった精神科医から米国の依存症業界では MI が評判になっていることを知った。

　2001 年，再びハワイ大学に行った。矯正関連の職員を対象にしたワークショップに参加するとテーマは MI だった。ハワイ大学では Matrix プログラムと呼ぶ覚せい剤依存症に対する治療法の臨床試験をすることになった。ロサンゼルスの Matrix Institute にて Jeanne Obert（Rawson et al, 1995）のワークショップを受けた。やはり MI だった。ここまで来ると MI を避けては通れない。

　そこで，William Miller に連絡をとった。Miller は私にトレーナーになれ，2002 年にハワイで TNT（Training for New Trainer）をするからそれに申し込めと言う。そのときの私は MI のワークショップに何度か出た程度である。トレーナーになれる自信はまったくない。もたもたするうちに 2002 年には間に合わなくなった。Miller はそれでも諦めず，2003 年にクレタ島でするから，それに申し込めと言う。もう逃げようがない。ハワイにしておけばよかったと後悔したが——熊本からクレタ島に行くには 2 日以上かかった——申し込むことにした。私一人でどう勉強したら良いか？　と Miller に尋ねたら，「MI のビデオを繰り返し見ろ」が答えだった。言われたとおり，7 本ある VHS のビデオテープ（Miller & Rollnick, 1998）を繰り返し見るようにした。

　今でも印象に残っているのは Miller がアルコール問題を抱えた大柄のネイティブ・アメリカン男性を面接している場面である。目を合わせず，ぼそぼそと一言二言しか話さないクライエントを相手にして Miller が聞き返しを進めていくと，次第にクライエントが妻とのいさかいを話し始める。聞き返しの効果はこういうことなのか？　シゾイドパーソナリティー障害のように見える口の重いクライエントに共感するとはこういうことなのか！　本よりも無口な男同士のビデオのほうが私には説得力があった。

2.　私自身が MI を学ぶプロセス

　2001 年から菊池病院において Matrix プログラムに準拠した薬物依存治療プログラムを KATS（菊池アディクショントリートメントサービス）と名付け，行うようになった。このときが MI を実際の患者に使い始めた最初である。主な対象は 10 代のシンナー依存の患者たちだった。KATS は患者を縛り付けない。断薬も前提にしない。継続することと計画的で健康な生活に関連した行動を増やすことだけを目標にした外来治療プログラムである。私には依存症患者への対応を指導してくれた先輩のように逆らう患者を体で押さえつける肝っ玉はなかった。しかし，MI のような "甘いやり方" でやれる自信もなかった。

　シンナーを駐車場で使ってから診察室に入ってくるだけならまだしも，セックスフレンドも一緒につれてくるような女子高生がいた。あるとき，価値観並べ替えエクササイズを行い，MI のスタイルで聞き返しをしていったら，将来は子どもが欲しい，友達を減らしたくない，と言うようになった。そして，その場で，入院してシンナーを切りたいと言い出したのである。彼女は実際に翌週から，1 週

間入院し，シンナーを切ることができた。MIを使えるようになって，私自身にとって以前は不可能だったことが可能になったことを実感した最初の瞬間である。

　2003年クレタ島にてTNTに参加した。MIトレーナーの組織MINTに加わった。菊池病院のスタッフと近くの施設にも声をかけて，希望者を集めMIの学習グループを作った。近くの調剤薬局の薬剤師も参加してくれた。MINTのメンバー専用のメーリングリストにもよく投稿するようになった。ある年，私は投稿数でトップ3に入った。

　自身の経験から，MIを学ぶにはビデオが必要だと思っていた。Millerにも勧められ，Millerたちのビデオと同じような構成で日本人が登場する訓練用DVDを作ることにした。菊池病院のスタッフ，OCDの会の患者さんと一緒になって「動機づけ面接トレーニングビデオ日本版［導入編］」を2004年に作成した。当時のMIは4つの原則に従うものとされていた。①共感を示す，②矛盾を広げる，③抵抗を手玉に取る，④セルフエフィカシーをサポートする，である。このビデオはこの4つの原則とOARS（O＝開かれた質問，A＝是認，R＝聞き返し，S＝サマライズ），チェンジトークの具体例を示したものである。

3.　学習者として自分にとって役に立ったと思われるMIの学び方

　振り返って私にとって役に立ったものを3つあげろ，と言われたら次のように答える。

1）デモンストレーションビデオを繰り返しみる

　私自身は，本を読むよりも実際のデモを繰り返し見る方が役立った。これを裏付ける経験がある。たまたま私が参加したMIの学習会で，数人が二人組のリアルプレイをするところを見せてもらった。ほとんどの人はそれまでに私のワークショップに何度か参加したことがある人で，顔を知っていた。一方，一人だけ面識がない人がいたが，彼のリアルプレイはうまかった。理由を尋ねたら，「『動機づけ面接トレーニングビデオ日本版［導入編］』を繰り返し見たから」が答えだった。ある意味でショックだった。私のワークショップはスキルの向上にはたいして役に立っていないことが証明されたようなものだったからだ。

2）自分自身の面接場面を録画し，コード化する

　ビデオの作成には100時間以上かかった。撮影自体は8時間で済んだが，その

中での面接をすべて逐語にし，4つの原則とOARS，チェンジトークがよくわかる部分を抜き出し，再編集するためには数週間を費やした。しかし，この見返しのプロセスは自分の面接，クライエントの反応を繰り返し見ることであり，自分自身へのフィードバックになった。

3）クライエントからの直接のフィードバックがある

　私自身がMIに感動したのは，先に述べた10代のシンナー依存の患者だけではない。嫌なことは絶対にしないと公言する自己愛的な潔癖症患者，何を聞いても「微妙」としか答えなかった10代のうつ病患者，その他いろいろいる。いずれもそれまでは私が苦手にしていた患者である。苦手な相手といえば職員の中にもいる。他科と比べて精神科医にはユニークな人が多いというのにはたいていの人が同意するだろうが，病院管理職の立場からみれば，これは由々しき問題である。国立病院の部長職にいた人間として，MIが使えるようになったことで"ユニーク"な精神科医が部下になってもそれほど苦手に思わなくなった。

　私にとってはっきりしているのは読書と講演やワークショップの受講を繰り返してもMIの技術の向上につながらないことである——自分自身がいろいろ執筆し，何度も講師をしているのにこう書くのは矛盾しているし，読者や受講者を騙しているとさえ自分で思う。しかし，私が最初に単著でMIについて書いた本である『方法としての動機づけ面接—面接によって人と関わるすべての人のために』の中でも私は次のように書いている。

　　もし，読むだけで動機づけ面接ができるとあなたが期待しているならば，私はこの本を返品することをお勧めする。読書より動機づけ面接のビデオを視聴するほうが役に立つ。私がそうだったから。（原井，2012，pv.ii）

4．トレーナーとして，これからの学習者に勧めたいMIの学び方

　一般論として精神療法の学び方には次のような方法がある。これはBeidasらの論文（Beidas & Kendall, 2010）にアプレンティスシップを加えたものである。
　1．マニュアルを読む
　2．ワークショップ
　3．スーパービジョンを受ける

4. アプレンティスシップ（Apprenticeship：徒弟制度）

　それぞれ一長一短がある。読書やワークショップでは理論やモデルを学ぶことはできるが，実際の事例を扱うことや体験実習にはならない。スーパービジョンは事例にフォーカスすることができるが，カウンセリングの終了後にバイザーとバイジーが話し合う通常の形式では，バイジーが回避しているテーマを取り上げることができない。したがって，MIの場合は事例のまとめだけではなく録音と逐語もバイザーに提出するように勧めている。スーパービジョンで結果を出せるようになった人は現在，松沢病院で精神科部長をしている今井淳司先生がいる。彼は松沢病院で動機づけ面接道場を開き，優秀な指導者の一人になった。

　アプレンティスシップはオン・ザ・ジョブ・トレーニングと言っても良いだろう。クライエントの承諾があればバイザーがバイジーのカウンセリングに陪席して，リアルタイムでフィードバックをすることも可能になる。一方，指導者がすぐそばにいることで，学習者が指導者に頼りやすくなり，自分なりの治療計画や経過の報告を怠ることが起きやすくなるかもしれない。事例の報告行動は初期のトレーニングでは必須だが，いきなり現場に入って事例を持たせる形式のアプレンティスシップではこれがおろそかになる恐れがある。私の経験で言えば一緒に仕事をすることでMIでも，強迫症に対するCBTでも現在では指導者の一人になった人としてBTCセンターの代表になっている岡嶋美代先生を挙げることができる。彼女はアプレンティスシップが結果を出した一例である。

II　では実際にどういう結果がでているのか？

　さらに個人的な話になって申し訳ないが，2019年に原井クリニックを開業するとき思い描いていたことがある。20人程度を対象にしたワークショップにも使える広い待合室を用意し，アプレンティスシップを考えて心理の大学院生を多めに雇用した。ゼロから行動療法とMIを使える心理士を育てようと考えたわけである。さらに事務の一人に親族を入れた。2年がたち，でてきた結果は厳しかった。ワークショップができなくなったのはコロナ禍のせいにすればよいが，アプレンティスシップについてはやはり自分の見方が甘かったのだと思う。開業時の私の仮説（思い込み）を取り上げよう。

1. 私の親族は普段から私に接しているのだから，私の臨床の仕方や治療方針を自然に理解し，従ってくれるだろうし，MI や CBT にも興味を持つだろう。
2. 採用面接のときに MI や CBT に興味があると言う人を選んで雇用し，雇用主の臨床に普段から陪席させたり，話を聞かせたりすれば誰でも自然に雇用主がもつ MI や CBT の技術を身につけるだろう。

　残念ながら，この 2 年間で 2 つの仮説は真ではないことを私はみずから証明してしまった。ただし，事務の一人は MI を身につけ，本書の執筆者の一人になるまで成長した。アプレンティスシップは他の方法と比べて密なかかわりを持つことができるが，それでも MI を身につけられる確率はせいぜい 20%ぐらいのようだ。

さいごに

　私個人は精神療法の単著の "指南書" を『方法としての動機づけ面接』以外にも 2 冊出している。2010 年に『対人援助職のための認知・行動療法―マニュアルから抜けだしたい臨床家の道具箱』（原井，2010），2020 年に『認知行動療法実践のコツ―臨床家の治療パフォーマンスをあげるための技術』（原井，2020）。本を出すと Amazon のカスタマーレビューが気になる。他にも翻訳書を出しており，それぞれなるほどと思われるレビューをもらうことが多いのだが，『方法としての動機づけ面接』の場合は不可解なレビューをもらうことになった。

　2015 年 11 月 2 日に 62833 氏からいただいた感想は「……トンデモ本でした。MI とはもはや全く関係のない著者の MI についての独断偏見無知を連ねているだけ」。氏が，拙著のせいで MI に興味を持つ人が間違った理解をしないように祈るという。私としてはなぜ？　どうして？　と思う。また MI 関連の本が多数出版されるようになった今日のことを考えると，私自身が他の本や論文について 62833 氏と同じように思うことが今後あるだろう。今の私にはっきりと言えることは，著者がどのように意図しようが書こうが，その本をどう受け止め，評価するかは読者の自由に任されているということだ。

　最終的に MI の本や，ワークショップ，クリニックでの私自身の実践や指導がどういう結果をもたらすのか，私には予測がつかない。それでも一つひとつでき

ることを積み重ね，それが生んだ期待に沿った結果も期待外れの結果も，たとえ承諾しがたいものであっても等しく受け止め，迷ったときには「現在入手可能な最強のエビデンスを良心的に，明示的に，かつ賢明に応用する」ようにし（古川，2000），さらに自分に変えられることを見つけて変化していくことが，MIを実践する臨床家としての生き方だと思っている。

<h2 align="center">文　　献</h2>

Beidas RS & Kendall PC（2010）Training therapists in evidence-based practice : A critical review of studies from a systems-contextual perspective. Clinical Psychology : Science and Practice 17（1）; 1-30.

原井宏明（1999）諸外国との比較―治療・リハビリテーションに関する文献レビュー．厚生科学研究補助金 医薬安全総合研究事業 中毒者のアフターケアに関する研究 10年度研究報告書，pp.141-145.

Harai H & Haning WF（2006）Comparison of substance abuse disorder treatment between Hawaii in America and Kyushu in Japan. The first world congress of culutural psychiatry. Beijing, China, World Association of Cultural Psychiatry.

原井宏明（2012）方法としての動機づけ面接―面接によって人と関わるすべての人のために．岩崎学術出版社.

原井宏明（2010）対人援助職のための認知・行動療法―マニュアルから抜けだしたい臨床家の道具箱．金剛出版.

原井宏明（2020）認知行動療法実践のコツ―臨床家の治療パフォーマンスをあげるための技術．金剛出版.

古川壽亮（2000）エビデンス精神医療．医学書院.

松崎朝樹（2020）動機づけ面接の基本［臨床］―人が変わる応援の仕方（精神科・精神医学のWeb講義）．（https://www.youtube.com/watch?v=1aYHvSs7_hk&t=71s［2020年12月23日閲覧］）

Miller WR & Rollnick S（1998）Motivational Interviewing : Professional training series. MINT.

Miller WR & Rollnick S（原井宏明監訳（2019）動機づけ面接〈第3版〉（上・下）．星和書店）

Miller WR（1983）Motivational interviewing with problem drinkers. Behavioural Psychotherapy 11（2）; 147-172.

永田利彦（2000）神経性食思不振症患者へのMotivational Interviewing（治療意欲面接）の試み．こころのりんしょうア・ラ・カルト 19（2）; 211-212.（http://export.jamas.or.jp/dl.php?doc=59721d2cbc57d3a5325761da7e1f70bc90790c7fa82b97f5185c0882878c9f96_bibtex.bib［2020年12月6日閲覧］）

Project MATCH（Matching Alcoholism Treatment to Client Heterogeneity）（1993）Rationale and methods for a multisite clinical trial matching patients to alcoholism treatment.

Alcoholism, Clinical and Experimental Research 17（6）; 1130-1145.（http://www.ncbi.nlm. nih.gov/pubmed/8116822［2012 年 5 月 9 日閲覧]）

Rawson RA, Shoptaw SJ, Obert Jeanne L et al（1995）An intensive outpatient approach for cocaine abuse treatment : The matrix model. Journal of Substance Abuse Treatment 12（2）; 117-127.

Rogers EM（2003）Diffustion of Innovations. 5th Ed. New York, Free Press.〈三藤利雄訳（2007） イノベーションの普及．翔泳社〉

Rollnick S, Butler C, & Mason P（地域医療振興協会公衆衛生委員会 PMPC 研究グループ監訳 （2001）健康のための行動変容—保健医療従事者のためのガイド．法研）

Rollnick S & Miller WR（1995）What is motivational interviewing? Behavioural and Cognitive Psychotherapy 23（4）; 325-334. 112.

2. 動機づけ面接を学び教える
——MI を習得するプロセスと MI を伝えること

北田雅子

I MI を理解し学ぶプロセス

1. 私が MI につながったきっかけ

　私が MI を初めて知ったのは，2009 年，タバコ・コントロール関連の ML ＝メーリングリストに紹介された論文がきっかけだった。その頃，コーチングを学んでいた私にとって MI は，コーチングの会話が綺麗に整理されている印象で，なぜ禁煙支援の領域でこんなに注目されているのかよく理解できなかった。もう少し学んでみたいと考えていた頃，幸運にも禁煙支援，禁煙治療に携わる先生方が，MI の勉強を始めたので一緒に学び始めた。MI には，従来の面談とは異なる魅力を感じながらも，なかなか学生の就学・進路・生活指導などに活かせず，もどかしい状況が数年続いた。そろそろ MI の学習を続けようかどうしようか，と迷っていたところに大きな転機が訪れた。それは，2013 年 3 月に MI の創始者である William R. Miller 博士本人のワークショップ（WS）に参加できたことだった。この WS は MI の第 3 版の内容『Motivational Interviewing Third edition Helping people change（以下 MI-3）』（Miller & Rollnick, 2012）を Miller 博士本人から学ぶという貴重な機会だった。

2. 「間違い指摘反射」と行動変容の関係

　Miller 博士のプレゼンを聞きながら，これまで関わってきたクライエント，学生の顔が何人も浮かんできた。この時まで，望ましいと思われる行動をクライエントが取らない（取れない）のは，相手の動機の有無や性格が要因だと思ってお

り，自分の関わり方や会話のスタイルに改善点がある，そんな視点を持つことはなかったように思う。わかっているのに変わらないのはクライエント自身の問題であり，面談者である私にその原因の一端があるとは思っていなかった。しかし，Miller 博士によると目の前の人が変わらない要因として，面談者の関わり方がある，というのである。耳が痛い話で，これまで私が面談してきたクライエントや学生にとても申し訳なく思った。

　喫煙者の多くは「喫煙が健康に悪い」ということを知っている。そして喫煙者は，相反する気持ち（喫煙したい気持ちと健康を害したくない気持ち：両価性）を抱えた状態で面談に臨むことが多い。臨床家はこれまで，指示（「タバコをやめなさい」），説得（「やめるべきである」），脅し（「やめないと……になる」），直面化（「既に……という問題が起きているであろう」），さらに本人が望まない情報提供（禁煙外来や禁煙アプリの勧めなど）といった対応をしてきた。わたしは，動機づけ面接を知るまでは，このような面談が当たり前のように思っていた。また，相手のためを思っての善意の説得は，面談者として当然と思っていた。しかし，面談者側が良かれと思って行ってきた言動は，クライエントの行動変容につながらないばかりか，逆に不健康な行動を助長する可能性が高い。目の前の人の行動変容を促す関わり方は，相手の言動を正そうと説得することではなく，自己決定を促し，自律を尊重する関わり方なのである。

　私にとっては「間違い指摘反射」とそれに対する人の反応（不協和や維持トーク）の関係を知ることが，非常に大きな転機となった。そして，この WS で特に印象に残ったことは「自分の面談がうまくいっているかどうかは，目の前の来談者からの即時のフィードバックで分かる。目の前の人の反応がすべてで，相手の感情を害すると相手は変わらない。クリニシャンは間違い指摘反射を抑え，本人の動機を引き出すこと。レスリングのような面談からダンスのような面談へ」という言葉だった（Miller, 2013）。

3．MI は会話のスタイル：簡単そうだが難しい

　「MI は，スポーツや楽器の練習と似ている。うまくなるためには練習が必要」というたとえ通り，日々の練習が必要で習得には時間がかかりそう……と思った。しかし「何とかして，できれば効率よく MI を習得したい」そう思った。

　ピアノやギターなどの楽器の練習をする際に楽譜が読めなければ練習できないように，MI（動機づけ面接）を習得するためには，中核となるスキル，面談の

プロセス，そして MI がどのように発展してきたのかという背景知識が必要である。そこで，まずは基礎的な知識を詰め込み，次に，実際に行われた面談のスクリプトを音読してみたり，ウェブサイトの動画を見たり，国内外のワークショップに参加してみた。このように学び始めてすぐに気づいたのは，MI は見た目にはとても単純で簡単そうに見えるのに，実際には難しい。対話のスクリプトを読んだり，動画を見ていると，臨床家がいとも簡単そうにスムーズに面談を進めており，自分もすぐにできそうに思えるのだが，実際に普段の面談に活用しようとすると，自分が何をしているのかわからなくなってしまう。しばらく試行錯誤を繰り返したり，研修に参加したり，論文を読んだりする中で，その理由が徐々にわかってきた。それは，MI は単一のテクニックやスキルではなく，マニュアルや面談のフォーマットが存在しない。複数の要素を統合し，目の前の相手に合わせて柔軟にそれらを応用しながら面談を進めていく，まさに会話のスタイルそのものなのである。

　先述したように，目の前の相手への間違い指摘反射をやめることで，相手との会話がとてもスムーズに進むことが増えた。特に驚いたのが，私が間違い指摘反射を止めるだけで相手が安心して自分のことを語り，自己探索が促される様子が伝わってきた。そして，気づくと学生をはじめ，多くの社会人の行動変容をサポートできる機会が増えた。

　WS や研修会は，自分が学習した知識を再確認する手助けになり，学習仲間との出会いはとても楽しいものだった。しかし，MI を普段から日常的に実践するには，何かが足りないと思った。そして，次々と新しい課題が現れてきた。まず，私が間違い指摘反射を抑えて会話を進めても，クライエントの両価性を解消するためのサポートがなかなかできないことが出てきた。両価性を解消するためにはチェンジトーク（行動変容に向かう言葉）を識別し，引き出し，強化すると教えられたが，この3つを流れるように実施するにはどうしたら良いのだろうか。チェンジトークだけを識別して聞き返しても，聞き返し方ひとつで維持トークが増えたり，不協和を生じることも体験するようになった。これらは，一例にすぎず，MI を学び臨床活用を繰り返すと WS や研修会で教示されたことが，うまく実践できないことが多い。学んだことを実践してもうまくいかない。私だけでなく，多くの臨床家はそのこと自体に徐々に苛立つようになっていた。しかし，少し，冷静になって考えてみれば納得することかもしれない。それは，料理教室で作った料理を自宅で再現するのが難しいように，研修会や WS で実践できたことが，

すぐに自分の臨床現場で実践できるとは限らない。自分の臨床現場に落とし込むためには，また別の仕掛けが必要なのだが，それに気づいたのは成人学習理論等を学ぶようになってからである。

4.　面談をコーディングし，客観的なフィードバックをもらう

　MI を習得するプロセスについて Miller 博士と Rollnick 博士は以下のように述べている。

　　　"MI を学ぶことは継続的なプロセスであり，知識以上のものが含まれている。飛行機の操縦を学ぶ場合，最初は教室での授業を何時間か受けることから始まるだろうが，最終的には空の上でコーチを受けながら実際に操縦桿を操作することになる。実践とフィードバックによって熟達するのである"（MI-3, chapter24. p.322）。

　数カ月間，独学と研修参加を繰り返したのち，私は，上述のように日常での実践とスーパーバイザーからのフィードバックが必要だと感じた。学生に面談相手をお願いし，録音し，その面談を聞き（自分の声に驚く），MITI（後述）を基に面談を振り返る。さらに，自分よりも技術が上（だと思われる）の先輩トレーナーからスーパービジョン（SV）を受け，フィードバックされたコメントをもとに再度，自分の面談を注意深く聞く。改善点をすべて書き出してトレーニングの優先順位を決める。課題を意識して再び面談する，振り返る，フィードバックを受ける，という循環を何回か繰り返すことで，少しずつ MI らしい面談ができるようになったと思う。何年，学習しトレーニングをしても「思う」と表現するのは，MI 自体が進化し続けているため，自分が実践している面談は MI だろうか？と常に考えること，そして，定期的にトレーナー同士または仲間同士で面談練習を実施し，客観的なフィードバックをもらうことが必要だからである。

5.　学習者として役立ったと思われる MI の学び方

　特に役に立った（現在も役立っている）学び方を紹介する前に MI を学ぶための学習のメニューを紹介する（MI-3, chapter 24；pp.324-325）。MI は単一のテクニックではなく，いくつもの面接スキルの統合というのは先述した。それゆえ以下の 12 の課題があるが，この順番通りに学ぶ必要はないと私は思っている。また，

チェンジトークや維持トークの識別は，本を読み研修に出ることで理解が進むことがある。しかし，課題の中には MI の根幹をなすスキルがある。特に「聞き返し」はその一つで，このスキルの向上は MI を自然に使いこなす上で必要不可欠なスキルであるが，習得にはある一定量のトレーニングが必要であると思っている。まれに，コツをすぐに掴んで流暢に使いこなすクリニシャンもいるようだが，残念ながら，私はこのスキルの習得には苦労している。

- MI を実践する際の基盤になるスピリットを理解すること：パートナーシップ，受容，慈愛（思いやり），エンパワメント（MI-3 では引き出す）
- 聞き返しとクライエント中心の OARS（O：開かれた質問，A：是認，R：聞き返し，S：要約，オールズと呼ぶ）のスキルを磨き，難なく使えるようになること
- 進むべき変化のゴールを同定するようになること
- MI のスタイルで情報をやり取りし，助言を提供すること
- チェンジトークと維持トークを認識できるようになること
- チェンジトークを引き出すこと
- チェンジトークに反応して強めること
- 維持トークと不協和に反応し，増幅しないようにすること
- 希望と自信を育むこと
- 変化の計画のタイミングと交渉すること
- コミットメントを増強すること
- MI と他の臨床スキル・実践を柔軟に統合すること

　以下，私が 12 の課題を理解した上で特に役立ったトレーニングの方法について 2 つほど紹介したいと思う。

1）面談の振り返りに MITI を活用する

　練習は量と併せて目的を持って練習するという「質」も重要である。私は質を確保するために，面談の習熟度を客観的に評価する指標と呼ばれる MITI（動機づけ面接治療整合性尺度（Motivational Interviewing Treatment Integrity：MINT）を活用した。この尺度は面談者がどれくらい MI を使いこなしているか，スキルの習熟度を客観的にフィードバックできる尺度の一つといわれる。MI が

実際に実践や研究で実施されているかどうかを判断するために使用できる検証済みの観察的評価尺度でもある（Moyers et al, 2015）。練習の質を高めるためには，このマニュアルを読み活用することが効果的だと思う。

2）SV および日常的なフィードバックから学ぶ

　私も含め自分のことは過大評価する傾向があるので，第三者からの客観的な評価は上達において必須である。さらに，質の高いフィードバックは，気づきとともに望ましい成果へ向かうための建設的な方法と視座を与えてくれる。

　次に日常会話において，活用できそうなスキルから使い，目の前の相手からのフィードバックから学ぶことである。多くの臨床家はすべてのスキルを一気に活用しようとする傾向がある。私は，自分がそれをできなかったこともあり，まずは情報交換のスキル（EPE：MI-4 では AOA）を日常的に活用することから始めた。さらに会話だけでなく，メールの文面も含めて可能な限り，言語コミュニケーションの際には意識して使うようにした。MI のマインドセット（心構え）を意識した言動が増えると，仕事仲間，学生，クライエントそして家族の言動は徐々に変化した。特に，頻繁にコミュニケーションを取る家族やゼミの学生，学習仲間の変化は著しかった。中でも学生の変化は顕著で，講義直後から自身のコミュニケーションスタイルを見直したり，傾聴や共感を意識した対話を心がける学生が現れた。最も大きな変化は，学生同士の間違い指摘反射が減り，演習中心の授業では，回を重ねるにつれて適切な聞き返しや是認，要約を自然と行う学生が増えた。この変化は他大学の大学院生の数回の授業後にも同様の変化がみられた。間違い指摘反射の減少に加え，是認，要約といった MI のスキル，さらには AOA（Ask-Offer-Ask）という MI のエッセンスを積極的に使うようになっていた。その結果，地域の実習先での住民の方々への訪問・保健指導において高い評価を得ているとの報告を受けた。

　身近な人々の変化を見ていると，学ぶことと教えることが常に循環していること，MI を伝える側が体現しているものが，学び手（相手）に伝わり，その結果，相手の行動が変わるきっかけになるような気がしている。つまり，教える側のマインドセットが学習者に伝わるのである。

Ⅱ　MI を教える

1.　学びのプラットフォームを作る

　2013 年 10 月に TNT（Training of New Trainers）に参加し MINT メンバーになり，帰国後，札幌市内で MI を学習する仲間と共に，対人援助の専門家のために MI を伝えるプラットフォームを作った。振り返ると，私は 2013 年のこの時点から MI を学習しながら「教える」というチャレンジを始めたことになる。

　臨床家が MI を学ぶメリットはクライエントの治療成績に貢献するだけでなく，クリニシャン自らの専門家としての自己効力感を高め，バーンアウトの予防にもつながる可能性がある。これは，MI の第 4 版でも紹介されている（Miller & Rollnick, 2023, Chapter18）。

　MI を活用する臨床家が組織内で増えることで，MI を共通言語として他職種連携が円滑化し，患者・クライエントの満足度向上につながると考えた。そこで，臨床家向けの MI 研修会を開催し，継続学習者のコミュニティと情報交換の場を設け，医療機関をはじめとする組織への MI 導入を支援することにした。2020年以降の遠隔研修システム構築により，現在，私が構築した学びのプラットフォームには，日本全国の臨床家が集い，つながり，学びを深め合っている。

2.　医療スタッフのための動機づけ面接法——逆引き MI 学習帳の誕生

　WS 参加者を始めとする学習者のフィードバックから，WS の内容を復習できるような事例を中心にしたテキスト本があれば，学びの定着に役立つかもしれないと思うようになった。日本人による日本語の面談事例を中心に MI を解説した本があれば，MI を初めて学ぶ人や，継続学習者にとって参考になると考えた。そこで，磯村先生に相談し，MI の学習プロセスに沿って事例を作成し，MI が既存の面談とどのように違うのか，その違いがなぜ行動変容へとつながるのか等を，面談者の発話への解説を通して学習できるような構成にした。この本（表紙が黄色のため黄色本と呼ばれている）は，MI-3（第 3 版）を基に書かれた国内初の本となった（北田・磯村，2016）。

　この本が出版されてから，日本各地から学習者の感想や体験談が集まってきた。WS 前後の予習と復習で使っている，職場と自宅にそれぞれ置き，常に見えるところに置いて，気になる事例を何度も読んでいる，小グループの勉強会で活用し

ている，移動中や休み時間に読んで自分の面談を振り返っている，「是認の日」「聞き返しの日」と目標を決め，その目標に該当する部分を読んでから面談に臨んでいる，基礎知識の部分を縮小コピーして持ち歩いているなど，活用方法はさまざまだった。しばらくすると，各地で活躍しているトレーナー仲間から黄色本を読んでから WS に参加する人が増えていること，中にはこの本を読んでいるだけで面談の上達が早い人達がいるという声が寄せられるようになった。

　その後，2020 年 5 月には村田先生との共著で『医療スタッフのための動機づけ面接 2—糖尿病などの生活習慣病における MI 実践』という第 2 弾の本を出版した（北田・村田，2020）。この本は，読者にヘルスケアの専門家や糖尿病療養支援の臨床家が多く，MI をもっと実践的に学びたいとのニーズが高いことを受け，糖尿病の臨床事例を中心に作成した。2012 年に出版された MI-3 がさらに進化していることも受け，可能な限り最新情報を取り入れた内容とした。

　私は，この 2 冊の読者からの感想や研修参加者の声から，MI が面談全体を通してどのような会話の流れを作るのか，面談の開始から終わりまで，いくつもの事例を通して学ぶことは MI の「理解」から「臨床活用」への架け橋になると思った。

　以下，トレーナーとして私が WS や研修会を実施する際に，MINT のトレーナーマニュアル（Motivational Interviewing Training New Trainers Manual, 2013）に加えて，参考にした 2 点である。

3.　参加者中心の協働的な研修をデザインする工夫
1）成人学習の特徴を踏まえて研修を考える
　成人学習の特徴は，これまでの人生における経験が学習資源となり，学習するための認知能力も備えており，自己主導性が強く，学習者主体の自己管理学習が可能。学習の準備性は社会的役割，生活課題や直面する問題に応じて展開され，課題または問題解決型の方向性を持つ。さらに外発的動機よりも内発的動機が学習意欲となる（渡邊，2007）。

　これらの特徴を踏まえると，子どもが対象の学習が「教える－教えられる」という縦の関係性であるのに対し，成人学習は「学ぶ・教える」という横の関係性であり，両者にとっては望ましい効果的な学習を実現することがゴールになる。学習する側は自ら学ぶ主体として，そして教える側は学習を支援する専門家として専門性を発揮するという，協働的に学びの場を構築しそのゴールに向かうのが

成人学習である。

2）学習の5段階を踏まえて対応する（中村・パイク，2017）

　私は，「MIを教える」を考える際に学習の5段階（中村，2017；pp.306-307）を踏まえて考えるようにしてみた。すると，どのように学習者を支援したら良いのか，その留意点が整理できるようになったので，以下レベル別にみてみようと思う。

・レベル1：MIのことは知らないので，意識してもおらず，できない状態（ただし，このレベルにはMIを知らず，意識していなくてもMIが自然にできている人がいる）

　　この段階では，本や研修会の参加から，MIについての基礎知識や情報を得て，理解を深めるレベル。レベル1の学習者の多くは，導入編のWSに参加することが多いように思う。私が導入編のWSや研修を実施する際には「ARCS」のモデルを使って構成している（A：注意を引きつけ，R：関連づけ，C：できそう，S：参加してよかった）（鈴木・他，2016）。WS参加者の多くは，MIに興味と関心を持っているので，特にMIがどのように自分たちに役立つのか（R：関連づけ）という点は実践例や事例などを取り入れて情報を提供するようにしている。

・レベル2：意識しているのにできない状態：自己効力感を高めるアプローチ！

　　レベル2の段階は，MIの理論や精神，スキルは意識しているのにそれができない状態である。MIに限らず，どの学びもこのレベル2で多くの学習者は挫折するようだ。私にとってもこの段階が非常に辛かった。現在，国内でMIを学んでいる多くの学習者もこのレベルで苦労しているように見える。

　　講師・トレーナーはWSにおいて参加者が「できる」という感覚を持ち，臨床活用が「できそう」という自己効力感を高めるアプローチが必要だと思う。手順が複雑な演習をいくつも実施すると参加者は手順を覚えることに集中してしまう。スキルを分解し，デモンストレーションを見せ，ポイントを絞って伝え，実際に小グループで練習する。そして，「デキそう」「デキた」を実感する機会を増やすことが肝要だと思う。

　　次に，学習者の学習意欲が維持できるように「是認」すること。できていることを明確に言語化してフィードバックすることが重要になる。「すべてを完

壁に使おう」という理想を持っている参加者も多いため，臨床をイメージした時に導入可能なスキルを探し，まずは「トライする」ことを促す。講師が参加者の自己効力感を高めるようなアプローチが，レベル2の学習者を次のステージへ引き上げることにつながる。

・レベル3：意識してできるようになる　Doing MI

　　レベル3において，最も難しいスキルは「聞き返し」だと思う。これは，多くの学習者の賛同を得ることができるはずだ。聞き返しは，何種類もあり，学び始めた当初は，さまざまな聞き返しの種類を覚えること，そして覚えたことを使うことに意識が向いている。そして，実際，できているかどうかの判断が非常に難しい。同じように聞き返しているはずなのに，相手によって反応が異なるからだ。目の前の相手からの即時のフィードバックを得て練習を積み重ねていくのがこの段階である。

　　このレベルの時は，会話や面談が非常に疲れて消耗する時期でもある。「意識してできている」という状態なので，常に自分のスキルと間違い指摘反射に意識を向けつつ，場合によっては間違い指摘反射をコントロールしながら，相手の話を聞き，次に，質問をしようか聞き返そうか等，どうすべきかを考えている。

　　経験の積み重ねから習慣化し，自動化されたこれまでの自分の面談をやめ，MIの視点で面談のプロセスや会話を詳細に意識するため，面談が終わると非常に疲れる。そして，何気なく聞き返したひと言で，来談者から感謝されたり，来訪者の行動変容へ繋がったりという成功体験が増える時期でもある。この段階はMiller博士の言葉を借りるとDoing MIという段階である。私は，このレベルの参加者には価値観ワークを取り入れることがある。クライエントへの間違い指摘反射は，臨床家自身の大事な価値観と異なる言動に対してとっさに起きることが多いからだ。自分自身を知ることで対策をとることが可能となると考えている。

・レベル4：意識しなくてもできる　Being MI

　　以前，Miller博士にDoing MIとBeing MIの違いについて尋ねたことがある。その時に「約10年」という返答がきた。「車の運転や楽器やスポーツでも最初は，細部にあれやこれやと意識や注意を向けるが，時間の経過と共に成長しそれほ

ど意識や注意を払わなくても自然にできるようになる。長期間にわたり MI を実践しているとそれが second-nature のように，あたかもそれを生まれつき持っていたかのように自然になり始める」というのだ。

　レベル 3 とレベル 4 は行き来するのが通常だと思う。あるスキルは意識しないとできないが，あるスキルは意識しなくてもできるようになる。

　私はレベル 3 の時，学生や相談者からの話に集中できなかった。気が付くといつも「次は何を話そうか？　今，単純な聞き返しをしたから次は是認をして，その次は……」という具合で，思考は常に自分自身の内なる声に向けられていた。ただ，不思議なことに，私が自分の面談スキルのことで精一杯だったにもかかわらず，相手の発話に肯定的な関心を寄せ，一生懸命に相手の言語を拾いながら聞き返していると，目の前の学生や相談者は自分で自分の願望と行動を整理し，実行したいことを見つけて笑顔で帰っていく。小さな成功体験をいくつも繰り返しているうちに，真っ先に無意識にできるようになったのは要約のスキルだった。私の場合は，このスキルを習得すると数珠繋ぎで無意識にできることが増えていった。

　レベル 4 の人へは，上記の私の体験を紹介すると共に，「意識してできる」ことを何度も反復することを勧めている。さらに，このレベルは SV を受けた後のトレーニングの仕方に鍵がある。レベル 4 にとどまるためのトレーニングについて，今，この原稿を書いていて思うことは，誰かに「伝える」ことだと思っている。自分の経験を言語化して誰かに聞いてもらうこと。誰かに自分の経験を聞いてもらうことで，自分では気づかない課題や自分の強みが把握できる。このことが次のステージへの移行を助けると感じている。

・レベル 5：無意識にできることを意識レベルに落とし込む

　自分の面談を聞いて，できている部分と改善が必要な部分を客観的に識別するのは難しい。無意識にできていることを意識化するために，私はトレーナー仲間との練習を定期的に実施している。第三者からのフィードバックと質問によって，言語化され，初めて意識レベルに落とし込む作業ができる。レベル 4 から 5 の人の場合は，ラーニンググループでの練習が効果的だと思う。

4. MI の学びを促進する（Facilitation of MI training〈MI training から〉（MINT, n.d.））

　MI の学びを促進するポイントを，MINT の資料を参考に考えてみる。先行研究から，トレーナーの教授態度も含めトレーニングの提供の仕方は，トレーニングの内容と同様に重要であることが明らかになっている（Smith et al, 2017）。表は，Facilitation of MI training の 10 のポイントを MI の面談のように「心構え」「スキル」に分類し，「その他」として WS の環境設定等に分類してみた。学習者の学びを促進するポイントは MI の面談とよく似ている。表中には私が必要だと思う項目を追加した。

1) 学習者はそれぞれの道の専門家，経験や考えを引き出し活用する（AOA）

　学習者は，性別，年齢，職種，専門領域，取得している資格や今日まで学んできた教育内容，経験や価値観が異なる。また，MI については初学者かもしれないが，それぞれの専門領域のエキスパートである。参加者の経験や知識を過小評価せず，すべてをゼロベースで提供することは避け，これまでの経験や学びを引き出しながら研修を進めるようにすると，より主体的な学びになる。主体的な学びを促し，パートナーシップを構築するために，シンプルで効果的な方法として私は，AOA[注]（Ask：参加者は経験や考えを尋ね，Offer：考えていることや情報を聞いた後で，重要な情報を提供し，Ask：最後に感想や次の課題等を尋ねる）というスタイルが効果的だと思う。

2) 学習者の自律を尊重する

　MI を伝えるトレーナーは，クライエントの行動変容を促す良き聞き手のように，個人の選択を「お好きなだけ選んで，あとはそのまま残しても構わない」というように学習者の自律を尊重することが重要であるといわれている（MIller & Rollnick, 2002 ; pp.186-187）。

　私に限らず多くの講師やトレーナーは，MI が効果的で価値があると思っていることから，非言語的メッセージも含めて，学習者に「MI を使うことは当たり前」

注）AOA（Ask-Offer-Ask）の略。まず相手へ尋ね，質問し，相手が既に知っていることや経験していること，知りたいことや必要なことを知ること。その上で優先順位を決めて情報や助言を提供する。その際，相手に許可を得てからの方が良い。最後に，提供された情報や助言，考えについてクライエントに尋ねてみる。この一連の流れを AOA という。

表　Facilitation of MI training MI の学びを促進する

ファシリテーターの心構え

・**専門家の罠にはまらない**：トレーナーは MI の専門知識を持っていなければならないが，参加者がすでに知っていることを引き出すために，グループに質問を投げかける

・**自律を支援する**：参加者に MI を学ぶ（または学ばない）ことを決定する権利を認める

・**MI を学習することや変化に対する両価性は当たり前**：参加者が新しい方法への不快感や意見の相違，不安，圧倒されていることを表明したときには，共感を示す

・**間違い指摘反射を抑える**：参加者に何かをしなければならない，伝えたいという「間違い指摘反射」や衝動を抑える。その代わりに，MI をモデルに，注意深く耳を傾け，一緒に考え，参加者の自律を尊重する

ファシリテーションスキル

・**参加者のアイデアを引き出す（O：開かれた質問）**：閉じた質問よりは，開かれた質問を用いて共有を促す

・**是認する（A：是認）：参加者の強みや努力を探す**

・注意深く聴く：参加者の研修への貢献を反映させて学習を促進する

・要約する（S：要約する）：WS の学習や内容を要約し，ときおり学習を整理する

北田追加

・**情報を交換する（AOA）：参加者の過去の経験や考え，ニーズを積極的に尋ね，引き出しながら研修を進める**

その他

・デモンストレーションの準備：計画されたデモンストレーションも有用であるが，実際にどのように機能するかを「見て感じる」ことができるように，短いデモンストレーションを行う

・時間を確保する：質問をしたり，練習問題を設定したりする際には，参加者が内容を整理したり，その質問に反応するための時間を確保する

北田追加

・研修を円滑に進めるためのグランドルールを設定する

・参加者同士のコミュニケーションを促す

・安心して学ぶことができる環境や雰囲気をつくる

・学習者の不協和には早めに対処する

（Facilitation of MI training（https://motivationalinterviewing.org/training-motivational-interviewing-0）を参考に作成）

というプレッシャーをかけている場合があるかもしれない。MI を学ぶこと，学び続けることに疑問を唱える人や否定的な意見を述べる人は必ずどの WS にもいる。異なる意見や感想を持つことは自由であり，学び続けようかどうしようか，臨床に活用しようかどうしようかと迷うことも当然だと思うことである。トレーナーが学習者に MI を使うように説得したり，MI を好きになるように働きかけたりする言動は，学習者にとっては好ましくないことが報告されている（Smith et al, 2017）。

　Miller 博士も，MI はすべての人のためにあるわけではなく，行動変容を考え

ている人を支援したいと考える時に役立つツールの一つであり，自分には向いていない，時間をかけてまで学びたくない，という判断をしてもよいと述べている（Motivational Interviewing Training New Trainers Manual, 2013）。私 も 含 め，MI を教える講師・トレーナーは心に留めておくべきであろう。

おわりに——MI を学び教えること

　私が 2013 年に MINT メンバーとして活動をスタートしてから，年間延べで数百人，多いときには数千人に MI を伝える機会がある。臨床家の専門領域もさまざま。このような機会を通して改めて実感するのは，MI を伝え，臨床家をサポートするプロセスは複雑で難しいが楽しい。継続学習者は会う度に変わり，同じ場所でぐるぐると立ち止まっているように見えてもゆっくりと着実に螺旋階段を昇るように，違うステージへシフトしている。自己理解を深めながら間違い指摘反射と向き合い，マインドセットを体現しようと試行錯誤を繰り返す。そして，臨床ですぐに活用できるスキルを中心に技術を磨き，クライエントの行動変容を支援し，成功体験を積み上げながら自らも成長している。目の前の人が会うたびに変わっており，笑顔が輝いている姿を見ることができるのは，トレーナーとして一番嬉しい。

　MI を学ぶことは，新しい言語，スポーツや楽器などを習得するプロセスと似ている。何かこれまでとは異なるスキルを習得していくプロセスを想像すると，ある程度の時間が必要なのは納得するだろう。音符の読み方を知り，楽器そのものの音の出し方に慣れるためには練習が必要である。なんとなく慣れてきたら今度は，意図的に練習を積み上げて質を確保する。漠然とした作業のような練習から，明確に何かを意識して練習をする。自分が奏でたい曲を何度も練習する。MI の場合だと，普段の対話や会話の中で MI 的な要素を意識すること。小さな積み重ねがある日，大きな流れを創っていく。この瞬間は必ず来るので，ぜひ，MI を習得してみたいと思う皆さんは諦めずに続けて欲しいと思う。

　そして，MI を学び臨床家として成長し続けるというのは，山登りの繰り返し，または旅のようなもの。MI という旅はおそらく，生涯続くように思う。また，MI の山は一つ登るとまた別の山々が眼下に広がっていく。社会は変わり続け，人々のライフスタイルや価値観も変わる。21 世紀は未来予測が困難で，正しい答えが見つかりにくい。より良い選択肢を複数探しながら，手探りで進んでいく

のが当たり前の社会。対人援助のプラットフォームとしての MI の在り方自体も日々，アップデートが必須であろう。もし，終わりのない旅路を進むのであれば，共に学ぶ仲間がいると楽しい。そして，一緒に歩いてくれるガイドがいると心強いかもしれない。私はそのガイド役を担うのがトレーナーであって欲しいと思う。

　最後に，私にとって MI を学び教え伝えることは循環している。私は誰かに伝えることを通して自己理解を深め，自分の課題を見つけそれを克服するように練習を積み重ねてきた。マインドセットで最も意識してきたのは「パートナーシップ」であり，常に活用し応用してきたスキルは AOA。MI を教えるときに限らず，誰かに何かを教える伝えるときに最も汎用性が高いスタイルは「ガイディングスタイル」だと思う。目の前の学習者は，MI は初学者かもしれないが，それぞれの臨床分野における専門家。学習者のペースを考慮し，学習者が目指す目的とゴールを共有し，楽しく，協働的に進んでいくことが上達の近道でもあり，学び続ける秘訣だと思う。私は，今後も MI を伝えるトレーナーの一人として，一人でも多くの学習者が少しでも早く MI を習得し，それぞれの現場でさらに活躍できるよう，MI ガイドとして成長していきたいと思う。

文　　献

北田雅子・磯村毅(2016)医療スタッフのための動機づけ面接法—逆引き MI 学習帳. 医歯薬出版.

北田雅子・村田千里（2020）医療スタッフのための動機づけ面接 2—糖尿病などの生活習慣病における MI 実践. 医歯薬出版.

Miller WR & Rollnick S（2002）Motivational Interviewing : Preparing people for change（2nd ed）. New York, Guilford Press.

Miller WR & Rollnick S（2012）Motivational Interviewing : Helping people change（3nd ed）. New York, Guilford Press.

Miller WR & Rollnick S（2023）Motivational Interviewing : Helping people change and grow（4nd ed）. New York, Guilford Press.

Miller WR & Moyes TB（2021）Effective Psychotherapists : Clinical skills that improve client Outcomes. New York, Guilford Press.

Miller WR（2013）Motivational interviewing WS, Nagoya JAPAN presentation.

Motivational Interviewing Training New Trainers Manual（2013）（https://www. motivationalinterviewing.org/sites/default/files/tnt_manual_2014_d10_20150205.pdf）

Moyers TB, Manuel JK & Ernst D（2015）Motivational Interviewing Treatment Integrity Coding Manual 4. 2. 1.（https://motivationalinterviewing.org/sites/default/files/miti4_2.pdf）

中村文子，パイク B（2017）講師・インストラクターハンドブック. 日本能力協会マネジメントセンター.

Rosengren D（原井宏明・岡嶋美代・山田英治，他訳（2013）動機づけ面接を身につける――一人でもできるエクササイズ集．星和書店）

Smith D, Hohman M, Wahab S et al（2017）Student-perceived quality of motivational interviewing training : A factor-analytic study. Journal of the Society for Social Work and Research 8（1）; 1-18.

鈴木克明監修，市川尚・根本淳子編（2016）第 2 章「学びたさ」の道具（レイヤーレベル 3）．インストラクションデザインの道具箱 101．pp.10-19，北大路書房．

The Motivational Interviewing Network of Trainers（MINT）（n.d.）MI Guidance Documents Training MI.（https://motivationalinterviewing.org/mi-guidance-documents）

渡邊洋子（2007）成人教育学の基本原理と提起―職業人教育への示唆．医学教育 38（3）; 151-160.

3. 心理臨床における動機づけ面接

沢宮容子　佐藤洋輔

はじめに

　筆者らはともに心理学の教員として心理職（公認心理師および臨床心理士）の養成に携わっている。公認心理師法が成立し，心理職の国家資格である公認心理師が誕生したのは2015年だが，沢宮（第一執筆者）は，2016年以来，公認心理師カリキュラム等検討会ワーキングチーム構成員等としても，心理職の養成に関わってきた。

　公認心理師は，「国民の心の健康の保持増進に寄与すること」を業務とする心理職である。心理学に関する専門的知識及び技術をもって，以下の4つの業務を担っている（表1）。

　主な活動分野として，a）保健医療，b）福祉，c）教育，d）司法・犯罪，e）産業・労働の5分野を想定した「汎用性」のある資格である点も，公認心理師の特徴である。

I　「公認心理師として必要な知識及び技能」
としての動機づけ面接

　公認心理師試験は，「公認心理師として必要な知識及び技能」を問うものであり，それを具体的な項目で示したものが，公認心理師試験出題基準だ。

　表2は，「公認心理師試験出題基準における動機づけ面接」を位置づけたものである。なお，表2の大項目は，「公認心理師カリキュラム等検討会」の報告書

表1　公認心理師の4つの業務

①要心理支援者の心理状態の観察と，その結果の分析（法第2条第1号）
②要心理支援者に対する，心理に関する相談，助言，指導その他の援助（法第2条第2号）
③要心理支援者の関係者に対する，相談，助言，指導その他の援助（法第2条第3号）
④心の健康に関する知識の普及を図るための教育及び情報の提供（法第2条第4号）

表2　公認心理師試験出題基準における動機づけ面接

	大項目	中項目	小項目
第1回	15　心理に関する支援（相談，助言，指導その他の援助）	(5)　心理療法及びカウンセリングの適用の限界	・効果研究，メタ分析 ・**動機づけ面接** ・逆転移 ・負の相補性〈negative-complementarity〉
	19　司法・犯罪に関する心理学	(2)　司法・犯罪分野における問題に対して必要な心理的支援	・反抗挑戦性障害，素行障害，反社会性パーソナリティ障害 ・被害者の視点を取り入れた教育 ・**動機づけ面接法**
第2回	15　心理に関する支援（相談，助言，指導その他の援助）	(5)　心理療法及びカウンセリングの適用の限界	・効果研究，メタ分析 ・**動機づけ面接** ・逆転移 ・負の相補性〈negative-complementarity〉
	19　司法・犯罪に関する心理学	(2)　司法・犯罪分野における問題に対して必要な心理的支援	・非行・犯罪の理論 ・非行・犯罪のアセスメント ・施設内処遇と社会内処遇 ・反抗挑戦性障害，素行障害，反社会性パーソナリティ障害 ・被害者の視点を取り入れた教育 ・**動機づけ面接法** ・司法面接
第3回	15　心理に関する支援（相談，助言，指導その他の援助）	(5)　心理療法及びカウンセリングの適用の限界	・効果研究，メタ分析 ・**動機づけ面接** ・負の相補性〈negative-complementarity〉
	19　司法・犯罪に関する心理学	(2)　司法・犯罪分野における問題に対して必要な心理的支援	・非行・犯罪の理論 ・非行・犯罪のアセスメント ・施設内処遇と社会内処遇 ・反抗挑戦性障害，素行障害，反社会性パーソナリティ障害 ・被害者の視点を取り入れた教育 ・**動機づけ面接法** ・司法面接

	大項目	中項目	小項目
第4回	15　心理に関する支援（相談，助言，指導その他の援助）	(5) 心理療法及びカウンセリングの適用の限界	・効果研究，メタ分析 ・**動機づけ面接** ・負の相補性〈negative-complementarity〉
	19　司法・犯罪に関する心理学	(2) 司法・犯罪分野における問題に対して必要な心理的支援	・非行・犯罪の理論 ・非行・犯罪のアセスメント ・施設内処遇と社会内処遇 ・反抗挑発症／反抗挑戦性障害，素行症／素行障害，反社会性パーソナリティ障害 ・被害者の視点を取り入れた教育 ・**動機づけ面接** ・司法面接
第5回	15　心理に関する支援（相談，助言，指導その他の援助）	(5) 心理療法及びカウンセリングの適用の限界	・効果研究，メタ分析 ・**動機づけ面接** ・負の相補性〈negative-complementarity〉
	19　司法・犯罪に関する心理学	(2) 司法・犯罪分野における問題に対して必要な心理的支援	・非行・犯罪の理論 ・非行・犯罪のアセスメント ・施設内処遇と社会内処遇 ・反抗挑発症／反抗挑戦性障害，素行症／素行障害，反社会性パーソナリティ障害 ・被害者の視点を取り入れた教育 ・**動機づけ面接** ・司法面接
第6回	15　心理に関する支援（相談，助言，指導その他の援助）	(5) 心理療法及びカウンセリングの適用の限界	・効果研究，メタ分析 ・**動機づけ面接** ・負の相補性〈negative-complementarity〉
	19　司法・犯罪に関する心理学	(2) 司法・犯罪分野における問題に対して必要な心理的支援	・非行・犯罪の理論 ・非行・犯罪のアセスメント ・施設内処遇と社会内処遇 ・各種処遇プログラム ・非行・犯罪の心理発達的背景 ・被害者の視点を取り入れた教育 ・**動機づけ面接** ・司法面接
第7回	15　心理に関する支援（相談，助言，指導その他の援助）	(5) 心理療法及びカウンセリングの適用の限界	・効果研究，メタ分析 ・**動機づけ面接** ・負の相補性〈negative-complementarity〉
	19　司法・犯罪に関する心理学	(2) 司法・犯罪分野における問題に対して必要な心理的支援	・非行・犯罪の理論 ・非行・犯罪のアセスメント ・施設内処遇と社会内処遇 ・各種処遇プログラム ・非行・犯罪の心理発達的背景 ・被害者の視点を取り入れた教育 ・**動機づけ面接** ・司法面接

（2017年5月31日）に記載された到達目標の項目である。同様に，中項目は，「公認心理師カリキュラム等検討会」の報告書に記載された到達目標の下位項目である。小項目は，中項目の内容に属する概念及び用語の例を具体的に記載し，可能な限り出題テーマを明確化したものだが，第1回試験から一貫して「動機づけ面接（Motivational Interviewing：以下 MI）」がこの小項目に位置づけられているのがわかる。

　表3は，Ronnestad と Skovholt による臨床家の6期発達モデルである。沢宮は，この発達モデルにおける第6期（熟練した専門家期）に，佐藤（第二執筆者）は第3期（上級生期〈博士後期課程〉）に，MI を学び始めたが，読者諸氏は，現在，この発達モデルのどの時期にいるだろうか。

　今後は日本における MI の普及・発展に伴い，第2期（初学者期）から，MIに触れていく臨床家が多くなる可能性は高いと思われる。また，読者によっては，「この年齢で MI を学び始めるのは遅すぎるのではないか」と及び腰になられるかもしれないが，心配には及ばない。

　Miller と Rollnick（2012）は，次のように言っている。

　　　「人が MI を習得する速さには大きな差がある。筆者が教えた人の中には水を得た魚のようにすぐに MI に慣れた人たちもいた。（中略）MI を習得するのに大変な苦労をしている人たちもいた。ほとんどの人は指導下の実践によって上達していく。（中略）筆者の調査によれば4年制大卒後の教育年数と MI を学ぶ能力の間には全く相関がなかった。博士号取得者でも MI を学べるのだ！」

　　　「MI とは，あなたの道具箱に追加すべきもう一つの道具である（MI is another tool to add to your toolbox.）」という言葉がある。この言葉が示すように，MI は重要な"道具"ではあるが追加的に学んでも構わないのであって，学び始める時期は問題ではないのである。

Ⅱ　MI に関する 10 の "not"

　MI とは，カウンセリングであり，コミュニケーションのスタイルである。協働的なスタイルの会話によって，その人自身が変わるための動機づけを高め，行

表 3　Ronnestad と Skovholt による臨床家の 6 期発達モデル

各期の特徴
第 1 期 素人援助者期　心理援助の訓練を受ける前の状態であり，親，子ども，友人，同僚，などの相談相手になったり，アドバイスをする。問題を素早く同定し，強い感情的サポートを与える。アドバイスは自分の過去の傷つき体験などをもとになされる。相談相手の悩みに深入りしたり，過剰に同一視して気持ちの落ち着きを失いがちになる。
第 2 期 初学者期　専門的な訓練を受けることへの熱意が強いが，自信に乏しく不安が強い。専門的な理論を学ぶと，自分の援助に対する考え方を大きく修正することを余儀なくされる。また，できるだけ簡単ですぐに使える理論やスキルを習得しようと躍起になるが，現実の状況ではそううまくいかず，情報量に圧倒され，学習がうまく進まないことに苦しむ傾向が強い。
第 3 期 上級生期（博士後期課程に当たる）　一専門家として機能することを目標としているため，間違いを恐れ，完璧主義的になりがちであり，教科書通りにこなすことに注意を向ける。訓練効果を感じる一方で，経験豊富な臨床家を理想として学びたいという気持ちが強い。このため，特定の臨床家，理論モデルに固執し，それに厳格になりすぎることもある。また，臨床家としての自分自身に注意を向け始める。
第 4 期 初心者専門家期（博士課程修了から臨床経験 5 年程度）　専門家として職に就いた後，訓練において体得したことを何度となく見直す。理論アプローチだけでなく，1 人の個人としての自分が臨床活動に大きく影響していることを認め，臨床家としての自分と統合しようと試みる。1 つの理論モデルに忠実であることよりも，1 人ひとりのクライエントとの最適な治療関係を築くことに注意を向けるようになる。
第 5 期 経験を積んだ専門家期（臨床経験 15 年程度）　さまざまな現場で数多くのクライエントとの臨床経験を積み，自分の価値観・世界観・パーソナリティと合った臨床家としての自己を発展させる。もう一方で，臨床家としての自分と一個人としての自分の境界も明確に引き，双方の肯定的な側面が相乗的に働く。治療関係の重要性を深く認め，理論や技法を柔軟に使いこなし，単純な答えを求めず，困難な状況に遭遇しても，落ち着いて対処できるようになる。専門的文献だけでなく，自分自身の経験を振り返ることから多くを学ぶ。
第 6 期 熟練した専門家期（臨床経験 20 年から 25 年）　職業的人生を振り返り，自身の臨床家としての力を現実的に認識し，もう一方で自身の限界も謙虚に受け入れる。自身の職業的発展に満足を感じる一方で，さまざまな理論やモデルの発展と変化を長い間見てきたことから，専門的知識の発展に関して冷めた見方をすることも少なくない。また，自分の人生において体験し，これから起こりうる喪失に対する意識が強まる。

（出所）Ronnestad & Sklovholt, 2003 をもとに作成。（岩壁，2013）

動変容を促す方法（Miller& Rollnick, 2012）とも言える。

　以下，その具体的な内容につき，Miller と Rollnick による「動機づけ面接に関する 10 の "not"（Ten things that Motivational Interviewing is not）」に即して，私たちが MI を学び始めたきっかけ等にも触れながら解説していきたい（Miller & Rollnick, 2009）。

1．"not" その 1：多理論統合モデルに基づかない

　MI は，広く知られている多理論統合モデル（Transtheoretical Model，以下 TTM）（Prochaska et al, 1994）における変化のステージ（前熟考期，熟考期，準備期，実行期，維持期）とは，本来，無関係なものである。MI と TTM は嗜癖に対する新しい治療モデルとして同時期に広まったもので，互いに両立可能かつ相補的なものではある。いわば「決して結婚はしないが，仲の良いいとこ同士のような関係」（Miller & Rollnick, 2012）だ。だが，両者を決して混同してはならない。

　私たちが出会うクライエント，変わる必要がある人々の大半は，変わることについて「両価的」である。変わりたい。同時に，変わりたくない，今のままでいたい。変わるべき理由はわかっているが，同時に，今のままでいる理由も見えている。このような膠着状態に陥り，行動変容に結びつかないクライエントは少なくない。私たちは，このようなクライエントを，どうすれば行動変容に導くことができるかを問い続けてきた。そして，MI に出会ったのである。

　MI では前熟考期にあるようなクライエントがいきなり実行期に移ることも想定するし，実行期のクライエントにも両価性が潜んでいることを考慮する。つまり，MI はステージに合わせるわけではなく，クライエントに合わせるのである。

2．"not" その 2：希望しない行動へクライエントを誘導する　　トリックではない

　MI は，やる気のない人を操作し，その人がやりたくないことをさせることも可能となる，トリックのようなテクニックなのだろうか？　その問いに答えるのが，「スピリット」という考え方である（沢宮・原井，2018）。

　スピリットとは，MI を実践する際に基盤となる態度であり，①「パートナーシップ（partnership）」，②「受容（acceptance）」，③「思いやり（compassion）」，④「エンパワメント（empowerment）」という 4 つの要素から成り立つ（Miller & Rollnick, 2023）（図 1）。

①　「パートナーシップ」とは，専門家同士で築く能動的な協働関係である。いわば平等主義である。臨床家は各分野の専門家だが，クライエントは自分のことを誰よりも知っている専門家，いわば自分自身に関する専門家である。「スピリット」におけるパートナーシップに，クライエントおよびクライエントの人生に対する敬意の念は欠かせない。MI は，クライエント「のために（for）」，

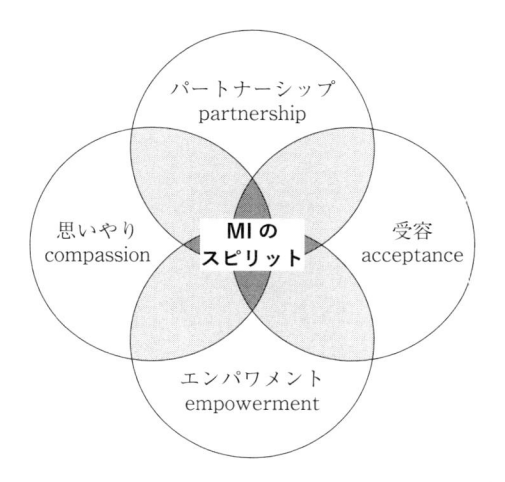

図1　MIのスピリット（Miller & Rollnick, 2023）

クライエント「とともに（with）」行われる。臨床家が，抗うクライエント
を無理やりに動かすものではない。その意味で，MIは"格闘技"ではなく，
言うなれば，"社交ダンス"のようなものなのだ。

② 「受容」とは，クライエントが体験しているすべての側面を受け入れる態
度である。このMIの考え方は，クライエント中心療法（client-centered ap-
proach）を唱えたロジャーズ（Rogers CR）の仕事に源流がある。

③ 「思いやり（慈悲心)」とは，クライエントの福祉を積極的に増進することで
ある。つまるところ，私たちのサービスはクライエントに益するためのものな
のである。

④ 「エンパワメント」とは，人々が自身の強みや能力を理解し利用できるよう
手助けすることである。MIにおいて臨床家の役割は，クライエントが自らの
内部にある深い井戸から水を汲み上げられるように手助けすることなのであ
る。決してクライエントの空のカップに，臨床家が水を注いで与えるというこ
とではないのだ。

これらの①〜④のMIのスピリットが示すように，MIは，臨床家がやらせた
いことをやらせるような，クライエントを操作する方法ではない。クライエント
自身の「変わりたい」理由を引き出し，クライエントを動機づけ，目標に向けて

のコミットメントを強化していく方法である。したがって，動機が全くないクライエントに対し，動機を創造するために，MIを使うことはできない。クライエントに固有の動機がまったくない行動には無効なのである。

3. "not" その3：テクニックではない

　MIは単なるテクニックではない。重要なのは，MIを実践する際に基盤となる態度，「スピリット」なのである。

4. "not" その4：意思決定バランスではない

　意思決定バランス（decisional balance）では変化のメリット・デメリットの両面を探る。しかし，MIでは原則として変化のデメリット（現状維持の要素）ではなく，変化のメリットにフォーカスを当てる。

5. "not" その5：評価のフィードバックは必要ではない

　クライエントに臨床家の評価をフィードバックすることは必須ではない。評価のフィードバックは変わるための準備ができていないクライエントの動機づけ強化に役立つことはあるが，MIにおいては必要条件でも十分条件でもない。

6. "not" その6：認知行動療法の一形態ではない

　MIは，クライエントが本来もっているものを引き出すアプローチである。クライエントに欠けていると思われるもの（コーピングスキル，適応的思考等）を補うアプローチとは異なる。

7. "not" その7：クライエント中心療法ではない

　MIのプロセスは明確な方向性のもと，変化を指向しゴールに向かっていく。そこには，クライエントの変化へ向かう「チェンジ・トーク（change talk）」を選択的に強化するという，意図的な動きがある。その点で，MIは目の前のクライエントが中心ではあるが，クライエント中心療法ではない。

8. "not" その8：簡単ではない

　MIは，シンプルだが，簡単ではない。MIは，スポーツをしたり楽器を演奏したりするのと同じく，習熟には相応の時間がかかる。だからこそ，その学び方

が重要となるのである。

9. "not" その 9 : あなたが今までやっていたものではない

　MI は熟達した臨床家のスキルをさらに洗練させたものであり，MI の訓練を受けずにその奥義を自然に身に付けることはきわめて困難である。

　Miller は，1980 年代，行動療法の効果を検証する研究を進める中で，動機づけ面接に関する基本的な着想を得た。Miller ら（1980）は，問題飲酒者を 4 つのグループに分けてそれぞれ別の方法で介入を行い，飲酒量の増減を比較したが，それぞれの介入効果（飲酒量の変化）に有意な差はなかった。ところが，行動療法セッション群のデータは，介入するカウンセラーによって大きなバラツキがあった。すなわち成果に影響を与えていた要因は，治療パッケージではなく，カウンセラーだったのである。その後 Miller は英国で Rollnick と出会い，優れた成果を出すカウンセラーの態度や行動を分析し事実で裏打ちしながら，MI の原型を構成していった（大坪・他，2016；沢宮・大坪，2022）。MI が「エビデンス」から生まれたと言われる所以だろう。

10. "not" その 10 : 万能薬ではない

　MI はあらゆる問題に対して有効な万能薬ではない。MI は両価性を解決し，変化の動機を強められるよう援助することを目指して開発されてきた。したがって，すでにクライエントに明確なゴールへと向かう準備ができているのであれば，MI を用いる必要はない。たとえば，アルコールや薬物依存の患者の家族たちなどが，明確なゴールを持ち，変わるための準備も十分できている場合には，MI を用いる必要はない。また MI を用いることによって，クライエントに害を与えそうな場合，あるいは有益な結果をもたらす可能性が低い場合にも，MI は用いられるべきではない。たとえば，すでに変わると決断した実行段階にあるクライエントに対して MI を用いると，クライエントの前進を妨げてしまう（Ashton, 2005）。

　一方で，MI は他のアプローチとの併用も有効である。MI はエビデンスの蓄積から成立しており，特定の理論や体系からスタートしたものではない。特有の動機づけ理論をもたないことは欠点に見えるかもしれない。だが，だからこそ，他の認知行動療法や薬物療法，栄養指導等，他のアプローチともよく馴染むという利点があるのだ（原井，2012, 2015）。これは，熟練した専門家にとっても，大

きな魅力と言える。

　Miller と Rollnick（2012）は，他の治療法に動機づけ面接を統合する 3 つの方法（①治療の初期に使う，②治療全体を通して使う，③背景に置く）について考察している。①は動機づけ面接を治療への導入手段として用いる方法である。②は治療の初期段階だけではなく，治療期間全体を通して用いるコミュニケーションの形式として動機づけ面接を用いる方法である。③は治療中にクライエントの「動機づけ」が課題として浮上したときに，動機づけ面接を用いる方法である。これらの 3 つの方法を統合し，包括的に用いることも可能だろう（沢宮，2016）。

Ⅲ　MI を学び続ける

　Miller と Rollnick は動機づけ面接トレーナーネットワーク（Motivational Interviewing Network of Trainers，略して MINT Inc）を組織し，カウンセラーを訓練するトレーナーを育成するとともに，トレーナーの品質保証に力を注いできた（原井，2012）。2003 年，日本で最初に MINT のメンバーとなった原井宏明先生も，日本各地で MI に関する講演やワークショップ，個人トレーニングやスーパービジョンを重ねてきており，今では日本人メンバーも 80 人以上と増えている（MINT, n.d.）。

　MI は，発展，普及のありようにおいて，他の心理療法とはやや異なった経緯を辿っている。最も特徴的なのは，創始者である Miller と Rollnick が，自分たちをトップに据え，その下に弟子たちがぶら下がるというような，ピラミッド型の構造にならないよう留意した点である（原井，2017）。前述したように，MI のスピリットの一つである「パートナーシップ」とは，専門家同士で築く能動的な協働関係，いわば平等主義である。そのために，Miller と Rollnick は，このスピリットを育むことができるような水平的ネットワークをめざしたのである。

　カウンセリングにおいて，MI を実践できるようになるためには，集団ワークショップ参加と個人レッスンが欠かせない（原井，2015）。すなわち，本を読むだけ，講義を聞くだけの机上学習のみでは，難しい。それは，MI が，変化についての会話であり，カウンセリングであり，コミュニケーションのスタイルだからである。

　幸運なことに，沢宮は，原井宏明先生，磯村毅先生，加濃正人先生，大坪陽子先生の 4 氏によるスーパービジョン・コーチングを継続的に受けたほか，2015 年に開催された Training for New Trainers（TNT）にも参加が叶い，MINT の

日本人メンバーに加わることができた。スーパービジョン・コーチングの過程における，面談の録音，逐語録の作成，面接を通し，改めてスーパーバイジーとしての経験を積んだことは，自分自身のカウンセリングを見直す上で，また自分自身がスーパーバイザーとして援助を行う上でも，きわめて有用であったと思う。

また，沢宮および佐藤が，防衛医科大学校の瀬在泉先生を指導者とした 10 人足らずの MI 研究会（斎藤環先生，森田展彰先生，大谷保和先生他）への参加，原井クリニックにおける京橋行動療法研究会への参加等，継続的に学習できる機会を得たことも，幸運だったと思う。

現在では，Psychwire で，Miller，Rollnick，Moyers 等の講座をオンラインで学ぶことも可能になった。また，さまざまなデモンストレーション動画を見ることもできる。さらに，クライエントからのフィードバックもある。

ポーランドの音楽家で，後に政治家となった Paderewski は「練習を一日休むと自分にわかる。二日休むと批評家にわかる。三日休むと聴衆にわかる」と言っている。MI も楽器の演奏と同じで，上達するには，やはり反復練習が不可欠なのだと思う。

今後，心理臨床における MI の重要性はますます高まっていくだろう。私たちの道具箱に追加されたこの道具にさらなる磨きをかけ，適切に用いることで，これからもクライエントの自己変容をサポートしていきたいと思っている。

文　　献

Ashton M（2005）The motivational hallo. Drug and Alcohol Findings 13；23-30.

原井宏明（2012）方法としての動機づけ面接―面接によって人と関わるすべての人のために．岩崎学術出版社.

原井宏明（2015）動機づけ面接．心と社会 46（3）；99-104.

原井宏明（2017）方法としての動機づけ面接―思春期を指導・支援する人のために．思春期学 35；19-21.

原井宏明（2021）動機づけ面接とは．精神療法 47（1）；105-112.

岩壁茂（2013）臨床家の訓練と成長．（岩壁茂・福島哲夫・伊藤絵美）臨床心理学入門―多様なアプローチを越境する．pp.259-276，有斐閣.

Miller WR, Taylor CA & West JC（1980）Focused versus broad-spectrum behavior therapy for problem drinkers. Journal of Consulting and Clinical Psychology 48（5）；590-601.

Miller WR & Rollnick S（2009）Ten things that motivational interviewing is not. Behavioural and cognitive psychotherapy 37（2）；129-140.

Miller WR & Rollnick S（2012）Motivational Interviewing, Third Edition：Helping people change. The Guilford Press.（原井宏明監訳（2019）動機づけ面接（第3版）. 星和書店）

Miller WR & Rollnick S（2023）Motivational Interviewing, Fourth Edition : Helping people change and grow. The Guilford Press.

大坪陽子・沢宮容子・原井宏明（2016）動機づけ面接のスキルを評価する尺度. 応用心理学研究 41（3）; 240-248.

Prochaska JO, Norcross JC & DiClemente CC（1994）Changing for Good : A revolutionary sixstage program for overcoming bad habits and moving your life positively forward. New York, William Morrow and Company.（中村正和監訳（2005）チェンジング・フォー・グッド―ステージ変容理論で上手に行動を変える. 法研）

沢宮容子（2016）フォロー（追随）とリード（先導）のバランスをどうとるか―CBT・REBTと動機づけ面接の導入. 臨床心理学 16 ; 275-278.

沢宮容子・原井宏明（2018）動機づけ面接.（吉内一浩編）日常診療に役立つ行動医学・心身医学アプローチ. pp.64-72, 医歯薬出版.

沢宮容子・大坪陽子（2022）動機づけ面接.（日本応用心理学会監修）応用心理学ハンドブック. 福村出版.

The Motivational Interviewing Network of Trainers（MINT）（n.d.）Trainer Listing.（https://motivationalinterviewing.org/trainer-listing［2024年12月11日閲覧］）

4. 動機づけ面接と私的事象

坂上貴之

はじめに

　動機づけ面接（Motivational Interviewing : MI と略）は Rogers CR の来談者中心療法の発展形の一つとして，ここ数十年，目覚ましい成果をあげてきた（例えば Hettema et al, 2005）。そうした出自から考えると，私が専門としている Skinner BF の創始になる行動分析学とはずいぶんと遠くにある心理療法あるいはその技法ということになる。しかし一方で，MI の初期の利用では行動的な自己制御法も併用されたという話もあり，全く関係がないわけでもない。さらに，本書の編者である原井宏明氏は行動療法家であり，かつ，その科学哲学として徹底的行動主義の立場に立っておられる。そんな経緯で，動機づけ面接についての専門家ではないにもかかわらず，執筆者の一人となった。

　行動分析学あるいは学習心理学における私自身の研究領域は選択行動であり，ヒトを含む動物を対象にこれまで実験的研究を行ってきた。さらに最近では枠を越えて，質問紙への回答行動（これも選択肢を選ぶ行動）の分析を含む，行動的意思決定研究に携わっている。しかし本稿では，行動分析学を支える行動の哲学，徹底的行動主義での私的事象（private event）の取り扱いを改めて考察することで，MI での言語使用行動への接近を試みたい。なお MI と行動分析学との関係については，すでに Christopher と Dougher（2009）が分かりやすい解説を書いている。

　行動分析学は，行動がなぜ今そのようになされているかを理解しようとする，行動の科学である。行動分析学における科学的理解とは，その行動を予測したり制御したりすることができる環境要因を見出すことであり，(1) 遺伝的資質（系

統発生的要因），(2) 個体の環境との履歴（個体発生的要因），(3) 現在の環境が
もたらす随伴性，という 3 つの行動生起の要因のうちの (2) と (3) にその努力
を傾注する。他の心理諸科学が目指している行動の説明のための心的な理論構築
にはほとんど関心がないが，個別の実験結果を統合するような理論には深い関心
を寄せている。

　要因の (3) に挙げた「随伴性」とは，複数の，環境事象あるいは行動事象の
時間的確率的な関係枠をいう専門用語であり，徹底的行動主義の中でも，「私的
事象」や「実験主義」と並んで重要な位置を占めている（坂上，2019）。例えば，
レスポンデント（古典的）条件づけは，2 つの継時的に出現する刺激（条件刺激
と無条件刺激）間での随伴性を中核とする手続きや学習過程を指すし，オペラン
ト条件づけは，反応とそれに引き続く刺激（オペラントと強化子）間での随伴性
を中核としている。随伴性は，行動分析学の一分野である応用行動分析学では，
とりわけ重要な枠組みである。弁別刺激：弁別オペラント：強化子からなる，刺
激：反応：刺激の 3 項強化随伴性に着目して行動の分析が行われ，行動の変容は
主に前後 2 つの刺激の操作によってなされる[注1]。

　ヒトにおいては，こうした随伴性によって形成される「随伴性形成行動」に注
目するだけではなく，3 項強化随伴性を言語によって記述したルールを弁別刺激
とする，「ルール支配行動」の分析が重要となってくる。なぜなら，この行動は
環境との実際の随伴性からの影響なしに自発や維持がなされるからであり，心理
臨床的な場面でも，言語使用行動（verbal behavior）[注2] が登場する場面では，
その分析が必須となっている。

I　心的現象・心的過程と私的事象

　19 世紀後半，Wundt WM によって確立した科学的心理学の対象は意識であっ
た。意識は長い間，哲学の領域で取り扱われてきた対象であるが，それを科学
的に捉えるために，彼とその後継者は内観を手掛かりに，意識を構成する基本成
分を探し求めた。20 世紀になり，Watson JB が提唱した（古典的）行動主義に
基づく科学的プログラムでは，意識とその分析手段である内観法に異議申し立て

注 1) より正確には，これに加えて確立（動機付与）操作も使われる。
注 2) 通常は言語行動と訳される。本稿では言葉の使用の側面を強調するために使用を挟んだ。

がなされた。それは，ほぼ半世紀にわたる Wundt らの試みが，大きな成果を導かなかったことや，当時の哲学的思潮や物理学を中心とした自然科学の急速な興隆，そして言葉を持たない動物や乳幼児の研究の進展に因っていたと考えられる。Watson の主張の一つである方法論的行動主義では，意識は客観的な対象ではなく，またその方法として採用された内観法も科学的に信頼のおけるものではないと主張され，客観的に分析が可能な行動こそが心理学の研究対象に据えられるべきだとされた。それ以降の心理学は，この方法論的行動主義の考え方に大きく影響されることになる。すなわち，意識そのものを対象とせず，主観的な分析を排し，内観報告に頼らない，行動的結果に基づく新しいプログラムが模索されることになる。

　しかしそれに則った研究へと科学的心理学が進む一方で，客観的な対象ではない，もしくは客観的な方法で分析できないということだけで，意識と呼ばれる心的現象や過程を捨て去ることはできないという立場も残り続けた。1 つは，行動を客観的に分析することで，その背後にあると想定された心的な現象や過程の姿を浮かび上がらせ，その内容を間接的に探求しようという立場である。おそらくこの立場を踏襲したのが，古典的行動主義に対するアンチテーゼとしての認知革命であり，認知主義であったように思われる。

　もう 1 つの立場は，行動の背後に心的な概念を仮定することはせずに，意識をはじめとするさまざまな心的現象や過程を，それらを有するとされた個体だけが接近可能な私的事象（私的出来事）と捉え直し，これらを顕現的な行動と同じレベルでの，非顕現的行動として分析しようと考えたのが，Skinner の徹底的行動主義であった。こうした歴史的な文脈の捉え方が正しいとすれば，私的事象とは，意識をはじめとする心的現象や過程を指し，具体的には，心理主義的な用語でいう，感覚，知覚，思考，知識，情動，問題解決などがそれにあたることになる。

II　私的事象の定義を巡って

　初めて私的事象という言葉が使われたのは，Skinner（1945）であると言われる（長谷川, 2019, p.146）が，この論文の中では私的事象よりも，私的刺激，私性，私的事例，私的世界，私的経験といった用語が使われていて，中でも私的刺激という用語の頻度が高い。私的刺激は以下のように使用される。

　"私の歯が痛い" という反応の幾分かは，話し手だけが反応することのできる状況の制御下にある。なぜならば他の誰一人として，当該のその歯との間に必要な関係を確立できないからである。これについて神秘的であったり，形而上学的であったりすることは何もない。単純な事実は，各々の話し手が，小さいながらも重要な私的刺激の世界を有しているということである。私たちが知る限り，これらの私的刺激に対する話し手の反応は，外部の事象に対するその話し手の反応に非常によく似たものとなる。
　（『B.F. スキナー重要論文集 I 』p136）

　この「話し手だけが反応することのできる状況の制御下」にあるものというのが，その後の私的事象の定義に大きな影響を与えてきた。例えば Catania AC（1998, 2007）は，次のような簡潔な私的事象の定義を与えている。

　　言語使用行動において話し手にのみ接近可能な事象（通常，皮膚の内側にある事象）。私的事象は公的事象と同じ物（質）的な地位を持っているが，私的事象のタクトを形成するのは言語共同体にとってはより難しい[注3]。

　一方，わが国の唯一の行動分析学事典においては

　　一般に行動とよばれているものは，当事者以外の第三者によって観察・測定・記述できる公的事象であるが，私的事象は生体の皮膚の内側で生じる内的行動の一つである。私的事象は「それが生じている身体の当事者のみが関与できる事象を指す言葉であって，何か特別な構造や性質をもったものではなく」（Skinner, 1953），皮膚の外側で生じる事象と同じ用語で統一的に説明することができるものである（小野，2019, p27）。

とあり，両者には「皮膚の内側の事象」「公的事象と同じ地位」という共通点と，「話し手にのみ接近可能な事象」と「それが生じている身体の当事者のみが関与できる事象」というように微妙に異なる表現がなされている[注4]。そして Catania

---

注3）タクトとは「自分の接している事象を記述したり報告したりするという意味で "contact" の -tact から命名されたものである。（中略）タクトは「記述」や「報告」という機能として定義される」（井上，2019, p424）。

では特に言語使用行動が強調され，私的事象のタクトの困難性が定義に含まれているのに対し，小野では「当事者以外の第三者によって観察・測定・記述できる公的事象」が強調されている。ここに見られる定義の微妙な違いはなぜ起きているのであろうか。

Ⅲ　私的事象をめぐる Skinner の捉え方

　私的事象について，それ以降，大きく取り上げられるのは，Skinner（1953）である。ここでは，はじめて私的事象が公的事象と共に登場し（p.229），同第17章「Private events in a natural science」において，私的事象をさまざまな角度から，ことに章の後半では「見る」という行動から，論じている。

　Skinner（1957, 2020）では，言語使用行動との関連から，特に第5章「The tact」の節「Verbal behavior under the control of private stimulus」で私的事象が取り扱われる。その内容は Skinner（2020）の Palmer DC の緒言にもあるように，過去の著作とそれほど異なるものではない。しかし以下の部分は，重要なので引用する。

　　　［補：話し手と聞き手それぞれの随伴性を示していた］[注5] 図5でのタクトのためのパラダイムでは，話し手と聞き手の両方が，ある共通の対象と接触しているものとして表されており，その対象は話し手の反応が言及しているものとなっている。しかし，ある言語使用行動は，話し手だけが反応できる刺激の制御下にある。
　　　（Skinner, 2020, p.130）

　次の Skinner（1963）で，私的事象はその中心となって論じられ，この論文が Skinner（1969）の第8章として収録された際には，私的事象に関する多くの注記が付された。こうした経緯から，おそらくこの論文が私的事象についての集大成となっていると考えられる。少々長いが以下のパラグラフを引用する。

注4）接近可能も関与可能もその事象を対象として，何らかの反応ができることを意味していると考えられる。この時，その事象は私的刺激と呼ばれる。

注5）以下，［　］内は坂上による補足。

　私的刺激が関わる多くの随伴性は，刺激と反応と強化的な後続事象との間の単純な機械的関係からの当然の結果として生じており，言語共同体によってそれらが整置される[注6]必要はない。たとえば，トンボ返りの回転を構成するさまざまな動作は，外部と内部の刺激の制御下にあり，そして外部と内部の強化的な後続事象の影響を受ける。しかし，その演技がいかに適切で巧みなものであっても，演技者は必ずしも自らの行動を制御している刺激に"気づく（aware）"必要はない。トンボ返りの回転中に起きていることを"知ること（knowing）"や"気づくこと（being aware of）"は，名前をつけたり記述したりするといった弁別的な反応を伴う。そしてそうした反応は，言語的環境によって必然的に整置された随伴性から生じる。それはありふれた環境である。［人間］社会はほとんどの場合，ある人物が何をしているのか，何をしてきたのか，あるいは何をしようとしているのか，そしてそれはなぜなのかに関心があり，こうした事象に関連した外的および内的刺激を命名し記述する言語的反応を生み出す随伴性を整置する。"どのようにして知っているのか"と尋ねることで，共同体はその人の言語行動について説明を求める。そして話し手がそれに答えるのならば，それはその者の言語行動の関数であったいくつかの変数についての記述ということになる。こうしたことの帰結としての"意識性（awareness）"とは，社会的な産物（social product）なのである。（『B.F. スキナー重要論文集Ⅱ』pp.175-176）

　ここでの内容は，ここまでの著作でも一部取り扱われてきているが，私的事象についての弁別的行動と言語的環境がもたらす随伴性，その帰結としての「意識性」の問題を明確に指摘し，初期に見られた，単に方法論的行動主義を乗り越えるために私的事象をも取り扱うという弱い立場から，私的事象を取り扱う言語使用行動の持っている真の意味を問うという強い立場に転換している。

　この論文以降，もっとも私的事象について言及しているのは，Skinner（1974）であり，全編にわたって陰に陽に登場するが，特に 14 章の「まとめ　Summing up」ではその筆頭に取り上げられている。これまでに言い尽くされたことがほとんどであるが，11 章で述べられた私的事象への言語使用行動の限界についての記述は注目できる。

注 6）原語は arrange。

Ⅳ　私的事象に関わる5＋1の側面

　「Ⅱ　私的事象の定義を巡って」で指摘した定義の微妙なずれは，実は，上で見てきたSkinner の私的事象の捉え方の重心の移動に因ると思われる。つまり，私的事象という用語で表現されている対象は，使用される文脈の中でスポットライトが当たっている部分が異なったり，新しい側面が付け足されたりしていると考えるのである。そこで，次の5つの側面を切り出すことで，私的事象の指す内容の微妙な違いをより鮮明にしようと考えた。

1．心的現象や過程としての側面

　物質とは異なる心的な次元に存在する「意識」，ならびに，心的な現象や過程である感覚，知覚，思考，知識，情動，問題解決などをいう。これらは物（質）的事象（physical event）に対して，心的事象（mental event）とも呼ばれる。

　Skinner（1945）の論文は操作主義についての会議で発表されており，「主観的用語の操作的分析に接近する」という目的があった。そのためにWundt の内観主義から，Watson の古典的行動主義を経て操作主義に向かいつつある，心理学の哲学の歴史的系譜の中で，「意識」を再検討する必要性があった。そうした文脈で，彼の捉える私的事象は，Watson 以前の心理学の対象であった心的次元の事象に対して向けられていたと考えられる。

2．観察不可能な事象としての側面

　観察可能性を，あらかじめ定められた方法で創出された条件の下での，他個体との共通の手続きに基づく言語報告の一致に求めるとすると，それが実現可能ではない事象があり，特にその事象が当該個体だけに所属する場合に，観察不可能な反応や刺激に対して，それらを非顕現的（covert）反応，非顕現的刺激という（それに対して，観察可能なそれらは顕現的（overt）であるという）。

　非顕現的反応や刺激は，しばしば私的反応や私的刺激とも呼ばれる。非顕現的反応のこうした用法は『APA 心理学辞典』（VandenBos, 2007）にも見られ，「直接的には観察できない，推測されたり自己報告されたりする事だけ可能な行動」と定義されている。その一方で，この項目は私的事象（「従事している，あるいは経験しているその人にだけ明らかとなっている活動もしくは刺激」と定義）の

項目と相互参照されている。

　なお「私性が科学的な機器により侵入された場合には，刺激作用の形態は変化する。科学者により読みとられる尺度は，私的事象そのものではない」（Skinner, 1963／邦訳 p172）とあるように，仮に観察可能であったとしても，それは当該個体の接近可能とは内容が異なる点に注意を要する。

3. 当該個体のみが感じることが可能な事象としての側面

　内受容感覚，固有受容感覚を通じて当該個体のみが感じることができる事象。特に「皮膚の内側の世界」という意味ではこれを内的事象と呼び，それに対して，外受容感覚（視覚，聴覚，触覚など）を通して感じることができる事象を外的事象と呼ぶことがある。

　ここでは「感じる」という用語を用いたが，私的事象の定義を構成する用語の一つである「接近可能」とほぼ同義であると考えてよい。そして当該個体がその感覚を通して接近可能であるのならば，それは当該個体の行動の一部であり，皮膚の内側にあって他者が接近できないという点を除き，科学的対象である行動と同等なものと考えられている。

4. 言語使用行動において話し手だけが反応できる事象としての側面

　話し手と聞き手によって行われる言語使用行動のやり取りの中で，話し手の反応が言及している事象に，話し手と聞き手の両方が接近可能な場合がある一方で，話し手だけが接近可能な事象がある場合，前者を公的事象，後者を私的事象ということがある。狭義にはこれを公的・私的事象の定義と考えても間違いではないだろう。

　これは前節で引用した Skinner（1957, 2020）の捉え方であるが，聞き手を含めた言語使用行動の存在が必須となると，この行動を持っていないと考えられる生物個体では，私的事象を論じることはできなくなる。一方，3 の側面を持つ私的事象はおそらくヒト以外の生物個体においても存在し，それを実験的に確認することもできよう。

5. 話し手のみが接近可能な事象についての弁別的行動の記述としての側面

　4 での話し手のみが接近可能な事象は，それへの弁別的な行動を伴い，その結果，

その事象が話し手自身だけでなく，聞き手もしくは言語共同体に対して記述され報告されることがある。そうした事象を特に私的事象として言及することがある。

　この側面が強調されるときには，「感じていることを感じる，知っていることを知る」といった一段階上で行われる行動がSkinnerの著作の中では引き合いに出されている。そしてそうした行動が，ルール支配行動を含む「知識」を構成すると考えているようである。

　一般に，この5で取り扱われた記述行動は，言語共同体による分化強化を通じて形成しにくく，そのために言語共同体はいくつかの形成法を練り上げてきた。その形成法については次節で述べるが，ここで大きな疑問が残る。つまり，なぜ形成が困難な私的事象の記述行動をわざわざ言語共同体は形成するのかである。そこで，この5つの側面とは別の側面を提案することで，この節を終えたい。

6. 当該個体が記述する他個体と共有されていない事象としての私的事象

　ある個体が私的事象を報告する行動を言語共同体が強化する。他個体は，その個体の私的事象の報告を，3項強化随伴性の言語記述，すなわちルールという形で利用する。自らは「経験」していない私的事象を，他個体も使えるようになることで，共同体はより効率的に運用されるようになったと考えられる。このように定義される私的事象は，ある個体だけが経験しそれを記述できるすべての事象が相当し，その中には物的で，観察可能な，外受容感覚を通して感じることができる事象も含まれている。つまり言語共同体にとっては，記述可能な「知識」総体を指すことになる。

　こうした「知識」は個体による制約を越え，空間や時間による制限を越えることから，坂上と井上（2018）はその最終章で，ヒト以外の動物も持っている「今此処性」から，ヒトが独自に有する空間的時間的にリモートな「非今此処性」へと移行する契機となったと論じている。

　一方，同時に考慮に入れるべきは，「全ての随伴性がルールに置き換えられ得るわけではなく，随伴性形成行動のあるものは，言語記述の範囲を超えている。同様に，感じていることの状態についての最も精密な記述であっても，感じられたその状態とは正確に対応させることはできない」（Skinner, 1974, p.192）という，前述した私的事象の記述の限界であり，その意味で，私的事象には常に不可知が付きまとっている。

Ⅴ　言語共同体による私的事象のタクトの形成と心理臨床における展開

　私的事象のタクトとは，当事者のみが接近（関与）可能な事象を記述したり報告したりする言語使用行動であり，上述した側面 5 のレベルに当たる。Catania の定義でも触れられている私的事象のタクトの形成は，MI をはじめとする心理臨床でも極めて重要なテーマである。よく例に挙げられる痛みという私的事象を使って，Catania（1998）は次のように，Skinner（1945, pp.273-274）で述べられた，タクト形成を導く 4 つのケースをまとめている[注7]。

(1) 共通の公的な随伴物，つまり痛みを生じさせた公的事象（例：傷口）が伴うことを利用する。
(2) 付随行動（collateral behavior），つまり痛みが（公的な）行動（例：泣く行動）を同じく伴うことを利用する。
(3) 隠喩的拡張（metaphorical extension）[注8] において見られるような公的事象と私的事象の共有する特性，つまり特別な種類の痛みを生じさせた公的な対象物の特性（例：鋭い刃は鋭い痛みを生じる）に由来する痛みについての語彙を利用する[注9]。
(4) 反応の強度次元上での公的行動から私的行動への般化[注10]，すなわち，自分自身に対して［痛みについて］語ることの報告［や記述］は，その語ることが顕現的であるような場合から，もはや公的な強度とはいえないような［私的な］場合へと，般化が可能であることを利用している[注11, 12]。

　MI を含む心理臨床の世界での言葉を使った意思疎通においても，当然ながら私的事象のタクトやその形成が促されているに違いない。なぜならば，そうすることでクライアントの私的な刺激や反応を「知る」ことができるからである。そ

注 7）ただし，Skinner があげた順ではない。
注 8）「形態的な弁別刺激特性の多くが異なっているが，その一部や性質が共通している場合」（井上，2019, p.425）のタクトの拡張。
注 9）これを刺激般化の利用とみなす考え方もある。
注 10）顕現的から非顕現的へとより私的なものになっていくこと。

うした場では，成人の間でなされるやり取りがほとんどと考えられるので，それまでに獲得されてきた双方のさまざまなタクトの技術が縦横に行使されているに違いない。上で述べた4つは，公的な刺激と反応，およびその般化や誘導を用いるという最も基本的なレベルであるが，例えば問題となる私的事象が存在する確率の高い環境条件の設定を工夫しあうことで，話し手と聞き手が精度の高い一致を目指してそのタクトを創出するという試みなど，成熟した言語使用の経験に基づいた，より複雑な形成法が試みられていく可能性がある。ただ，語られた私的事象は当該個体の行動の原因ではなく，あくまでも当該個体の行動そのものであることに留意しなくてはならない。

　私的事象のタクト形成の試みの出発点を与えるものとして，ここまで述べてきた Skinner の着想は，十分信頼に足る基盤を与えるものと考えられるが，まだその多くは実証的な研究の洗礼を受けていない。その意味でこれらを支える言語使用行動の実証的実験的研究は，実際にはまだ始まったばかりと言える[注13]。

文　　献

Catania AC（1998）The taxonomy of verbal behavior. In : Lattal KA & Perone M（Ed）Handbook of Research Methods in Human Operant Behavior. pp.405-434, Plenum Press.

Catania AC（2007）Learning（4th interim edition）. Sloan Publishing.

Christopher PJ & Dougher MJ（2009）A behavioranalytic account of motivational interviewing. Behavior Analyst 32（1）; 149-161.

長谷川芳典（2019）行動分析学の歴史─過去，現在，未来．（日本行動分析学会編）行動分析学事典．pp.144-147，丸善出版.

Hettema J, Steele J & Miller WR（2005）Motivational interviewing. Annual Review of Clinical Psychology 1 ; 91-111.

井上雅彦（2019）タクト．（日本行動分析学会編）行動分析学事典．pp.424-427，丸善出版.

小野浩一（2019）意識．（日本行動分析学会編）行動分析学事典．pp.26-29，丸善出版.

坂上貴之（2019）心理学と行動分析学．（日本行動分析学会編）行動分析学事典．pp.4-7,丸善出版.

坂上貴之・井上雅彦（2018）行動分析学─行動の科学的理解をめざして．有斐閣.

佐藤方哉（1987）行動分析─徹底的行動主義とオペラント条件づけ．（依田明・河内十郎・佐藤方哉，他著）臨床心理学の基礎知識．pp.147-192，安田生命社会事業団.

注11）ここでの形成法を反応誘導の利用とみなす考え方もある。またいくつかの Skinner の書物では，この（4）については明示的に取り上げられていない。

注12）この4つの場面での形成については，佐藤（1987, pp.168-169）も触れている。

注13）例えば Stocco ら（2014）は上述した（1）の方法の実験的検討をしている。

Skinner BF（1945）The operational analysis of psychological terms. Psychological Review 52；270-277, 291-294.（この論文は Skinner BF（1961）The operational analysis of psychological terms. In : Skinner BF, Cumulative Record. pp.272-286, Appleton-Century-Crofts に収載。丹野貴行訳（2019）第 5 章　心理学的用語の操作的分析．B.F. スキナー重要論文集 I―心理主義を超えて．pp.131-154，勁草書房）

Skinner BF（1953）Science and Human Behavior. Macmillan.（河合伊六他訳（2003）科学と人間行動．二瓶社）

Skinner BF（1957）Verbal Behavior. Copley Publishing Group.

Skinner BF（1963）Behaviorism at Fifty. Science 140；951-958.（丹野貴行訳（2020）第 8 章　50 年目の行動主義．B.F. スキナー重要論文集 II―行動の哲学と科学を樹てる．pp.167-194，勁草書房）

Skinner BF（1969）Contingencies of Reinforcement : A theoretical analysis. Meredith.（玉城政光監訳（1976）行動工学の基礎理論―伝統的心理学への批判．佑学社）

Skinner BF（1974）About Behaviorism. Vintage.（犬田充訳（1975）行動工学とはなにか―スキナー心理学入門．佑学社）

Skinner BF（2020）Verbal Behavior : Extended edition. B.F. Skinner Foundation.

Stocco CS, Thompson RH & Hart JM（2014）Teaching tacting of private events based on public accompaniments : Effects of contingencies, audience control, and stimulus complexity. Analysis of Verbal Behavior 30（1）；1-19.

VandenBos G（Ed）（2007）APA Dictionary of Psychology. American Psychological Association.（繁桝算男・四本裕子監訳（2013）APA 心理学大辞典．培風館）

5. 動機づけ面接の機能と作用機序

村井佳比子

はじめに

「密室での一対一の対話に効果はあるのか？」初めて行動分析学会に参加した筆者に投げかけられた心理療法の効果に対する質問であり，行動分析学を学ぶきっかけとなった筆者自身の疑問でもある。筆者が臨床心理学を学び始めた当時，日本において認知行動療法を学ぶ場は十分ではなく，心理療法は精神分析（あるいは精神分析的心理療法）と来談者中心療法のほぼ2択であった。それぞれに学派やスタイルの違いはあるものの，発達障害や強度の行動障害を持つクライエントへの支援にはそれだけでは対応が難しく，行き詰まりを感じて学びを求め，出会ったのが行動分析学であり行動療法である。2011 年の行動療法学会（現在の認知・行動療法学会）大会で原井宏明先生の強迫性障害に関するワークショップに感銘を受け，押しかけるように原井先生のクリニックで学ばせていただくようになり，そこで動機づけ面接（Motivational Interviewing：MI）を知ることになった。

MI は面接技術でありながら，APA（American Psychological Association）の第 12 部会（Society of Clinical Psychology）においてアルコール依存症や薬物乱用に対する有効なトリートメントとして認められており，「密室での一対一の対話に効果はあるのか？」という問いに，一定の効果があることを示してくれる。一方，MI は面接場面で観察されるセラピストの行動を抽出し，技術としてまとめたものであり，MI の何が効果をもたらすのかについては十分に解明されているとはいえない（Magill & Hallgren, 2019）。そこで本稿では，MI の作用機序の3つの仮説について行動分析学の観点から検討し，MI をよりよく学ぶ手掛かり

を提供できればと思う。

I　動機づけ面接の作用機序

　MI の効果のメカニズムについては 3 つの仮説がある（Arkowitz et al, 2008；Magill &Hallgren, 2019）。1 つ目はテクニカル仮説（Technical Hypothesis），2 つ目は関係仮説（Relational Hypothesis），3 つ目はコンフリクト解消仮説（Conflict Resolution Hypothesis）である。これらの仮説について，村井（2017, 2020）は行動分析学から解説を試みている。

1．テクニカル仮説

　テクニカル仮説は，MI の作用機序として最もよく検証されているものである。セラピストの MI 技術によってクライエントの行動変化に関する発言（チェンジトーク）が自発され，これがセラピストによって分化強化されることで，自己ルールが生成されて行動変化が生じるという仮説である。ルールとは，「〜すると〜という結果になる」という行動随伴性の記述のことである。このうち，他者から与えられるものをルール（他者ルールあるいは外部ルール），自ら生成したものを自己ルールという。自己ルールが生成されると行動がそれに連動しやすくなることは，基礎研究によってくり返し確認されており（Charles et al, 1982；松本・大河内，2002），臨床研究でもクライエントのチェンジトークに対するカウンセラーの適切な応答がチェンジトークを促進し（e.g. Barnett etal, 2014；Berman et al, 2019），チェンジトークの生起が行動変化を予測することが示されている（e.g. Gaume et al, 2013；Morgenstern etal, 2012）。しかし，チェンジトークの量と行動変化には関連がないという報告があり（Magill et al, 2014），最近の研究では，チェンジトークの増加よりも維持トーク（行動の維持に関する発言）の減少や（Magill et al, 2018），深い自己探求発言が（Apodaca et al, 2014），よりよく行動変化を予測するとされている（図参照）。つまり，単にチェンジトークを強化すればいいということではなく，維持トークの背景にあるクライエントの価値を見出し，今できていることを是認するなど，行動に結びつきやすい自己ルールが形成される環境を整える必要があるといえる。行動分析学では，言語や思考も行動の一つであると考え，言語行動とそれ以外の行動がそれぞれどのように形成され，結びつくのかを探求し続けてきた（e.g. 日本行動分析学会，2001）。最

独立変数　　　　　媒介変数　　　　　従属変数

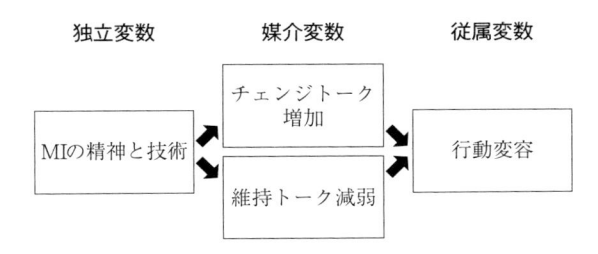

図　MI の作用プロセス（Magil & Hallgren, 2019 を改変）

初にクライエントがどのような言語や行動のレパートリーを有しているのかを見極めることが重要であり，それを実現するには，クライエントに対する緻密な観察力や理解力が求められる。

2. 関係仮説

　関係仮説は，セラピストの「正確な共感」がクライエントとの協働関係を作り，その関係がクライエントの問題への関心を高め，行動変化に取り組むことを促進するというものである。MI における共感は情動等の理解だけではなく，セラピストの理解をクライエントに伝え，理解が正しかったかどうかをクライエントの反応によって確かめるところまでを含める。セラピストからのフィードバックが正しければ，クライエントは自身の発言や意識化していなかった感情，状況等をセラピストの発言を通して観察することになる。自己観察（self-monitoring）がそれだけで行動を変化させることについては基礎研究が進んでおり（Kanfer, 1970），共感的な聞き返しによってクライエントが自身の発言や感情等に注意を向けることで，行動変化が起こりやすくなると考えられる。しかし，その後のメタ分析では，セラピストの共感とクライエントの行動変化には直接の関連は見出されていない（Magill et al, 2018）。

　村井（2014a）は，他者から与えられた教示を理解し，従うだけでは，自発的な行動の変化につながらないことを実験的に示している。言葉でも行動でも，実際にその個人が使用し，身についている言葉や行動，つまり行動レパートリーとして有しているものでなければ自発できないため，使用したことのない言語や行動は新たに「学習」する必要がある。たとえセラピストがクライエントの気がついていない状況や感情に対して，クライエントにとっては新しい視点で共感的に

聞き返しを行い，クライエントが納得し，洞察的な発言があったとしても，それだけでは行動変化にはつながらない。行動変化のためには，セラピストとの対話の中で得た「言葉」を自分のものとして取り入れ，セラピー場面以外でも新しい「言葉」を使用し，新たな自己ルールを形成できるようになる必要がある。行動分析学では，新たな自己ルールの形成を含む，言語や行動の形成に関する研究や，言語や行動のバリエーション（変動性）に関する研究が行われている（e.g. Muething et al, 2018；Dracobly et al, 2017）。テクニカル仮説で述べたように，関係仮説についても，クライエントの言語や行動に対する緻密な観察や理解が欠かせないといえる。

3. コンフリクト解消仮説

　コンフリクト解消仮説は，3 つの仮説のうち，まだ十分に検証されていないもので，セラピストがクライエントの両価性（複数の両立しない欲求があること）を明確にすることで，クライエントの中にこれを解消しようとするプロセスが生じ，行動変化につながるという仮説である。勉強しなければならないのについ遊んでしまう，ダイエットしたいのに甘いものを見ると食べてしまうなど，私たちは多かれ少なかれ，両価性を抱えて生活している。行動分析学では，目先の小さな利益を選択することを「衝動性」，将来の大きな利益を選択することを「セルフコントロール（self-control）」と呼び，選択行動として定式化している（Ainslie, 1974；Ainslie, 1975；Rachlin, 1970；Rachlin & Green, 1972）。現状維持を選択するのは，選択の瞬間，変化することで得られる将来の利益よりも，現状維持で得られる利益の方が大きい，あるいは，選択しやすいと評価されているからである。その人の人生の価値につながる将来の大きな利益を選択しやすくするには，将来の大きな利益が得られた時の状態を生き生きとイメージできるようにする，目先の小さな利益を客観視する，あるいは遠ざけるなど，価値評価を揺さぶる戦略が有効とされている。また，将来の大きな利益につながる言語や行動のレパートリーを持たなければ，そこにつながる自己ルールや実際の行動は生起しないため，ここでもクライエントの言語や行動に対する緻密な観察や理解が必要となる。

　コンフリクト解消仮説では，両価性を明確にすることで自動的にこれを解消するプロセスが起動すると仮定しているが，硬直した状態を打開するには明確にするだけでは不十分である。村井（2014b）は，心理的な問題を抱えた人の反応は，そうでない人よりも偏りやすく，バリエーションが少ないこと，バリエーション

を増やすような関わりをしても変化しにくいことを報告している。しかし，選択肢を提示するなど，主体的な反応を引き出すような教示によってバリエーションが回復することが示されており（村井，2014a），セラピストがどのような言葉を選び，提示するかが重要になるといえる。

II　動機づけ面接を学ぶ

1．動機づけ面接の機能

　以上に述べた3つの仮説はいずれもある側面で正しく，相互作用によって MIの効果をもたらしていると考えられる。さらに最近では，セラピストの MI 技術の熟練度が MI の効果にどのように結びつくかが検討されつつある（Frey et al, 2021）。特に「MI に一致していない行動」と呼ばれる直面化や説得といった行動が維持トークを増加させ，行動変容を損なうことが指摘されており，「MI に一致した行動」と呼ばれる是認や自律性の強調といった行動の修得が重要であることがわかっている。一方で，トレーニング場面での習熟度と実践場面での習熟度のつながりは明確にはなっていない（Frey et al, 2021）。

　これまでの MI のトレーニングの中には，チェンジトークを引き出すことに努力の大半をあて，維持トークを最小限に抑えるべきだと強調するものがあったという（Magill & Hallgren, 2019）。現在は「精神（spirit）」と呼ばれる「態度」が重視されている。MI の精神を構成するのは，協働（Partnership）・受容（Acceptance）・思いやり（Compassion）・エンパワメント（Empowerment）の4つであり，研究が進むごとに修正が加えられてきた。これらの4つの「用語」の意味するところは，クライエントの大切にしている価値を見極め，それに向かう言語や行動のレパートリーの有無を丁寧に観察し，クライエントの持つリソースを見出し，聞き返しによって正確にフィードバックを行うことで固定化した反応に変動を起こして，将来の大きな価値につながる自己ルールを自ら生成できるように環境を整えることであるといえる。つまり MI の機能は，クライエントの固定化した反応の変動性を上げ，自身の価値につながる自己ルールを生成して行動を生起させやすくするための環境を作ることであるといえよう。

　MI の良さはシンプルで，わかりやすく，誰でも練習することである程度習得できる点にある。一方で，上記に述べたように「態度」として修得するには，高度な技術，あるいはセンスともいうべきものが要求される。MI を使いこなすの

は難しく（Rosengren, 2009），継続して共に学ぶことのできる仲間を持つことが，何よりも大切である。

2. 行動分析学を学ぶ

　心理的な問題がある時，行動は言語によって過剰に制約され，柔軟性のない非効率な反応パターンが生起することがわかっている（Hayeset al, 2012）。何度も繰り返し失敗している場合，「どうせできない」「やっても無駄」，または，「やろうと思えばいつでもできる」という，不適切な自己ルールが頑強に形成されているかもしれない。あるいは，「大した問題ではない」といった現実の否認や，「家庭環境が悪いから仕方ない」といった自己防衛的なルールが働いているかもしれない。これを打開するには，クライエントが既にできていることを見出して強化，つまり是認するとともに，新たなパターンが生起しやすいような働きかけ，つまり共感が重要となる。

　一方で，「是認」と「共感」は誤解されやすいコトバでもある。是認は「褒める」ことと混同されやすく，本質が見失われがちである。是認に必要なことは，実際にできている具体的な行動（思考や感情を含む反応すべて）を見出し，指摘することで強化，つまりその行動の頻度を増加させることである。もし指摘することでその頻度が低下するのであれば，それは是認とはいえない。また，共感も「同情」と混同されやすく，感情を理解したと感じることだと思われがちである。クライエントが，どのような場面でどのような感情が湧くのか具体的にイメージが浮かぶように理解し，言語化できるようになることが共感であり，クライエントにその理解が正しいか確認しない限り，共感とはいえない。このようにMIで求められる「態度」を実現するには，クライエントの利益のために相当の集中力をもってクライエントを観察し，いかに理解するかにかかっている。

　本書「動機づけ面接を始める・続ける・広げる」では，MIの指導者として著名な先生方が，これまでどのようにMIを学習してきたか，また，どのような学習を推奨するかが述べられていると思う。その一つとして，筆者は行動分析学を学ぶことを加えたい。MIのテキストには行動分析学についての説明はないが，MIを支える研究の多くは行動療法家や行動分析家によるものであり，基本的な行動原理に基づいている。MIでは，不適切な行動を変えようとしないクライエントの変わらない理由を，やる気がないから，あるいは不合理な認知があるから，自尊心が低いからなどと仮定せず，行動を維持する要因と行動に変化をもたら

す要因があると考える。これは行動分析学のとらえ方である。行動分析学は，問題とされる事象の機能や構造をとらえることに優れており，MI や MI で生起するコミュニケーションの構造を理解することに役立つ。これまで述べたように，MI の機能はクライエントが自身の価値につながる自己ルールを生成し，行動を生起させやすくするための環境を作ることにある。同時に，行動分析学を学ぶことで，セラピスト自身の行動の機能を理解することができる。自身のセラピーがうまくいっていない時，そこにはセラピスト自身の不適切な行動パターンが繰り返されているはずである。その状態をネガティブに捉えるのではなく，行動が維持される要因を見出し，自分のできていることとできていないことを確認し，何ができそうか考える時に，行動分析学が役立つだろう。

おわりに

　MI は現在，医療だけではなく，司法や教育等，実用的な技術として多くの現場に広がりつつある。効果研究も数多く実施されており，その成果は国際的なトレーナーのネットワークにおいて共有され，技術に反映されている。一方で，先にも述べたように MI を使いこなすことは難しく，練習を重ねるほどその難しさが見えてくる。MI だけではなく，優れた技術には同様のことがいえる。そして，それが MI の魅力であると思う。

文　献

Ainslie GW（1974）Impulse control in pigeons. Journal of the Experimental Analysis of Behavior 21（3）; 485-489.

Ainslie G（1975）Specious reward : A behavioral theory of impulsiveness and impulse control. Psychological Bulletin 82（4）; 463-496.

Apodaca TR, Borsari B, Jackson KM et al（2014）Sustain talk predicts poorer outcomes among mandated college student drinkers receiving a brief motivational intervention. Psychology of Addictive Behaviors 28（3）; 631-638.

Arkowitz H, WR Miller, Westra HA et al（2008）Conclusions and future directions. In Arkowitz H, Miller WR & Rollnic S（Eds）Motivational Interviewing : In the treatment of psychological problems 2nd ed. pp.365-380, Guilford Press.

Barnett E, Moyersc TB, Sussman S et al（2014）From counselor skill to decreased marijuana use : Does change talk matter? Journal of Substance Abuse Treatment 46（4）; 498-505.

Berman AH, Lindqvist H, Kallmen H et al（2019）Counselor and drug detox inpatient verbal behaviors in a single session of motivational interviewing and subsequent substance userelated patient outcomes. International Journal of Mental Health and Addiction 17（1）; 73-88.

Charles C, Matthews B & Shimoff E（1982）Instructed versus shaped human verbal behavior : Interactions with nonverbal responding. Journal of the Experimental Analysis of Behavior 38（3）; 233-248.

Dracobly JD, Dozier CL, Briggs AM et al（2017）An analysis of procedures that affect response variability. Journal of Applied Behavior Analysis 50（3）; 600-621.

Frey A J , Lee J , Small JW et al（2021）Mechanisms of motivational interviewing : A conceptual framework to guide practice and research. Prevention Science 22（6）; 689-700.

Gaume J, Bertholet N, Faouzi M et al（2013）Does change talk during brief motivational interventions with young men predict change in alcohol use? Journal of Substance Abuse Treatment 44（2）; 177-185.

Hayes SC, Strosahl KD & Wilson KG（2012）Acceptance and Commitment Therapy : The process and practice of mindful change, 2nd ed. Guilford Press.

Kanfer FH（1970）Self-monitoring : Methodological limitations and clinical applications. Journal of Consulting and Clinical Psychology 35（2）; 148-152.

Magill M, Apodaca TR, Borsari B et al（2018）A meta-analysis of motivational interviewing process : Technical, relational, and conditional process models of change. Journal of Consulting and Clinical Psychology 86（2）; 140-157.

Magill M, Gaume J, Apodaca TR et al（2014）The technical hypothesis of motivational interviewing : A meta-analysis of MI's key causal model. Journal of Consulting and Clinical Psychology 82（6）; 973-983.

Magill M & Hallgren KA（2019）Mechanisms of behavior change in motivational interviewing : Do we understand how MI works? Current Opinion in Psychology 30 ; 1-5.

松本明生・大河内浩人（2002）言語－非言語行動の連鎖への分化強化による自己教示性制御の成立. 行動分析学研究 16（1）; 22-35.

Morgenstern J, Kuerbis A, Amrhein P et al（2012）Motivational interviewing : A pilot test of active ingredients and mechanisms of change. Psychology of Addictive Behaviors 26（4）; 859-869.

Muething CS, Falcomata TS, Ferguson R et al（2018）An evaluation of delay to reinforcement and mand variability during functional communication training. Journal of Applied Behavior Analysis 51（2）; 263-275.

村井佳比子（2014a）行動変動性に及ぼす強化履歴の影響—選択教示使用の有効性の実証的検討. 行動療法研究 40（1）; 23-32.

村井佳比子（2014b）Lag スケジュールによる行動変動性測定. 日本大学大学院総合社会情報研究科紀要 15 ; 195-202.

村井佳比子（2017）心理療法の基本技術としての動機づけ面接と行動分析学. 日本大学大学院総合社会情報研究科紀要 18 ; 325-331.

村井佳比子（2020）セラピー場面での発言の変化は行動の変化につながるのか？—動機づけ面

接と行動変動性. 行動科学 58（2）; 97-103.

日本行動分析学会編（2001）ことばと行動―言語の基礎から臨床まで. ブレーン出版.

Rachlin H（1970）Introduction to Modern Behaviorism. W.H. Freeman.

Rachlin H & Green L（1972）Commitment, choice and self-control. Journal of the Experimental Analysis of Behavior 17（1）; 15-22.

Rosengren D（2009）Building Motivational Interviewing Skills , First Edition : A practitioner workbook. Guilford Press.

6. 動機づけ面接と他理論の接点

加濃正人

はじめに

　私が動機づけ面接（Motivational Interviewing；以下MI）を学ぼうと意識したのは，2007年に開催されたとある研修会の講師控え室で，そのころ数少ないMINT（Motivational Interviewing Network of Trainers）日本人メンバーの原井宏明氏と出会った日だった。当時私が専門にしていた禁煙指導の領域におけるMIの効果について，MIの知識のない私に，原井氏は教示するのではなく質問し続けた。適当にごまかす返答しかできなかったわけだが，答えられなかったことが気になってMIについて調べ，本格的にMIを学んでみたいと思った。

　当時，ほぼ唯一の学習機会だった原井氏のMI研修会を彼のウェブサイトで調べ，各所で繰り返し参加した。はっきり記憶していないが，おそらく20回程度は受講したように思う。当時の原井氏の研修会は，同じMIを主題にしていても内容が日によって大きく変わり，MIのスピリット（精神）でもある共感的態度の体感がその日の中心だったり，MIの効果を裏打ちする学習理論の理解が中心だったり，一定の公式に基づいて聞き返しの文言を作成する技法の練習が中心だったり，という具合だった。解説，演習，デモンストレーション等も，MIそのものに限局せず，MIを多面的に理解するための他理論の要素が多く盛り込まれていた。このことに端を発して，自身でも関連理論まで含めて多面的に学ぶよう意識してきたことが，MIとMIでないものの区別をつけながら実践する助けになった。

　MIの発祥は，行動分析あるいは応用行動分析（以下，行動分析）に共通する

実験主義に立脚している。理論に基づいて技法が体系化されたわけではなく，実験によって導き出された良い技法を体系化し，その体系を説明するための理論が構築されている（Miller & Rollnick, 2012 ／訳書下巻 pp.175-203）。このためか，MI の理論で用いられている概念は他理論の概念としばしば共通している。たとえば，MI のスピリットを構成する「受容」は，Rogers CR が創始した人間中心アプローチ（Person Centered Approach：以下 PCA）の中心をなす治療者の態度である。一方で，MI における受容と PCA における受容（厳密には「無条件の肯定的配慮」と呼ばれる）には，患者への追従の程度において差がある。MI の教科書や研修会のみを頼りに MI を学習するのも一法で，とくに学習の初期に MI の全体像を把握するためには必要なことである。しかし一通りの学習をしたのちには，MI と他技法との接点となっている概念が他理論でどう位置づけられているのかを学び，同異を明確化することが，MI の各概念を多面的に理解し実践に応用力をもたらす助けになるだろう。こういった多面的な理解は，各種理論の専門家に MI を広げる立場になればさらに重要である。本稿ではそのような視点に立ち，MI と他理論の接点に位置する概念について概観を試みる。

I　MI スピリットと他理論の接点

　治療者の基本的態度を示す MI のスピリットには，1）治療者と患者が対等な関係で問題解決を目指すことを意味する「協働」，2）患者が望ましくない発言をしても批判的な応答を避ける「受容」，3）患者の福祉向上を優先する姿勢である「思いやり」，4）変化の理由や方法などを治療者が提示するのではなく患者から発言させるスタイルである「引き出す」の 4 つが含まれる。また，2 番目の受容は，①絶対的価値，②正確な共感，③自律性の支援，④是認の 4 つに下位分類される。ここでは協働および受容の下位分類 4 項目を取り上げる。

1．協働

　協働は，治療者が患者に対して一方的に指示・命令するのではなく，両者が対等な協働関係を保つようにする治療者の態度を意味する。このような態度は，MI に限らず多くの精神療法理論で前提とされている。
　Beck AT が創始し，認知行動モデルに基づくことで定義される認知行動療法（以下，狭義の認知行動療法）は，協同的実証主義を基本原則の一つとしている

（伊藤，2005, pp.31-33）。「協同的」は，治療者と患者で共有された問題を解決するために，両者が心理的に相対するのではなく，チームを組んで問題に取り組む姿勢を意味する。これは MI の協働と共通する態度である。

　MI は，協働に反する治療者の態度として「12 の障害物」を挙げる（Miller & Rollnick, 2012 ／訳書上巻 p.72）。「12 の障害物」は，Rogers CR の同僚でもあった Gordon T が親トレーニング理論の中で提唱したものである。「12 の障害物」には「指示する」「命令する」「論理的に説得する」などが含まれるが，原則としてこれらを避けたほうがよい理由は，強い説得によって説得と反対方向に動機づけられることを示す心理的リアクタンス理論（榊，2002, pp.24-25）でも説明することができる。

　また「12 の障害物」には「批判する」「非難する」「恥辱を与える」なども含まれる。行動分析の文脈で捉えると，これらは患者の発話行動を減らす嫌子に該当する可能性がある。治療者が人為的に嫌子を提示して行動を弱化する（減少させる）コミュニケーションは，治療関係の悪化など弊害が大きいので，行動分析において一般に避けることが望ましいとされている（O'Donhue & Ferguson, 2001 ／訳書 pp.163-164）。

2．絶対的価値

　絶対的価値は受容の下位分類の一つである。ここで絶対的と位置づけている「価値」とは，存在するだけで生じている人としての価値（Worth）を指し，人の評価によって規定される価値（Value）とは異なる。絶対的価値は，行動や状態にかかわらず人としての価値が不変のものとして患者を扱い，逆説的に，患者が自己を尊重した望ましい行動や状態を目指せるようにする治療者の態度である。このような態度は，PCA において「無条件の肯定的配慮（受容）」として記述される（Kirschenbaum & Henderson, 1989 ／訳書上巻 pp.272-273）。すなわち治療者が，患者の受容においてなんの条件もつけないことを意味する。

　広義の認知行動療法に含まれる論理情動行動療法は，行動や状態によらず人としての価値が不変であることを前提として，逆説的に患者の状態改善を目指す点で MI や PCA と共通している。ただし患者の価値の不変性は，MI や PCA では治療者の態度として記述されるが，論理情動行動療法では治療者の態度によらず患者が獲得しうる基本的態度として定義され，「無条件の自己受容」と表現される（Digiuseppe et al, 2014, pp.50-54）。

3. 正確な共感

　共感は，PCAにおいては受容と並列に扱われる治療者の基本的態度であるが，MIにおいては受容の下位分類となっている。PCAにおいて共感は「クライエントの私的世界をそれが自分自身の世界であるかのように感じとり，しかも『あたかも……のごとく』という性質（"as if" quality）をけっして失わない」と説明され（Kirschenbaum & Henderson, 1989／訳書上巻 pp.274-275），患者の体験の理解に治療者の感情を混入させない客観性が強調される。MIでもそのことは同様であるが，それと同時にMIでは「共感の反対は自分自身の視点の押しつけ」とも記述され（Miller & Rollnick, 2012／訳書上巻 pp.25-26），治療者による独断的決めつけを避け患者の視点を尊重する側面が重視されている。

　狭義の認知行動療法の基本原則である協同的実証主義は，協同的であるとともに，患者から引き出した発言をデータとして具体化・明細化し実証的に理解しながら治療を進めていく姿勢である（伊藤，2005, pp.45-46）。この点で，協同的実証主義は共感を目指す概念であると言ってよい。ただしMIやPCAでは，共感的態度をもって治療者が患者に接すること自体による患者の内的変化を重視するが，狭義の認知行動療法では，協同的実証主義がもたらす問題解決プロセスの妥当性・確実性向上を期待する，という違いがあるかもしれない。

4. 自律性の支援

　自律性の支援は，変わるかどうかの決定権を患者に委ねる態度のことを指す。MIにおいてもPCAにおいても受容に内包される概念である。ただしPCAに比べてMIは，意図的で戦略的な方向性を併せ持っている。MIは，コミュニケーション様式を「指示－ガイド－追従」の連続体と見なし，中間の「ガイド」を基本様式として必要に応じ「指示」「追従」に変更することがある（Miller & Rollnick, 2023, pp.5-6）。PCAは「追従」を基本様式としている点でMIとは異なる。

　複数の選択肢から行動を選択する必要があるとき，各選択肢の利点や欠点を客観的に評価して比較する方法として決断分析が有用である（Kassirer, 1976）。変化の利点や欠点を評価することがある点で，決断分析とMIには共通点がある。ただし決断分析では各選択肢への公平性が重視されるのに対し，MIでは，患者の自律性を尊重しつつも，変化の利点および現状維持の欠点がより明確化されるよう会話を進める。

5. 是認

　スピリットとしての是認は，患者の欠点や失敗よりも，強みや努力に焦点を当てる治療者の態度のことを指す。解決志向アプローチは，弱さや欠点ではなく，強さとリソースに焦点を合わせることを原則と謳っている（Miller & Berg, 1995／訳書 pp.44-47）。解決志向アプローチでは問題が解決された例外的状況や，問題状況の中に混在する部分的な解決状況に焦点化するが，このような焦点化はMI においてもしばしば行われる。

Ⅱ　原理，技法における他理論との接点

　MI では，行動変容問題を有する患者を両価性の状態にあると見なし，両価性の一端をなす「変化の動機」の表現行動であるチェンジトークに対して選択的に応答する。また，「変化の動機」の背景に存在する中核的な価値を明確化することもしばしば行われる。実際の技法としては質問，是認，聞き返し，要約が主として用いられる。これらの原理，技法について他理論との接点を述べる。

1. 両価性

　両価性は，同一の対象に対して相反する感情や態度を同時に持つ現象を指す。精神医学にもともと存在する概念だが，Freud S が精神分析理論に組み入れたことで一般化した（氏原・他, 2004, p.1021）。MI では，とくに「変化の動機」と「現状維持の動機」を併せ持っている状態を説明するためにこの用語を使う。精神分析においては，ときとして治療者が患者の両価性を解釈し気づかせることで葛藤の意識化を図る。MI においては，患者に自身の両価性を認識させるというよりも，治療者が患者の膠着状態を変化への過程と捉えるためのモデルとして両価性を用いる。

2. チェンジトーク，維持トーク

　「変化の動機」を表現する患者の発言をチェンジトーク，「現状維持の動機」を表現する患者の発言を維持トークと呼ぶ。変化に対する両価性を形成する2つの意図の結果として，患者からはチェンジトークと維持トークが発せられる。反対に，チェンジトークの発話により「変化の動機」が高まり，維持トークの発話によって「現状維持の動機」が高まる現象も起こる（加濃, 2015, pp.62-63）。この

現象は，認知と行動の矛盾を解消することを示す認知的不協和理論（Festinger & Carlsmith, 1959），あるいは言語化することによって意思が形成されるという自己知覚理論（Bem, 1967）で説明可能である。

3．選択的応答

　会話の中で，特定の意見を肯定する発言に対して他者から選択的に言語的報酬（言語的応答）が提示されると，その意見を肯定する発言が増加する（Hildum & Brown, 1956）。MI においては，患者がチェンジトークと維持トークを発するとき，治療者はチェンジトークに対して選択的に応答することでさらなるチェンジトークの発話を引き出すことができる。

　このような選択的応答の意義は，行動分析における分化強化の原理で説明することができる。すなわち，チェンジトーク発話行動と維持トーク発話行動の両方がすでに強化されている状態で，チェンジトーク発話行動に対してだけ「治療者の応答」という好子の提示を継続し，維持トークの発話行動には好子の提示を中止して消去するのが分化強化である（加濃，2015, pp.25-28）。

　なお，分化強化を行う前提として，チェンジトークおよび維持トークの両方がすでに強化されている必要がある。すなわち具体的には，患者が治療者に対し問題行動について十分に話せていることが前提である。MI ではこの前提を作り出すために，内容を制限せずすべての患者の発話行動を強化する「関わる」タスク，標的となる行動変容問題への発話のみを強化する「焦点化する」タスクを置くことを想定している。タスクを移行させながら会話における最終的な目標行動であるチェンジトーク発話を促す手順は，行動分析における行動形成に該当する。行動形成とは，最終標的行動が遂行されるまで，漸近的に分化強化の強化規準を移していく操作のことである（O'Donhue & Ferguson, 2001 ／訳書 p.99）。

4．価値の明確化

　安全で支援的な対話の中で，現在の行動と中核的な価値との不一致が探索されると，変化への強力な動機づけになる（Miller & Rollnick, 2023, pp.160-162）。中核的な価値の探索のためには，患者の願望の理由を手がかりにして，その理由を重視する背景の理由，その背景のさらなる理由，というように，理由の連鎖を明らかにしていく作業が必要になる（加濃，2015, p.47）。これと同様の手順を定式化して治療手順に組み込んでいる広義の認知行動療法として論理情動行動療法が

ある。論理情動行動療法では，価値を要求する理由を順次明確化していく手順を「推論の連鎖」と呼んでいる（Digiuseppe et al, 2014, pp.137-138）。

　広義の認知行動療法であるアクセプタンス＆コミットメント・セラピーも，患者の人生における価値の明確化を問題解決の足がかりとして重視する。ただしアクセプタンス＆コミットメント・セラピーでは，価値を「どのように振る舞いたいか」つまり継続的な行動への願望として定義して，「得たいもの，実現したいもの」と表現される達成可能な目標（ゴール）と明確に区別している（Harris, 2013／訳書 pp.109-135）。MI は，継続的行動だけでなく達成可能な目標も価値として扱う（Miller & Rollnick, 2023, pp.162-168）。

5．質問

　MI では，患者からチェンジトークを引き出す意図を持って，変化の理由，願望，方法などに回答を制限する形式の「引き出す質問」をしばしば用いる（加濃, 2015, pp.68-79）。狭義の認知行動療法においては，治療者が質問を重ねる中で患者が自ら気づいたり発見したりするよう誘導する手法のことをソクラテス式質問法と呼び（Beck, 1995／訳書 p11），治療者が情報を得ることを主目的にしていない点で MI の質問の一部と共通している。

　なお，実際に哲学者ソクラテスが行っていた質問は，ときとして質問者があらかじめ知っている回答を相手から引き出すものだったが（原井, 2012, pp.25-29），MI あるいは狭義の認知行動療法の質問は回答の種類を制限するのみで，かならずしも治療者があらかじめ知っている特定の回答に誘導することを意図してはいない。

　また MI では，変化の重要度／自信度に関するチェンジトークを引き出す足がかりとして，変化の重要度／自信度を 0 から 10 のスケールで尋ねてから，数字をやや大きいものにするための方法を尋ねたりすることがある。このような手法は，解決志向アプローチにおいてスケーリング・クエスチョンとして定式化されている（Miller & Berg, 1995／訳書 p.79）。

6．是認

　基礎技法としての是認（Affirming）は，スピリットとしての是認（Affirmation）と異なり，患者の強みや努力に言及する治療者の具体的な行動を指す。広義の認知行動療法に分類される弁証法的行動療法では，治療の中核をなす戦略として 6

段階からなる「承認」を用いる。その高位の段階で目指すのは，表面的には不適切とされる行動の中にも患者の知恵や強さが含まれていることを理解して伝えることであり（遊佐，2015），その点で MI の是認と類似した概念である。ただし，弁証法的行動療法の承認が非機能的行動の受容に焦点化するのに対して，MI の是認は行動の背景となる患者の強みを強調する点で差異がある。

7.　聞き返し

　聞き返しは，患者の言葉をそのまま，あるいは含まれる意味を明確化した表現に言い換えて返す MI の基本技法である。PCA においても常用されるが，PCA では MI と異なり聞き返しが技法として体系化されているわけではない。しかし Rogers CR の弟子である Carkhff RR がまとめたヘルピングでは，MI の聞き返しに相当する技法が「事柄への応答」「感情への応答」「意味への応答」に区別され緻密に体系化されている（Carkhuff, 1987 ／訳書 pp.83-120）。また，技法を体系化した理論として Ivey AE がまとめたマイクロカウンセリングがあり，これには「言い換え」「感情の反映」「意味の反映」など，MI の聞き返しに該当する技法が組み込まれている（福原・他，2004, pp.41-176）。なお，ヘルピングは技法の理論的統合，マイクロカウンセリングは技法の折衷であり，MI のなりたちは前者により近いと言えるかもしれない。

8.　要約

　要約は，複数の聞き返しをまとめて行う MI の基本技法である。両価性を扱う MI の要約は，量的バランスや順序に気を配りながら，現状維持を意図する内容と変化を意図する内容の両方を盛り込むことが多い（加濃，2015, pp.53-60）。説得的コミュニケーションの実験研究は，この方法の妥当性を示している。説得内容を裏付ける面のみを述べる一面提示と，説得内容に反する面も述べる両面提示の条件で比較したところ，もともと説得内容と異なる意見を持っていた被験者には両面提示の方が効果的だったという（榊，2002, pp.267-271）。

文　　献

Beck JS（1995）Cognitive Therapy : Basics and beyond. New York, Guilford Press.（伊藤絵美・神村栄一・藤沢大介訳（2004）認知療法実践ガイド：基礎から応用まで―ジュディス・ベックの認知療法テキスト．星和書店）

Bem DJ（1967）Self-perception : An alternative interpretation of cognitive dissonance phe-nomena. Psychol Rev 74（3）; 183-200.

Carkhuff RR（1987）The Art of Helping VI. Amherst, HRD Press.（國分康孝監修（1992）ヘルピングの心理学．講談社）

Digiuseppe R, Doyle KA, Dryden W et al（2014）A Practitioner's Guide to Rational Emotive Behavior Therapy（3rd edition）．New York, Oxford Univ Press.

Festinger L & Carlsmith JM（1959）Cognitive consequences of forced compliance. J Abnorm Psychol 58（2）; 203-210.

福原眞知子・Ivey AE & Ivey MB（2004）マイクロカウンセリングの基礎と実践．風間書房．

原井宏明（2012）方法としての動機づけ面接．岩崎学術出版社．

Harris R（2013）Getting Unstuck in ACT : A clinician's guide to overcoming common obsta-cles in acceptance and commitment therapy. Oakland, New Harbinger Publications.（武藤崇監修（2017）使いこなす ACT—セラピーの行き詰まりからの抜け出しかた．星和書店）

Hildum DC & Brown RW（1956）Verbal reinforcement and interviewer bias. J Abnorm Psy-chol 53（1）; 108-111.

伊藤絵美（2005）認知療法・認知行動療法カウンセリング—初級ワークショップ．星和書店．

加濃正人（2015）今日からできるミニマム禁煙医療　第 2 巻　禁煙の動機づけ面接法．中和印刷．

Kassirer JP（1976）The principles of clinical decision making : An introduction to decision analysis. Yale J Biol Med 49（2）; 149-164.

Kirschenbaum H & Henderson VL（Eds）（1989）The Carl Rogers Reader. Boston, Houghton Mifflin Company.（伊藤博・村山正治監訳（2001）ロジャーズ選集　上・下．誠信書房）

Miller SD & Berg IK（1995）The Miracle Method : A radically new approach to problem drinking. New York, W W Norton & Co Inc.（白木孝二監訳（2000）ソリューション−フォーカスト・アプローチ—アルコール問題のためのミラクル・メソッド．金剛出版）

Miller WR & Rollnick S（2012）Motivational Interviewing 3rd edition. New York, Guilford Press.（原井宏明監訳（2019）動機づけ面接　第 3 版　上・下．星和書店）

Miller WR & Rollnick S（2023）Motivational Interviewing 4th edition. New York, Guilford Press.

O'Donhue W & Ferguson KE（2001）The Psychology of B. F. Skinner. Los Angeles, Sage Publications.（佐久間徹監訳（2005）スキナーの心理学—応用行動分析学（ABA）の誕生．仁瓶社）

榊博文（2002）説得と影響—交渉のための社会心理学．ブレーン出版．

氏原寛・亀口憲治・成田善弘, 他編（2004）心理臨床大事典　改訂版．培風館．

遊佐安一郎（2015）心身医学領域で出会う“感情調節困難”患者への心理的アプローチ—弁証法的行動療法，特に承認から学ぶ．心身医学 55（8）; 920-927.

7. 司法領域における動機づけ面接の活用

山田英治

はじめに

　動機づけ面接は，人々が行動変容に取り組むのを支援する実証に基づく方法である。動機づけ面接は，薬物やアルコール依存症，減量，その他の不健康な行動に取り組む人々を支援するために用いられ，効果を示している。動機づけ面接は，個人の自律性を尊重しながら，その人の変化への欲求を明らかにし，それを支援することを目的としている。Stinson と Clark（2017）は，「どのような人を対象にしても，行動変容を促すメカニズムは同じである。これが，動機づけ面接が一見異なる集団にこれほど幅広く適用できる理由である」と述べている。一方で，ある介入方法を誰がどのような状況（コンテキスト）でどのように用いるかは介入結果に影響を与える（Miller & Rollnick, 2023）。

　本稿では，司法領域における動機づけ面接の活用について，刑事・少年事件（加害者への働き掛けと被害者支援），家事事件（とりわけ離婚，面会交流，虐待，DV などの家庭問題）のそれぞれの実際とポイントについて論ずる。司法領域におけるクライエントについてはさまざまな呼称があるが，本稿においては，刑事・少年領域の犯罪をした者や非行をした少年を「対象者」，犯罪や非行の被害を受けた人々を「被害者」，家事領域のクライエントを「当事者」と記す。

I　刑事・少年司法領域において
動機づけ面接を用いるための視点

　刑事・少年司法手続を担う専門職は，人間関係諸科学を活用し，対象者の向社会的行動を促し，再犯や再非行を防止することが求められている。司法領域において，動機づけ面接は，専門職が対象者の社会的，健康的かつ前向きな変化を促すと同時に，遵守事項違反や再び法令違反をした場合についての説明責任を果たす際に活用されている。

　刑事・少年司法領域においては，警察，検察という捜査機関，裁判という判断・決定機関，保護，矯正という処遇機関，児童保護関係機関，民間の相談機関や NPO など多職種多機関連携を通じて手続きが進められる。この手続きにおいては，関係者がスルーケア（一貫した処遇）を念頭に，対象者が置かれた状況や対象者の変化のプロセスを共有しながら，変化を促進することが要となる。この作業を効果的に行うための土台かつ共通言語であり，鍵となるのが動機づけ面接である。司法領域における動機づけ面接は，主に，対象者の行動変容を促すための教育的措置や処遇の基盤として用いられてきた。Alison ら（2014）は，容疑者であるテロリストへの尋問時に動機づけ面接を用いた研究を行い，捜査に必要な協力に改善が見られ，得られた情報量に変化があったことを報告している。日本においても，警察や検察といった捜査機関が動機づけ面接をさらに活用することによって，事実認定のための情報収集においても対象者と変化に向けた協働関係を作り，情報量や情報の質の改善につなげることが可能と思われる。これにより，捜査・裁判・処遇という一連のプロセスにおける再犯・再非行防止のためのスルーケアー（一貫した処遇）はさらに効果を高めることが期待できる。

　刑事・少年司法手続きにおいて，対象者は，一見して自分自身の問題行動を変えようとする動機づけが乏しく見え，時に激しい感情を示したり，酷く無気力な様子を見せることがある。司法領域の専門職は，その職責から，法令違反の問題について対象者に分からせようと説諭し，対象者から望ましい反応がなければ，さらに教え込もうとしたくなる傾向がある。

　このような状況においては，犯罪・非行をした対象者に対して，常識や善悪という価値だけを振りかざして，対象者の間違いを指摘して，正したいという専門家自身の「修正反射（Fixing Reflex）」をいかにコントロールするかが課題となる。

面接者が面接者の視点から正論で対象者の言動を正そうとすればするほど，対象者は面接者の言動に反発したり，無視するようになる。それに対して，面接者はさらに対象者の問題を指摘し，対象者の責任を厳しく責め，さらに遵守事項や法令に違反すればどのようなことになるのかを示して対象者を怖がらせる。動機づけ面接の視点からは，すぐに変化するよう対象者に圧力をかけると，一般的に変化のプロセスが長くなることが分かっている。加えて，対象者は，司法領域の専門家と出会うまでに，繰り返し正論を聞かされており，常識や正論を振りかざされることにうんざりしている。このような人々に同様の働き掛けをすることは，ほとんど無効である。また，非行を繰り返す少年の多くは，親や兄弟姉妹等からの虐待経験を有しており，侵襲的な恐怖体験を持っている。虐待を受けた少年たちは親などの権威者から支配（コントロール）された体験から，面接者の対応によって，過去の体験を再体験することがある。面接者に厳しく叱責され，攻められたと感じる場面において，少年たちは，面接者と戦うか，その場から逃げるか，無気力を示すという対応をする。そして，少年たちは変わることへの希望や手応えをさらに失い，変われないことを確信し，問題行動や非行につながるパターンを繰り返す。対象者に関わる専門職は，人は，ありのままを受け入れられ，サポートされていると感じたときに変わるのであって，問題や厳しい現実に向き合うよう他者から強いられるときに変わるのではない（Miller & Rollnick, 2023）という事実を十分に認識し，適切な対応ができるようトレーニングする必要がある。

　さらなる問題として，正論や常識を振りかざし，対象者と怒りや恥といった感情のやりとりを続けることで，専門職自身の職務を果たすことへの自信度が下がり，職務を果たすことの重要度が下がる点が挙げられる。つまり，変わらないのは対象者の問題が大きいのであり，対象者のせいであり，どうしようもないと考えるに至り，専門職が対象者の行動変容を促進する役割を取れなくなることを意味する。動機づけ面接を一貫して用いると，このような悪循環が生じるのを防止することができる。正直言うと，筆者自身も駆け出しの頃，この罠にハマりかけたことがある。非行内容等は架空のものであるが，筆者の対応については実際のものであることをお断りして，事例を簡単に紹介する。

　筆者は，薬物非行を繰り返し，複数回，少年院送致決定になった少年を担当した。最初に少年院送致になった際に，本当に薬物使用を止めたいと筆者に話していた少年は，その後，少年院を退院した後，再度，薬物非行で逮捕され，筆者の前に現れた。少年は，以前会ったときとは異なり，身体中に刺青を入れ，暴力団にも

関わるようになっていた。筆者は，先の事件で少年院送致になったときに少年が話していたことを伝え，少年の問題や課題を指摘した。少年は，少年院を退院した後，さまざまな努力をしたこと，しかし，仕事や人間関係上の苦労も多く，元の不良仲間や暴力団関係者とつながり，再び薬物を使用するに至ったこと，薬物の再使用をしないと筆者と約束したことを破り，申し訳ないと思っていることなどを泣きじゃくりながら話した。筆者は，少年が言わんとすることは「社会の中で生きていくのは辛すぎる。何をしても無駄だ。どうしていいか分からない。助けてほしい」であると明確に認識した。しかし，筆者は，対応に困り，少年に対して「言い訳をしている」と問題を指摘し，このままでは今後，大変なことになると警告する言動を強めた。少年は，その面接において変化への希望を持てなかった様子であった。もう随分前のことであるが，そのときの少年とのやりとりを今でもはっきりと憶えている。この少年には，専門職としての自分自身の無力さや拙さを痛感させられ，筆者は，少年に対して申し訳なさを感じ続けた。人は無力感を感じると，うまくいかないことを他人のせいにしがちである。その後，筆者は，この無力感や拙さを何とかしたいと自らいろいろと探索し，動機づけ面接に出会い，自分を変えることができた。そして，自分を変えることで少年や保護者らの変化に出会い，彼らの変化によって自らが動機づけられ，少年や保護者との協働や変化に喜びを感じながら，現在に至っている。先に紹介した少年が，自分の拙さを教えてくれ，変化への動機づけをしてくれたことに感謝している。

　そもそも人は，「変わらなければならない理由」と「変わりたくない理由」を同時に抱えることがある。これを両価性という。動機づけ面接のレンズを通すと，対象者は両価性を抱え続けて，行き詰まっている状況にあることが分かる。動機づけ面接の実践家は，対象者の視点から，対象者が置かれた状況における両価性，なりたい（ありたい）自分やできたらいいと思う行動と，現在の自分の行動や置かれている状況との間のギャップ（矛盾）を捉え，対象者自身がその状況に向かい合えるように鏡となって反映的に映し出し，対象者自身がその状況をなんとか変えたいと変化についての議論を自分自身で始められるよう支援する。その際，面接者は，対象者固有の価値観，目標，行動を選び取ることができるように支援する。動機づけ面接の中核は，両価性を解消するために人々と協働することである。

　価値観とは，特定の生活領域における方向性や包括的な願望である。価値観は，有意義な人生や生き甲斐のある人生につながる選択を導くものである。価値観は決して具体的に達成されるものではなく，長期的に追従していくことができる方

向性である。一方，目標は目に見えて観察可能なものである。目標は基本的に期間が有限であり，達成度を測定することができる。人の生活領域における目標は，人が置かれた状況によって，価値観と一致していたり，矛盾していたりする。人は，価値観と一致する目標を設定することができると，自分自身を意味のある方向に向かわせ続けることができる。目標が達成されると，その方向性にある価値観は残り，人は，新たな目標と，その目標を達成するために関連する行動を，自分が置かれた状況で選び取り，実際に行動することによって表現する。このプロセスにおける体験が，人の「強み」になる。面接者は，対象者が言わんとする価値観，目標および行動のつながりを正確に言葉にして対象者に映し返す。そうすることによって，対象者自身が，置かれた状況において最適な価値観，目標，行動を探索して選択できるように支援する。

　価値観，目標という対象者にとって大切なものに加え，対象者自身が変化の議論を強めるためには対象者自身の変化への自信を高めることが必要になる。動機づけ面接は，対象者の強みや資源に焦点を当てるアプローチである。対象者は，すでに持っている自分の強みを土台にして，望ましい変化に向かうプロセスにおいて小さな変化への手応えを得て，自己効力感を高めていく。自己効力感とは，対象者が変化を達成するために持っている，実際に行動することができるという自分自身の能力に対する信念のことである。変化は，未来が現在とは違う，あるいはより良いものになるという手応えや希望があるときに起こる。

Ⅱ　被害者支援と動機づけ面接

　司法・犯罪領域においては，被害者の支援が重要なテーマである。法的には，2000（平成 12）年の刑事訴訟法改正によって意見陳述制度が始まり，被害者は，事件に対する意見や心情を法廷において述べることが認められるようになった。さらに，2004（平成 16）年には犯罪被害者等基本法，2005 年には，その具体的な方策を示した犯罪被害者等基本計画が制定され，被害者のための施策が推進されてきている。

　動機づけ面接は，人々が変化し，癒されるための手立てを講じる際に必要な基本的な態度（スピリット）を提供することができる。動機づけ面接の態度（協働，受容，思いやり，エンパワメント）に支えられたスキルは，被害を受けたクライエントが回復に向けての変化のプロセスを安心して，安全に進むための支援をす

る際に役立つ。動機づけ面接には 4 つのタスク（Miller & Rollnick, 2023）がある。まず，クライエントと一緒に作業をする関係を築く。この関係を築くことがすべての活動の基盤になる。このような関係が築ければ，1 つまたはせいぜい 3 つくらいまでの変化の目標に向けた戦略的な方向性に焦点を当てる。被害者の支援においては，何に焦点を当てるのかについて，中立的かつ協働的に探索することが重要である。一緒に作業できる関係と明確な方向性があれば，クライエント自身の変化の理由を効果的に引き出すことができる。行動の選択と変化について声を上げて議論するのはクライエントである。面接者は，クライエントの現在の状況や行動となりたい自分との間の矛盾に自ら安全安心に向き合うことができる環境を作り，支援する。変化のための行動を検討する際には，現実的で具体的な行動計画を立てる。面接者はクライエントである被害者の痛みを理解するために，被害者の苦痛を少しでも軽減したいという思いやりを持ちながら，被害者の視点から状況を見て，被害という体験をしながら，どうすれば被害者が自分の人生を変えることができるのかという問いを持ち続ける必要がある。被害やトラウマは，決して他人事ではなく，私たちの誰にでも降りかかってくるものである。面接者は，被害者と協働して安心，安全な作業同盟を作ることによって，クライエントが過去のトラウマを探索するのを支援する。つまり，被害によるトラウマを抱え続けてきたプロセスにおいて，一見すると不合理で逆効果に見えて，バラバラで一貫性を欠いた行動や体験を，一貫して生き抜くための対応や技術であったと理解し，被害者個人の固有のストーリーとして面接者と被害者が一緒に整理していくのである。

　動機づけ面接は強みに基づくアプローチである。被害者支援において，動機づけ面接のタスクの一つである喚起は，トラウマや痛み，苦しみを抱えながら生き抜いてきた被害者の中にある強さ，努力，知恵を引き出すことを意味する。喚起することは，クライエントが自分自身を変わるだけの絶対的価値がある存在であると認識し，変わるための資源や知恵をすでに持っているという強さと自信を取り戻すことを意味する。クライエントは，自分に変化する能力があり，変化するという選択肢があることを認識することができる。クライエントに固有の価値，強さをクライエント自身の言葉で引き出すことが，クライエントの変化を促進する（Miller & Rollnick, 2023）。反対に，クライエントが自分に対して無価値感や恥を感じ続ければ，変化への自信度は下がり，置かれた状況を安全，安心と感じられず，変化をあきらめ，選択肢を思い描きにくくなる（Miller & Rollnick,

2023 ; Siegel, 2010)。結果として，最悪の場合，クライエントに二次被害や再トラウマ体験を引き起こさせ，回復プロセスから離脱させることにもなる。再トラウマ化は，クライエントのストレスレベルと面接者の対応が同期していないときに起こる。十分かつ慎重な配慮が必要である。

　動機づけ面接においては，自律性の支援を行う。自律性とは，人が自分で感じ，考えて選択する自由が変化の可能性を高めることを認識することである。専門職は変化するための資源に関する専門知識を提供し，被害者が変化の可能性を再認識するためのステップを作る支援をする。しかし，実際に，変化を達成するための行動を実行するのはクライエント自身である。専門職は，被害者の強みを引き出しながら，被害者自身が選択して決めることを支援する。動機づけ面接の実践家は，専門性を発揮して，被害者がそれまで知らなかった情報や選択肢を被害者自身で検討しやすいように提示し，被害者の変化の議論にどのように関係するかについて被害者が関わるようにガイドする。

Ⅲ　家事事件における動機づけ面接の応用

　動機づけ面接は，家事調停事件にも応用されている。調停は変化についての会話である。少なくとも，一方の当事者は現状に不満を持ち，変えたいと思っている。調停と動機づけ面接は変化についての会話を行うという点において共通している。家事調停は，子の監護や面会交流といった子どもの養育計画に関する葛藤や紛争の解決を目標としているという点において，目標志向的な援助介入である。家事調停は，当事者双方の葛藤（両価性）を解消するプロセスである。調停においては，紛争解決に向けて，中立的かつ公平な第三者である調停者が両価性を抱える当事者間における率直かつ正直なコミュニケーションを促進していくことが求められている。とりわけ離婚，児童虐待，家庭内暴力といった継続的な人間関係における紛争を扱う家事調停事件においては，審判や裁判で決着をつけても，感情の問題が解決されないと，取り決められたことが遵守されないという弊害が生じる。したがって，こうした高葛藤で強度の感情が絡む紛争においては，当事者間の健康的なコミュニケーションを回復し，紛争解決に向かう目的的行動を強化する調停を行うことによって，当事者が納得する真の解決に至ることが期待されている。

　調停事件において考慮するべき３つの重要な要素がある。それらは，①当事者

それぞれが話し合いたい課題，②当事者それぞれが認識している自分自身の状況，③当事者それぞれが本当に大切だと思っていること，である。ここで大切なのは，それぞれの当事者が認識している自分自身が置かれた状況の背後にある願望やニーズ（「このままでは困る」）という本当に大切な思いを知ることによって，調整の余地が出てくるという点である。調停に関わる専門家は，紛争解決に向けて，当事者それぞれが本当に大切に思っていることを十分に探索する必要がある。

　調停における紛争解決とは，当事者のどちらかの主張を通したり，勝ち負けを決めることではない。当事者それぞれが本当に大切に思っていることをよりよく満たす解決案を協働して見つけることによって，当事者それぞれの状況に応じた最適な選択を支援することであると言える。調停は，裁判とは異なり解決を柔軟に探すことができ，そうした解決の方が，お互いの満足感や長期的な履行遵守につながる。

　家事調停の主たる目標は紛争解決，つまり，当事者間の適切な合意であるが，離婚などの家族についての問題という性質上，当時者間の感情的な対立が激しくなりやすい。加えて，相手に対する非難や攻撃といった行動が，紛争下にある子の心情に悪影響を与えると同時に，子の監護という速やかな問題解決が求められる調停のプロセスを行き詰まらせてしまうことが多い。

　このような問題解決のプロセスを行き詰まらせるような両価性に焦点を当てて，両価性をうまく処理することが調停に関わる専門家には求められる。両価性を扱う方策として，まず，有効なのは，当事者が置かれた状況と両価性，感情的な主張といった行動の背後にある感情や価値に共感を示し，思いやりを持って当事者と一緒に探索し，当事者にとっての事実として受容することである。両価性を抱え続けた当事者は，状況に対するコントロールの喪失感から自己効力感を失い，無力感や「弱さ」を体験することになる。その結果，ますます相手を責める行動を強めるという悪循環を生み出す。この悪循環を防ぐために，調停者は，当事者それぞれがすでに持っている「強さ（努力，資源，自律性）」を支えて，反応を引き出し，対話を活性化させる。そうすることによって，当事者が自己効力感を取り戻せると，次第に思考の柔軟性が増し，異なる経験や視点に対してオープンになり（Fredrickson, 2013），当事者双方が相手の置かれた状況に視点を移しやすくなる。お互いの視点を認識し，感情，価値，目標を共有できるとこれに沿った解決案（具体的な行動計画）を柔軟に検討する関係が作られていく。

　動機づけ面接を調停に応用する専門家は，申立てに至った現在の問題を理解，

検討し，資源を探るために過去に触れるが，現在から未来に向けての変化について焦点を当てて対話を進める。対話を進めるに当たっては，当事者と協働して，当事者双方の強みや資源を引き出しながら，自律性を支援し，当事者それぞれが置かれた状況，両価性，感情，価値，目標，行動を当事者と一緒に整理して共有する。さらに，当事者がお互いの状況や両価性を認識できるように，当事者が共有している価値（例：子どもには健康で幸せに育ってほしい）と目標を作り，対話の焦点と方向性を維持する。対話を継続し，当事者双方の視野を広げて，解決の選択肢を探り，当事者それぞれが変化のための行動計画を立てるのを促進する。加えて，維持トークを減弱し，不協和に適切に対応して，チェンジトークに焦点を当てて当事者の変化を促し，生活領域のどの分野の具体的な変化に注目しているのかを喚起した上で，子どもの最善の利益をどのように満たすことができるのかを話し合うための安全な環境を提供する。

　Yamada と Speck（2022）は，当事者が認識している自分の状況や主張の背後にある 4 つの領域を 4M（Myself：自分のこと，Mind：他者との人間関係，Method：仕事，子育て，面会交流等の具体的な方法や生活の過ごし方，Money：家計，財産，養育費等）とし，4 つの領域における生活上の本当に大切に思っていることを探索し，調停者と当事者の間で可視化して共有するために特性要因図と決断分析表を用いるモデルを提案している。これらのツールを使って，当事者双方が置かれた状況，行動とその背後にある感情や価値，両価性を明確にし，当事者双方の変化の重要性，変化に向けてできること（変化への自信）を高めて両価性のバランスを調整していく。

　調停において可視化するツールを使うことによって，①デリケートな問題を取り上げやすくなる，②当事者の納得を得られやすく，作業に取り組みやすくなる，③心理教育に活用できる（当事者が自分の状況を把握しやすくなる），④当事者と協働して介入のための作業仮説を作り（介入方法を話し合い），目標の再確認をすることができる，⑤ケースフォーミュレーション（事例の概念化）を行い，仮説の妥当性を検証し修正するプロセスを生み出すことができる，といったメリットが得られる。

　Yamada と Speck（2022）は，動機づけ面接を応用した調停のプロセスについて，①協働作業関係を作り，調停で話し合いたいことを焦点化し，②相手に対する敵対心や猜疑心から一歩引いて，相手が置かれた立場から主張を認識し，③視野を広げて柔軟に解決策について選択肢を検討し，④具体的かつ現実的な変化の

ための行動計画を立てるという4つの段階に整理した。

　これらのプロセスを用いて，変化をサポートする環境を作るための戦略には，当事者自身の変化の主張（チェンジトーク）を引き出して変化について話し合うこと，特定の変化が自分の特定の状況において有益であるかどうかの理由を当事者自身が詳しく話せるように支援することなどがある。このように，動機づけ面接は，当事者の自律性と意思決定を支援し，当事者が自分自身でいつ，どのように変化するのが自分にとって最善かを判断するのを助ける。当事者本人が変わるメリットがあると判断した場合には，さらに動機づけ面接の戦略やスキル，ツールを用いて，当事者それぞれが現実的かつ可能なステップを踏んで，目標を達成するための行動を実行できるように計画を立てる。

Ⅳ　さらに社会的実装を進めるために

　これまで見てきたように，司法領域における動機づけ面接は日常の実践における基盤となっている。2022（令和4）年4月の少年法改正に伴い新設された第5種少年院の処遇プログラムの中核の一つは動機づけ面接であり，保護観察における中核となる実務のスキルにおいても動機づけ面接の活用が推奨されている。家事調停において動機づけ面接を活用することで調停成立率が2倍になったというエビデンスも示されている（Morris et al, 2018）。今後の課題として，刑事・少年司法手続の専門家においては，再犯・再非行を防止するために，家事事件においては，紛争解決につなげるために専門職の動機づけ面接の忠実度（治療整合性）を高めて，実践の質を改善することが挙げられる。そのためには，日常的に各現場の状況に応じた研修や研究を行える環境作りが必要である。動機づけ面接は，動機づけ面接スキルコード（Motivational Interviewing Skill Code）や動機づけ面接治療整合性尺度コード化システム（Motivational interviewing Treatment Integrity）といった面接を可視化する手段を持つという強みがある。また，現在，司法領域におけるデジタル化が進んでおり，今後，データの共有，分析・評価が行いやすい環境の整備が期待される。研修においてもオンライン研修と集合研修のそれぞれの強みを使い分けて効果的なトレーニングを検討する環境ができつつある。実践，研究，研修においてPDCAを回し続け，持続可能かつ効果的な実践ができるシステムを作ることが課題である。

文　献

Alison L, Alison E, Noone G et al（2014）The efficacy of rapport-based techniques for minimizing counter-interrogation tactics amongst a field sample of terrorists. Psychology, Public Policy, and Law 20（4）; 421-430. https://doi.org/10.1037/law0000021

Fredrickson BL（2013）Positive emotions broaden and build. In : P Devine & A Plant（Eds.）Advances in Experimental Social Psychology. pp.1-53, Vol.47, Academic Press.

Miller WR & Rollnick S（2023）Motivational Interviewing : Helping people change and grow （Fourth edition.）. The Guilford Press.

Morris M, Halford WK & Petch J（2018）A randomized controlled trial comparing family mediation with and without motivational interviewing. Journal of Family Psychology 32（2）; 269-275. https://doi.org/10.1037/fam0000367

Siegel DJ（2010）Mindsight : The new science of personal transformation. Bantam Books.

Stinson JD & Clark MD（2017）Motivational Interviewing with Offenders : Engagement, rehabilitation, and reentry. Guilford Publications.

Yamada E & Speck K（2022）Family Mediation & Motivational Interviewing : A guidebook. （unpublished）

‖‖

8. 実践の質の測定をはじめる・続ける
——動機づけ面接を例として

大坪陽子

‖‖

はじめに

　本稿は以下の構成とした。Ⅰは序文である。Ⅰでは「1. 測定の面白さ」「2. 動機づけ面接およびその品質の測定方法との出会い」「3. 動機づけ面接の習得に役立った学び方・お勧めしたい学び方」を述べる。Ⅱで尺度に基づく測定の意義，Ⅲで測定のはじめ方・続け方の一例を示し，「おわりに」で測定の面白さの限界を述べる。

Ⅰ　序　　文

1. 測定の面白さ

　読者の中で，堀洋道氏監修の「心理測定尺度集」シリーズをひも解いたことのある人は多いだろう。尺度があれば測りたくなる。自分のことを理解する手掛かりが得られるのはうれしいものだ。本当のところを言えば，「心理測定尺度集」シリーズに収載されている尺度は，それぞれに背景理論と用語の定義があり，元論文にさかのぼって理解を深めてから運用するものだ（堀，2011）。巷にあふれたあやしげな「心理テスト」のように使ってはいけない。それでも「心理測定尺度集」シリーズを読んでいると，こらえきれずにいちいち回答したくなる人もいるのではないか。わたしが購入したのも，研究のため，というのもあるが，主な用途は（元論文を当たらずに）想像を膨らませるという禁を犯して，楽しむことにあった。

　さて，心理尺度には，個人や集団の心理学的な特性を描出するものだけでなく，精神療法の実践の質を評価する尺度がある（項目 2 参照）。以下に述べる「尺度」は，主に精神療法の実践の質を評価する尺度に関するものであることを先にお断りしておく。

　わたしは尺度に関する研究を好んでしてきた。研究を論文に起こすのは苦痛である。論文には「尺度を用いた測定は EvidenceBased Practice（EBP）の根幹をなす営みである」などと書かなければならない。書くたびに居心地の悪い思いをする。EBP とは，「患者の特性，文化，好みに照らし合わせて，活用できる最善の研究成果を臨床技能と統合すること（American Psychological Association Presidential Task Force on Evidence-Based Practice, 2006 ／ 原 田 隆 之 訳, 2015）」を指す。EBP を実践しようとする臨床家は，なんらかの基準に照らして自分の治療技術を査定し，より治療効果の高い実践を目指して技能の向上に取り組まなければならない。EBP の中に示される臨床家のあるべき姿は，倫理上，正しすぎるほどに正しい。

　一方，そうした EBP の発想が精神療法界隈で広く受け入れられているかと言えば，そうでもない（Grol & Wensing, 2004）。ためしに，わたしが実際に経験する EBP の障壁を以下に列挙した。

　　・論文を読むことは重要だとわかってはいるが，眠くなって最後まで読めない
　　・「早い・安い・上手い」スーパーバイザーが，近場で暇を持て余していれば
　　　スーパービジョンを頼むのに（上級者は雲の上の人，忙しそうで頼み難い）
　　・精神療法の構造・過程・成果を評価する基準を知らない
　　・他人に自分の実践を評価したりされたりすると「大きなお世話」と思って
　　　しまう
　　・第三者の評価が思わしくなかったが，クライアントは満足したのだから十
　　　分ではないかと思ってしまう

　同様のことは読者にも思い当たる節があるかもしれない。スーパービジョンは臨床家のスキルを改善するために有用な方法だとされている（Kadushin & Harkness, 2014）。が，わかっていても，わたしは自身の実践を第三者に評価されるのが嫌いだ。アドバイスしてくれる人に対して「これは〇〇の理由があってしたことだ」と言い訳しながら，その言い訳の苦しさに自ら幻滅することも珍し

くない。若いころはスーパービジョンのあとで自己嫌悪と罪悪感を数日引きずることもあった。

それでもわたしが自分の実践を録音し，書き起こし，ついには他者の録音まで集めて測定するようになったのは，辛さ以上の面白さがあるからだ。

正直なところを告白してしまうと，EBP への貢献はわたしにとってそれほど重要ではない。ただ，「○○の役に立つ，社会的に意義がある」と書かないと科学の営みが認められない社会を生きているので，やむなくそのように書いている。あ，言っちゃった。

2. 動機づけ面接およびその品質の測定方法との出会い

大学卒業当時のわたしは，看護師として数年勤務した後，大学教員になるつもりだった。しかし紆余曲折を経て，気づくとわたしは内科の診療所にいた。ここで禁煙外来を任され，禁煙外来に来てなお喫煙にこだわる患者さんたちに接することになった。

わたしは大学時代から変化のステージモデル（Prochaska & DiClemente, 1983）になじみがあった。そこでまずは松本千明氏の『医療・保健スタッフのための健康行動理論の基礎』（松本，2002）を片手に介入を試みた。変化のステージモデル（Prochaska & DiClemente, 1983）とは，ざっくり言うと，不健康な生活を送っている人が，健康について考え始め，やがて健康的な行動をとるようになるまでを5つのステージに分ける考え方である。5つのステージとは，健康な生活に無関心な人，少し関心がある人，いずれ実行しようと思っている人，始めた人，続けている人，といった分類である。それぞれのステージに，適切な介入の在り方が提案されている。

詳細は割愛するが，変化のステージモデルを用いた介入はわたしにはうまくできなかった。患者ごとのステージを見誤っていたからかもしれない。だが，どう間違っているのかを教えてもらえる機会もなかった（今思えば松本氏に直接質問すればよかった）。禁煙外来にやってきた患者さんから，「タバコを吸ったことない人にはやめられない人の気持ちなんかわからない」「タバコしか楽しみがないのでやっぱりやめられない」などと言われ，そのたびに動揺していた。

そういうわけでわたしは喫煙者と関わるのが億劫になった。だが，診療所の院長もあきらめが悪かった。今度は「禁煙を研究する学会があるので行ってきなさい」と言う。流されるように参加した学会で，加濃正人氏のポスター発表をみた。

動機づけ面接の教育方法に関する発表だったと思う。

　学会での発表に続き，動機づけ面接のワークショップが開催された。そこで数分の模擬面接を行い，わたしは初めて自分のセッションの録画を見ることになった。ひどかった。穴があったら入りたかった（今思うと，このときの経験から，自分の声を聴いて書き起こす・面談の録画を見ることへの気恥ずかしさを乗り越えることができるようになった。今も優れている面談ができているというつもりはないが，当時よりはずっとマシであることがほぼ確実だからである）。

　そのときから，休診日のたびに氏の講演の追っかけをし，講演の手伝いをさせてもらい，講師を任せてもらえるようになった。スキルが身についてくると，外来での患者さんとの関係づくりが楽に感じられるようになっていった。

　その後，わたしは公衆衛生大学院に進学した。大学院では EBP の基本的な修練をつんだ。指導教官と動機づけ面接の関係諸氏による粘り強いご指導により，動機づけ面接の評価尺度に関する論文をいくつか出版させてもらうことができた（ex. 大坪・他，2016）。大学院進学に際しても，禁煙外来を任せてくれた診療所の院長が出資してくれた。いただいたご恩は報いるには大きすぎて，いまだにどうしていいかわからない。

　修了後，縁あって東京医科大学の助教を務めたあと，現在は北海道で精神科の保健師として働きながら，動機づけ面接の評価尺度を運用するチームで活動している。

3．動機づけ面接の習得に役立った学び方・お勧めしたい学び方

　わたし自身の学習方法の概略を表 1 に示す。時系列でならべたわけではない。実際には順を追わず同時多発的に学習していった。

　これから学習を進めていく方に特に勧めたいポイントは以下の 2 点である。

　　1．当面の目標を低めに設定する
　　2．学習の順番にこだわらない

　理想とは別に，当面の目標をできるだけ低めに設定しておくと達成感を得られやすかった。たとえば，表中 A5 ①「尺度をダウンロードして積読にする」をみてほしい。これでもまだ，取り組むには労力が大きい。実際には，「Google で尺度を検索する」とか，「尺度について検索することを To-Do リストに書いておく」くらいにしておくほうが，取り組みやすくなる。

表1　わたしが体験した動機づけ面接の学習方法

A. 基本的なスキルを習得する	B. より優れた実践を目指す
1. 入門編・初級編の講座を受ける ①参加予定を決める ②講座の日程と金額を調べる ③講座の日程に休みを取る ④講座に申し込む ⑤参加する 2. 日常の実践の中でマイクロスキルを身につける ①ワークショップの資料をみて重点的に取り組むスキルをきめる ②重点的に取り組みたい項目のマイクロスキルを実践でつかってみる ③資料に掲載されたマイクロスキルが全体的に身についたと思うまで繰り返す 3. 忘れたことをもう一度復習する ①参加者として入門・初級ワークショップを2〜3回受ける ②ファシリテーターとして入門・初級ワークショップに参加する 4. 他人の面倒をみる ①講座の資料と見比べながらいい面談をたくさん見聞きする：陪席・DVD・書籍 ②サークルに参加したり，仲間を募ったりしてお互いに面談の練習をする 5. 面談全体の流れを俯瞰できるようになる ①実践を評価する尺度をダウンロードして積読にする ②尺度の目次をながめる ③尺度の面白そうな項目をつまみ読みする ④尺度を斜め読みして動機づけ面接の全体像を把握する ⑤中級以上のワークショップに参加してみる	1. 録音する ①今月録音しようと決める ②録音OKしてくれそうなクライアントをみつける ③録音OKしてくれる条件を調べる ④録音する ⑤聞き直す ⑥書き起こす ⑦書き起こし業者に頼んでいいケースでは金額と納期を調べる ⑧業者に頼む・自分で書き起こす 2. ケース全体を吟味する ①録音を聞き流す ②なんらかの尺度で自己評価してみる 3. 自分を元気づける ①できたこと・次にやりたいことを探して書き留める 4. 自分の面談を客観視する ①スーパービジョンを受ける 　ⅰ. この人の面談は特にいい，という人を何人か見つける 　ⅱ. スーパービジョンの条件（頻度・時間・金額・方法論）を尋ねる 　ⅲ. スーパーバイザーを決める 　ⅳ. 日程を調整する 　ⅴ. スーパービジョンを受ける ②第三者の評価を受ける（＊） 5. 他人の実践を助ける

（＊）動機づけ面接の実践について第三者からのフィードバックを受ける仕組みとしては以下のようなものがある。
コーディングラボジャパン（https://codingtsubolabo.wixsite.com/coding-lab-for-miti）
ケースフィードバックプログラム（https://infominf.wixsite.com/minf/training-cfp）

　順番にこだわらない，というのは，たとえば，自分の技術に自信を持てなくても勉強会を開催する，といったようなことである。一緒に動機づけ面接の本を読み進めるとか，いい面談の鑑賞をするとか，そのくらいでも十二分に自他の学習を促すことにつながる。わたしの場合は仲間と一緒に学ぶことで，学ぶことがより身近になった。

Ⅱ　尺度に基づく測定の意義

　効率的に臨床技術のスキルを向上させるためには，尺度を用いてその得点を高めることが近道である。高得点を得るために小手先の対策を講じるのが小賢しいと思う人もいるかもしれない。しかし，「小手先」も使いこなせていないのに，その上を目指す，というのは難しいように思う。

　スキルを評価する尺度には，「良い臨床とは何か」という記述がたくさん含まれている。やり方次第ではスキルアップに大きく貢献するはずだ。

　各論に入るまえに，精神療法の実践を評価する指標について概観しておこう。

　精神療法の実践の質を評価する指標（尺度）は，いくつかの種類に分けられる。例えば Donabedian（1980）は医療の質を，構造・過程・結果に分けて評価するよう勧めている。クライアントからすれば結果が良ければあとはなんでもいい，と言えなくもない。しかし，結果が良いからといって，それだけでは治療の質が良かったのかどうかはわからない。例えば粗悪な品質の医療であっても，重症者をすべて断ってしまえば，治療成績が良いということがありうる。

　Donabedian（1980）の提唱した医療の質の定義をそのまま精神療法に当てはめてよいかはわからないが，少なくとも「構造・過程・結果」に分けて考えるという大枠は援用できるであろう。試みに，精神療法の質を構造，過程，結果に分けて考えた場合の評価指標の候補を表 2 に挙げてみた。

　構造・過程・結果のうち，日常の実践の中でカウンセラーの技能向上に寄与するものは過程（関わり方・進め方）の評価である。過程を評価するには，実際の精神療法の場面を録音（録画）したデータを用いて，関わり方や進め方を尺度に沿って吟味する。スーパービジョンに尺度を用いた評価を取り入れることは，カウンセラーとスーパーバイザーが，より客観的・俯瞰的に面談を捉えるために役立つ（Kadushin & Harkness, 2014）。

　精神療法の過程を評価する基準としては，たとえば以下の 3 つのようなものが知られている。

　1）は認知療法，2）は動機づけ面接，3）は医師による面接一般を評価するものである。

表2　精神療法の質を構造・過程・結果に分けて評価する場合の指標の試案

構造： 面談の条件	過程： 実際の関わり方・進め方	結果： 改善・悪化の有無・程度
【物理的な要因】 ● 場所，時間 【カウンセラーの要因】 ● 年齢・経験症例数・資格・スーパービジョンの受講頻度・知識 【クライアントの要因】 ● 年齢・疾患	● 信頼関係を築く ● 治療方針を共有する ● 選択した治療法を推奨に従って進める	● 治療計画の順守 ● 薬物やアルコールの摂取量 ● 症状（孤独感，不安感，抑うつ）

＊ Donabedian（1980）に基づいて発想した試案

1. Cognitive Therapy Scale（CTS：Freeman, 1990）

16 項目で認知療法の技能を評価する。認知療法に特化したスキルだけでなく，精神療法の一般的なスキルを評価している項目も含まれている。認知行動療法研修開発センターのホームページから無料ダウンロードできるので一度はご覧になっていただきたい（http://cbtt.jp/wp/wp-content/uploads/2014/07/181ea7a789ad607840433f40ef71b8bf.pdf）。

2. Motivational Interviewing Treatment Integrity Code（MITI：Moyers et al, 2005）

14 項目で動機づけ面接のスキルを評価する。動機づけ面接は行動変容を必要とするクライアントに関わるためのスキルの体系である。精神療法の治療成績の向上に貢献するスキルを言語化し，トレーニング方法を確立している点に特長がある。

本尺度はコーディングラボジャパンのホームページ（https://codingtsubolabo.wixsite.com/coding-lab-for-miti）から無料でダウンロードできる。英語版のページ（https://motivationalinterviewing.org/motivational-interviewing-resources）に詳しく評価例が掲載されているので，ある程度独習可能である。

本尺度は，Motivational Interviewing Skill Code（MISC：Moyers et al, 2003）の中から因子負荷の高いものを抜粋して作られた。MISC は項目数が多く評価に熟練が必要だが，患者の要因や相互作用を分析することができるので，動機づけ

面接の学習者には一読を進めたい。

　動機づけ面接に関する尺度はMITI・MISC以外にも多く開発されている（大坪・他，2016）。用途に合わせて選択するとよい。

3. The Roter Method of Interaction Process Analysis System (RIAS : Roter & Hall, 2006)

　医療コミュニケーション分野の研究では最もよく知られた尺度である。41項目で医師と患者の診療場面を評価する。医師と患者，双方の情報のやりとりを活発に行うことが良い面談である，という前提を置いて開発された。医師による短時間の通院精神療法の内容等を検討するのに適している。

　いずれの尺度も，カウンセラーの具体的な行動を定義し，定義に当てはまる行動の生起頻度やタイミングを観察する要素を含んでいる。

　管見の限りでは，来談者中心療法や精神分析の内容を評価する尺度は見当たらなかった。これらの精神療法も，理想とするカウンセラーの言動はどこかで明文化されているのではないかと思う。今後，学会の継続教育カリキュラムなどから抽出された因子をもとに評価の基準となる尺度を開発することは可能なのではないかとわたしは思う。

　まだ十分に評価されていない精神療法であっても，今後厳密な定義と測定ができれば何にどのくらい効果をもつものか判定できるようになる。このことはカウンセラーの地位向上にも貢献するはずである。

Ⅲ　測定のはじめ方・続け方

　尺度に興味をもってせっかく測定に乗り出しても，いつのまにかやめてしまう人も少なくない。忙しい日常の中で測定を長く続けるには，ちょっとコツが必要である。仲間を見つけて一緒に楽しむのがやり方の一つである。

　わたしの場合はMITIの翻訳版の開発に関する論文を書こうと思い立ったのが始まりだった。「これ日本語版に焼き直して書いたら修士出られそう！　尺度大好きだしわたしにぴったり！」という安易な思いつきから，尺度開発の泥沼へとはまり込んでいった。MITIはもともと原井宏明氏のホームページ（http://harai.main.jp/blog1/?page_id=625）に翻訳版が無料で掲載されていたので，手

表3　尺度を用いた評価：
コーディングラボジャパンの症例受付からフィードバックまでの流れ

(https://codingtsubolabo.wixsite.com/coding-lab-for-miti)

	依頼者	事務局	評価者
1	● クライアントに同意を得てカウンセリングの場面を録音 ● 書き起こしを作成 ● 録音と書き起こしを事務局に提出		
2		● 受付・匿名化 ● 評価者のメーリングリストに呼びかけ	
3			● 引き受け可能であれば手挙げ
4		● 評価者2名を選定しそれぞれにサンプルを送信	
5			● 独立に評価
6			● 結果をもとに合議，最終結果を事務局に通知
7		● 結果を証明書の形式になおす ● 依頼者に返す	

　軽に取り組めそうだと思ったのである。ただ，それだけであれば大学院を出た瞬間に測定からは足抜けしていただろう。

　修士課程2年間，海外で測定の研修を受けたり，測定の要望に応じたりしているうち，気づくと測定を続けていく文脈の中にいた。やたらとシステム構築に強い方が現れて，一緒にやりましょう，と言うが早いか，作業の流れを確立した。また，誠実に淡々と評価に取り組む方が現れて，チームの精神的な支柱となった。そんな二人とともに立ち上げたのが，現在の評価チーム「コーディングラボジャパン」である。原著者・翻訳者の協力も得て，MITI に基づく測定の取り組みが続いていき，2023年で10年目になる。2014～2022年の9年間，チームで引き受けた依頼は427件だった。

　現在は5人のメンバーで，年間15～20例程度の評価を引き受けている。依頼の多くは，動機づけ面接の指導者研修を受けるために持ち込まれた録音である。

　評価の工程を表3に示す。コーディングラボジャパンでは事務局が1例のサン

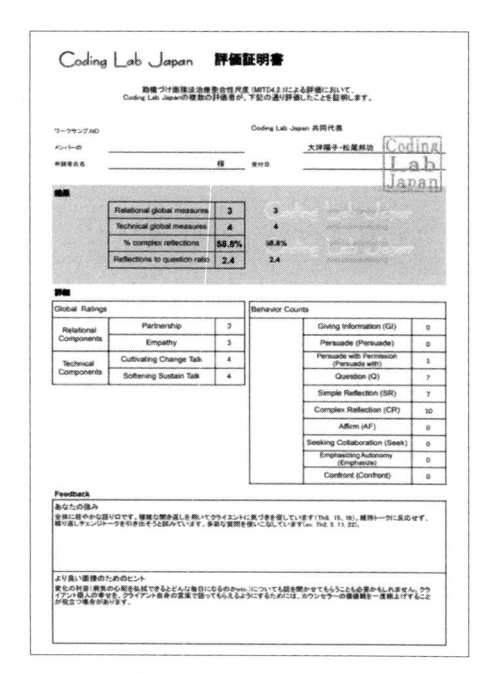

図 1　評価結果のフィードバックのサンプル
（https://codingtsubolabo.wixsite.com/
coding-lab-for-miti）

プルに対して 2 名以上の評価者を割り当てる。それぞれの評価者が同じサンプルを独立に評価し，突き合わせる。評価者同士の信頼性は定期的にチェックしているが，それでもある程度評価が割れることがある。その場合は，話し合って最終的な結論を出す。決めきれないときは，MITI の原著者にアドバイスを受けて判断する。

受付からフィードバックまでの工程はすべてオンライン上で完結する。

こうして出された結果は，書面で依頼者に提示される。書面の例を図 1 に示した。フィードバックの項目が英語になっているのは，海外のワークショップなどで提出を求められた際にも活用できるようにするためである。

評価の対価として，依頼者は 1 例ごとに評価費用を事務局におさめる。当初は無料でやりたいと思っていたのだが，チームメンバーの中から「持続可能性を担保すべきだ」という意見があり，評価が有料になった。

評価の工程を決めるのと合わせて，倫理規程と個人情報取扱規程を定めた。また，動機づけ面接の重鎮 2 名に相談役を引き受けていただいた。詳しい運用は，チームのホームページ（https://codingtsubolabo.wixsite.com/coding-lab-for-miti）に掲載している。

おわりに

ここまで調子のいいことばかり書いてきたので，最後に尺度を用いた評価の残念な点も述べておく。他者を評価する試みはいさかいのもとである。

　他者からの評価は通常，自己評価と乖離しているばかりか，評価を受けること自体に不快な体験を伴うことが珍しくない（Kadushin & Harkness, 2014）。本書「9. 精神療法入門・再入門としての動機づけ面接」で挾間雅章氏が述べておられるとおりで，わたし自身，はじめて査定を受けたときには，返ってきた結果に大変立腹したものである。また，特定の面接者を評価した際，日本における動機づけ面接の第一人者である原井氏とわたしは，測定結果を巡って論争になったこともあった。たとえば同じサンプルについて評価しても，第三者が実施する場合とスーパーバイザーが実施する場合では結果が異なることは珍しくない。基準があることによって，お互いの見ている世界の違いをよりはっきりと自覚することができる，というのがわたしの実感である。

　評価者は依頼者の疑問に対して，評価結果の根拠を明確に共有できるように説明を試みる。ただ，心を尽くして説明しても，それで相手に納得してもらえることばかりではない。評価者自身も定期的に第三者の評価を受けて，アドバイスを受ける側の割り切れなさを感じることが大切かと思われる（自戒をこめて）。

　評価される側が結果に納得しやすいのは，標準患者を使用する standardized patient interview（SPI）であろう。固定の患者役（模擬患者：Simulated Patient）を用意して，同じテーマで面談を行えば，患者の「難易度」による影響は逓減され，カウンセラー個人の技量の違いがよりとらえやすくなる。標準患者は，模擬患者よりもさらに「難易度」が安定するように訓練を積んだ役者である。近年では医学教育学分野で広く認知されるようになった（https://www.coml.gr.jp/katsudo-naiyo-iryosha/sp.html）。臨床心理学分野においても，同様の取り組みが普及する日が来るかもしれない。

　いさかいは評価者同士の間にもおこる。さまざまな論文で「二人の評価者が独立に評価し，結果に相違がある場合には討議をもって最終的に判断した」などという記述を目にする。その記述は実にさらりとしたものだが，実際の絵図からは遠いと思うことがある。人間二人が一定の基準に基づいて討議したからといって，すべてのケースですんなり合意に至るだろうか？　そんなわけはない。たしかに初期メンバー3人で運営していたころ，激論はあまりなかったし，あったとしても十分解決可能な範囲だった。人数が増えるとそうはいかなくなった。マニュアルを見ながら毎週会議を開き，深夜まで議論して，結局だれも納得できないまま，何の結論も出ない，ということもざらだった。このようなことでは，仕事も生活もある身としてはとても続けていけない。そこで議論が膠着したときには，評価

者2名のうち先任者の判断で最終結果を出せるように運用を変えた。変える過程の中で親友と決裂する体験もしなければならなかった。「討議をもって最終的に判断した」という文章の現実はシビアである。

　わたしの経験から学べることがあるとすれば，少なくとも最初は，こだわりのポイントが似た人同士で始めた方が測定の同好会はうまくいくだろう，ということである。

　困難を超えて未だにチームが機能しているのはほとんど奇跡である。初期メンバーである松尾邦功・國友史雄両氏と恩師加濃正人氏の卓越した采配，原井氏の気前の良さが，この奇跡を引き寄せ続けている。現メンバーの感性・知性に励まされ，学ばせていただきながら，この取り組みを大事に育てていこうと思う。

文　　献

Donabedian A（1980）Explorations in Quality Assessment and Monitoring Volume 1 : The definition of quality and approaches to its assessment. The Foundation of the American College of Healthcare Executives.（東尚弘訳（2007）医療の質の定義と評価方法．健康医療評価研究機構）

Freeman A（1990）Clinical Applications of Cognitive Therapy. Kluwer Academic / Plenum Publishers.（高橋祥友訳（1993）認知療法臨床ハンドブック．金剛出版）

Grol R & Wensing M（2004）What drives change? Barrieres to and incentives for achieving evidence-based practice. The Medical Journal of Australia 180（S6）；S57-60.（https://citeseerx.ist.psu.edu/document?repid=rep1&type=pdf&doi=f1925080ac6c8be1e03f309446e03d530ad50528［2023年2月7日閲覧］）

原田隆之（2015）心理職のためのエビデンス・ベイスト・プラクティス入門―エビデンスを「まなぶ」「つくる」「つかう」．金剛出版．

堀洋道監修（2011）心理測定尺度集Ⅵ―現実社会とかかわる〈集団・組織・適応〉．サイエンス社．

Kadushin A & Harkness D（2014）Supervision in Social Work（5th ed）．Columbia University Press.

松本千明（2002）医療・保健スタッフのための健康行動理論の基礎―生活習慣病を中心に．医歯薬出版．

Moyers TB, Martin T, Catley D et al（2003）Assessing the integrity of motivational interviewing interventions : Reliability of the motivational interviewing skills code. Behavioural and Cognitive Psychotherap 31（2）；177-184.

Moyers TB, Martin T, Manuel JK et al（2005）Assessing competence in the use of motivational interviewing. Journal of Substance Abuse Treatment 28（1）；19-26.

大坪陽子・沢宮容子・原井宏明（2016）動機づけ面接のスキルを評価する尺度―系統的レビュー．応用心理学研究 41（3）；240-248.

Prochaska JO & DiClemente CC（1983）Stages and processes of self-change of smoking : Toward an integrative model of change. Journal of Consulting and Clinical Psychology 51（3）: 390-395.

Roter DL & Hall JA（2006）Doctors Talking With Patients/Patients Talking With Doctors : Improving communication in medical visits（Second Edition）. Praeger Publishers/Greenwood Publishing Group.（野呂幾久子・阿部恵子・石川ひろの訳（2011）医療コミュニケーション分析の方法　第2版―The Roter Methodof Interaction Process Analysis System（RIAS）. 三恵社）

第 2 部

個人や組織の変化

実際に MI を使う立場から

9. 精神療法入門・再入門としての動機づけ面接

挾間雅章

はじめに

　私は精神科医7年目に動機づけ面接（Motivational Interviewing：以下，MI）に出会い，それから10年以上のつきあいになる。また，12年間にわたって大学病院に勤務し，主な業務の一つが教育だった。精神医学を学び，教える中で「精神療法を新たに学んだり，学び直したりするにはどうすればよいか？」という疑問を持った。「MIを学べばよい」という答えに至ったプロセスをお聞きいただきたい。

I　疑問を持つ

　震災支援でのできごとである。新人の保健師（Aさん）といっしょに，自宅にこもりがちなシングルマザー（Bさん）を訪問した。Aさんが子どもの検診の話を始めると，Bさんの顔色ははっきりと曇った。それでもAさんは「助けてくれそうな知り合いや親戚は？」「お子さんの検診は大事だから」「申請すればこんな支援を受けられる」と話を続けた。Bさんはずっと俯いていた。

　Aさんの話し方は明らかにBさんを遠ざけていた。しかし，なぜ上手くいかないのか，そしてどのように修正すればよいのか，当時の私は説明する術を持ち合わせていなかった。自身も被災しながら懸命に働いているAさんへの遠慮もあり，けっきょく何も言ってあげられなかった。

　認知行動療法の本を読んだりワークショップに参加したりして，精神療法を勉

強したつもりになっていた。しかし白衣を脱いで地域に出ると，そうした知識はほとんど役に立たなかった。もどかしい想いを抱えて帰路につき，東京駅で途中下車して大きな書店に立ち寄った。「○○療法」という本はたくさんあったが，どの「○○療法」が今の自分に役立つかわからなかった。どうすれば精神療法の基本を学び直せるか？　疑問が残った。

［医療面接］

　医師に求められる基本的な資質・能力の一つが「コミュニケーション能力」であり，「患者の心理・社会的背景を踏まえながら，患者およびその家族と良好な関係性を築き，意思決定を支援する」と定義されている（医学教育モデル・コア・カリキュラム，2016）。

　医療面接には（i）関係を築く（感情面への配慮），（ii）患者の問題を評価し理解する（情報収集），（iii）マネジメントのために協働する（情報提供，セルフケアの支援，健康行動への動機づけ）という 3 つの機能がある（Cole & Bird, 2013）。（i）と（ii）の技能は，医学部 4 年時と 6 年時に実技試験で評価される。（i）と（ii）の "Dos & Don'ts" は MI の教科書で詳細に解説されている（Miller & Rollnick, 2011）。（iii）の核となるのが MI のスキルである（Cole & Bird, 2013）。

［支持的精神療法］

　日本の精神科専門医制度の研修マニュアルで「施行できる」が求められている精神療法は，支持的精神療法のみである（日本精神神経学会，2023）。

　支持的精神療法の定義や位置づけ，方法については諸説がある（池田，2011）。かつては，自我機能が十分でない重篤な患者に対する「表出的（洞察的）ではない」精神療法を指していた。支持的精神療法の代表的な教科書では，「1）症状の改善と 2）自己評価・自我機能・適応スキルの維持・回復・改善のために直接的な方法を用いる二者間の治療」と定義されている（Winston et al, 2011）。日本精神神経学会の精神療法委員会で委員長を務めた藤山直樹氏による定義は，「治療関係の構築と維持を目標とする心理的交流」である（藤山，2015）。

II　ワークショップに参加する

　行動療法家が書いた MI の解説書（原井，2012）を読んだ。「MI は面接を技術

にする」というフレーズが印象に残ったが，いざその技術を使おうとすると不自然な面接になるばかりだった。MIのワークショップがあるのは知っていたが，楽しみにしていたイベントと日程が重なっており，申し込みをためらっていた。

そんなある日，見るからにイライラした様子の男性が彼女に連れられて受診した。軽躁だろうか？　診断をつけるために質問を重ねると，露骨に嫌な顔をされた。MIの技法を思い出しながら巻き返しを図ったが，最後まで挽回できなかった。いちおう薬を処方したが，とても再診に来るとは思えなかった。やはり本を読むだけではダメだと思い，ワークショップに申し込むことにした。開催まで10日を切っていたが，幸い席は残っていた。

2013年3月，名古屋で2日間のワークショップに参加した。講師はMIの創始者ウィリアム・ミラー博士で，その言葉には創始者ならではの重みと，包み込むような温かさが感じられた。エクササイズがふんだんに盛り込まれ，周りの参加者と話す機会も多かった。全国から集まったさまざまな職種の方々の話は新鮮だった。

特に印象に残ったのが，原井宏明先生のデモンストレーションである。「バッティング練習」というエクササイズでは，クライアント役が投げつけた不協和発言（例：あんたに私の何が分かるっていうんだよ！）に対して，セラピスト役はすぐに応答しなければならない。参加者たちから投げつけられた言葉を，原井先生は次々と見事に打ち返していった。感嘆の声が上がった。

数カ月後に別のワークショップに参加した。60人の参加者に30人のファシリテーターがつく贅沢な環境で，3日間，MI漬けになった。直後の外来でちょっとした「奇跡」が起きた。神経症の患者に対して聞き返しを繰り返し，正確な共感に努めた。核心に触れたという手ごたえがあった。2週間後，症状はほとんど消えていた。「MIは面接を技術にする」ということを痛感した。

[MIのワークショップ]

MI学習の入り口は教科書（Miller & Rollnick, 2011）とワークショップである。初級ワークショップでは，講義やデモンストレーション，エクササイズなどを通じてMIのスピリット（態度）と技法を学ぶ。ワークショップはあくまで入口であり，技能の習得には実践とフィードバックが必要である（Miller et al, 2004）。初級以外に，中上級者向け，トレーナー向け，スーパーバイザー向け，評価者向けなどさまざまなレベル・対象のワークショップが開催されている。

Ⅲ　スーパービジョンを受ける

　内科に長期入院していた患者の診察を依頼された。原因不明の発熱が続いていた。数年前には原因不明の貧血で入院歴がある。さんざん検査と治療を繰り返し，いよいよ精神科の出番となったのである。

　どこかで綻びが出るだろうと思って面接に臨んだが，完全に相手の方が上手だった。涼しい顔でよどみなく話し，肝心な点はうまくはぐらかす患者と接して，背筋が寒くなった。

　このケースは絶対にスーパービジョンが必要だと思った。ワークショップで強烈な印象を受けた原井先生が頭に浮かんだ。「本の中だけの達人」ではないのは確かだったが，面識のない有名な先生にいきなり依頼するのはためらわれた。手始めに，著書とワークショップの感想をメールで送ったところ，すぐに返事が返ってきた。何度かのやり取りの後で，「困っているケースがあるので，スーパービジョンをお願いします」と率直に言えた。

　スーパービジョンの要点は「医療依存に対するMI」だった。聞き落としていた矛盾の指摘，SCID-IIを用いたパーソナリティーのアセスメント，さらにはコーディングにもとづく解説など「目から鱗」の連続だった。驚いたことに，1年近く入院していた患者が1カ月で波乱なく退院した。鍵となったチェンジトークは「これ以上入院していると，先生や看護婦さんに嫌われそうだから」だった。

［MIのスーパービジョン］

　本稿ではスーパービジョンとコンサルテーションを区別せず，ともにスーパービジョンと呼ぶことにする。

　日本では「ケースフィードバック・プログラム」というメールでの簡便なスーパービジョンが受けられる（ゆるーい思春期ネットワーク）。これは2人の学習者と1人のトレーナーが3人で1組になり，学習者の面接の逐語に対して「よくできた点」「次にやるとしたらどう変えてみるか」を順にコメントしていくというものである。コーディングを活用することで，客観的かつ緻密な議論が可能となる。2人の事例を検討すると，学習者はスーパーバイジーとファシリテーターという2つの立場を経験できる。

　より高度なスーパービジョンを受けるには，スーパーバイザーを探す必要があ

る。寛容と連携の日本動機づけ面接学会のホームページでは，スーパーバイザーのリストが公開されている。また，原井先生や岡嶋美代先生のように個人のホームページでスーパービジョンの条件を公開しているトレーナーもいる。

Ⅳ　共に学ぶ

2014 年 1 月，ワークショップの懇親会の席で，トレーナー向けワークショップが翌年に日本で開催されるというアナウンスがあった。参加すれば，国際的なトレーナーの組織である MINT（Motivational Interviewing Network of Trainers）の一員になれる。しっかり MI を学んだという証になるため，ぜひ参加したいと思った。

大学の医局で若手に精神療法を教えていた指導医が，関連病院に異動することになっていた。若手に MI を学んでもらいたかったし，自分にとっても MI を教える練習になると思い，代わりを務めることにした。MI の勉強会を 1 ～ 2 カ月ごとに開催し，1 年間で基礎を身につけられるようにした。準備は大変だったが，説明やエクササイズを考えるのは非常に勉強になったし，参加者と一緒に学ぶと新たな発見があって楽しかった。結局，この勉強会は 5 年ほど続け，その間に医師 66 名，医師以外の専門職 43 名，学生 18 名が参加した（挾間・他，2024）。

［MI の協働学習］

コミュニケーションの技能を学ぶには練習相手が必要である。また共に学ぶ仲間がいる方が，楽しみながら続けやすい。MI はピアサポート形式のグループ学習に適しており，いわゆる「専門家」がいない状況でも知恵を出し合って学ぶことができる。職場の同僚と勉強会を始めてもよいし，オンラインで開催されている学習会に参加してもよい。各地の学習会の情報は「寛容と連携の日本動機づけ面接学会」のホームページでも公開されている。

Ⅴ　評価を受ける，教え方を学ぶ

トレーナー向けワークショップに参加するには，実技試験をパスする必要があった。20 分以上の面接を録音し，MI の技能評価尺度である MITI（Motivational Interviewing Treatment Integrity）で評価を受ける。これにはかなり苦労した。

　応募開始の 2 カ月前に原井先生とコンタクトを取り，録音した面接にコメントしていただいた。1 回目の提出では基準にはるか及ばず，焦り始めた。自分の面接を片っ端から録音させてもらっては逐語録を作り，原井先生から指導を受けた。逐語に書きおこすために自分の面接を繰り返し聞くのは苦痛だったが，それは欠点がはっきり分かるからだった。2 回目は 1 回目より評価が下がり，正直，評価者に対して腹が立った。3 回目も基準に達しなかったが，追加のスーパービジョンと事例提出という条件つきで合格となった。振り返ると，最も集中して MI を練習したのはこの半年間だった。

　2015 年 5 月，トレーナー向けワークショップに参加した。ゴールデンウィーク最中の閑散とした大学のキャンパスで，全国から集まった 40 人の仲間といっしょに講義を受け，エクササイズの指導を練習し，新しいエクササイズを作った。参加者一同で，シニア・トレーナーとして参加しておられたミラー博士にデモンストレーションをお願いした。ミラー博士の MI からは暖炉のような温かさが感じられ，これが "Doing MI" ではなく "Being MI" なのだと思った。

［MI の技能評価］

　自分のスキルやパフォーマンスを評価する時は，バイアスがかかりやすい（Dunning et al, 2004）。MI の技能についても自己評価と客観評価の相関は低く（Miller & Mount, 2001），臨床試験には客観評価が必要となる。

　臨床試験のために作成された MITI は，関係性と方向性に関する総合評価と，セラピストの発話をコード化・数値化した行動カウントで構成されており，スーパービジョンや検定試験にも活用できる（Moyers et al, 2014）。MITI によるコーディングはコーディングラボ・ジャパンが提供している。

［MI の実装］

　臨床スキルを実装するにあたり，外部の専門家がトレーニングを担うのが一般的な方法である。しかし，トレーニングの回数や期間に限りがあるため，効果が持続しにくいという難点がある（World Health Organization, 2005）。

　対照的な方法としてトレーナー育成方式（train-the-trainer）がある。組織の一員が，臨床スキルだけでなく教え方についても訓練を受け，組織内でのトレーニングを担うのである。トレーナーの育成に時間と手間がかかるが，各組織のニーズに即したトレーニングが継続的に供給されるという利点がある（World Health

Organization, 2005)。

　MI 実装の実証研究で，外部専門家方式とトレーナー育成方式はともに有効であることが示されている（Martino et al, 2011）。

VI　数える

　勉強会で教え始めてから，講義や講演でも MI の話をするようになった。ただ，同じことを話しているとだんだんマンネリになってくる。原井先生が翻訳した本の一節を思い出した。医療という巨大なシステムの中で働いていると，自分がどれだけ役に立っているのか疑問に思うようになる（Gawande, 2007）。価値ある違い，いわば「ポジティブな逸脱」を生み出すための 5 つのアドバイスのうち，3 つめが「何か数えなさい」だった。

　数える対象として，自分が担当している講義を選んだ。質問紙を用いて共感のスキルを評価する方法がある（Miller et al, 1991）。臨床場面のシナリオと患者の発言を用意し，それに対する応答を書かせてコード化するのである。この質問紙を，MI の講義の直前と直後，そして 2 カ月後に学生にやってもらった（挟間・他，2020）。

　結果は明快だった。講義の直後に聞き返しは増え，説得や否定といった「間違い指摘反射」は減った。2 カ月後，聞き返しは増えたままだったが，間違い指摘反射は元に戻っていた。間違い指摘反射の消去が課題だと思い知らされた。

　論文に書けなかったことがある。データを研究に使わせてもらうため，学生に同意書を提出してもらった。チェックしていると，ふと手が止まった。署名の下に「研究が上手くいくことを祈っています。講義楽しかったです。ありがとうございました」と添えてあったのだ。教えた学生から是認の力を教わった瞬間である！

［MI の実証研究］

MI の誕生と発展，修正は実証研究に基づいている。例を挙げてみよう。

・アルコール依存症に対する認知行動療法の効果が検証された。アウトカムを左右したのは，認知行動療法の技法よりもセラピストの正確な共感のスキルであった（Miller et al, 1980）。この研究が MI 誕生の原点となった。
・アルコール依存症に対する大規模な介入研究で，動機づけ強化療法（MI と情報提供の組み合わせ）と認知行動療法，そして「12 のステップ」の

効果が比較された。動機づけ強化療法は，他の手法より少ないセッション回数で同等の効果をあげた（Project MATCH, 1997）。この結果が発展の原動力となった。

・ワークショップの効果を検証するため，ワークショップ前後で参加者の面接を評価する研究が行われた。参加者のスキルは上がっていたが，クライアントの反応は変わっていなかった（Miller & Mount, 2001）。クライアントを動かすスキルを習得するにはワークショップだけでは不十分で，スーパービジョンの追加が必要だった（Miller et al, 2004）。この研究により，ワークショップは「MI を習得する場」から「MI の学び方を学ぶ場」に修正された。

患者や臨床家がフィードバックを受けて変わるように，MI もフィードバックを受けて「変わる」のである。

Ⅶ　書　く

「ポジティブな逸脱」のための 4 つめのアドバイスが「何か書きなさい」である。「書く」のはとにかく時間がかかる。それでもこの原稿を書いているのは，「書かなければ，何もしなかったのと同じ」ということを研究の世界で学んだからだ。

「精神療法を新たに学んだり，学び直したりするにはどうすればよいか？」を考える上でもっとも参考になったのは，藤山直樹氏の「精神科専門医に求められる精神療法」という論説（藤山，2015）である。ここでは，藤山氏との仮想的な対話の形式で，「MI を学べばよい」という私の答えの根拠を述べてみたい。

藤山：精神科の患者は，人間関係に困難を抱えがちで，長期の喪失の過程で治療意欲を失いがちである。このような患者と良好な治療関係を構築・維持するための心理的交流こそ，精神科専門医に求められる精神療法である。これを米国にならって「支持的精神療法」と呼ぶが，患者の言いなりになることではないことに注意が必要である。「心理的マネジメント」「治療関係マネジメント」と呼ぶこともできる。

専門的な精神療法は精神病理の変化を目標とする。ただ，習得には膨大な時間がかかる上，精神科医が実施するには時間の制約が大きい。また，精神病理

の変化は薬物療法でも可能である。そのため，一般の精神科医に求められるのは支持的精神療法のスキルと，必要に応じて精神療法の専門家に紹介する能力である。

挾間：そのように支持的精神療法を定義するならば，（ⅰ）治療関係の構築，（ⅱ）情報収集，（ⅲ）協働的治療マネジメントという機能をもつ医療面接（Cole & Bird, 2013）と同義だろう。これらの機能は，MI によってカバーされている。また，MI を特徴づけるのは協働・受容・思いやり・エンパワメントという 4 つのスピリットだが，現在の医療では理念として共有されているはずである。
　　個々の精神病理に配慮し，他の治療も併用しながら MI を運用できるようになれば，精神科臨床を円滑に進められるだろう（原井，2012；今井，2021）。

藤山：「精神療法」の診療報酬を請求するには，その根拠として（a）精神科臨床には専門的なスキル（支持的精神療法）が必要であることと，（b）精神科医はそのスキルを習得していることを示す必要がある。しかし，支持的精神療法のない精神科臨床は成立しえないので（a）は実証できない。そこで次善の策として，精神療法について一定の訓練を受けたことを明示する必要がある。

挾間：（a）の実証は困難だとしても，（b）については「支持的精神療法」をできるだけ明確化し，技能を評価する方法を工夫することで可能ではないか。明示的・系統的な訓練には賛成だが，専門医には技能の評価も必要だと考える。ここで，MITI のような評価尺度を活用することができる（Moyers et al, 2014）。

藤山：支持的精神療法を学ぶための明確な方法論はなく，専門的な精神療法のトレーニングの一部を利用することになろう。訓練の方法として，講義を受ける，スーパービジョン（あるいはコンサルテーション，ケースセミナー，ケースカンファレンス），自分が治療を受ける経験という 3 つがある。
　　精神療法の訓練や研修のリソースが足りなければ，外部の指導者や精神療法の学会を積極的に活用すればよい。

挾間：知識はマニュアルや講義で得られるとして，技能を習得するには意図的・計画的な練習（deliberate practice）と，実践に対するフィードバックが鍵と

なる（Miller & Rollnick, 2011）。この 2 つを実現するために，利用可能なリソースをいかに組み立てるかが課題となる（挾間・他，2024）。MI の強みは，ワークショップやピアサポート形式の学習会，スーパービジョン，コーディング，さらには指導者の育成などさまざまなリソースが草の根のように広がっていることである。

Ⅷ　変わる

「ポジティブな逸脱」のための 5 つめのアドバイスが「変わりなさい」である。刻々と変化している医療の世界では，患者も，医者も，システムも変わらなければならない。

　MI のマニュアルの副題は "Helping people change" である（Miller & Rollnick, 2011）。MI と出会って私は変わった。MI に出会わなかったら，精神療法の論文を書くことはなかったはずだ。

　では，あなたはどうだろうか？

文　献

Cole SA & Bird J（2013）The Medical Interview : The three function approach 3rd ed. Saunders.

Dunning D, Heath C & Suls JM（2004）Flawed self-assessment : Implications for health, education, and the workplace. Psychol Sci Public Interest 5（3）; 69-106.

藤山直樹（2015）精神科専門医に求められる精神療法．精神神経学雑誌 117（12）; 1011-1014.

Gawande A（2007）Better : A surgeon's note on performance. Metropolitan Books.（原井宏明訳（2013）医師は最善を尽くしているか．みすず書房）

原井宏明（2012）方法としての動機づけ面接―面接によって人と関わるすべての人のために．岩崎学術出版社.

挾間雅章・鳥嶋雅子・藤原広臨(2020)薬学生に対する動機づけ面接の短時間トレーニングの効果．精神医学 62（4）; 465-473.

挾間雅章・安藝森央・村井俊哉（2024）支持的精神療法を学ぶ手段としての動機づけ面接―大学病院と総合病院におけるトレーニングの実践．総合病院精神医学 36（3）; 211-220.

池田正俊（2011）支持的精神療法．現代精神医学事典 pp.409-410．弘文堂.

今井淳司（2021）精神科病院における動機づけ面接の普及．精神療法 47（3）; 107-113.

モデル・コア・カリキュラム改訂に関する連絡調整委員会，モデル・コア・カリキュラム改訂に関する専門研究委員会(2022)医学教育モデル・コア・カリキュラム(令和 4 年度改訂版).（https://www.mext.go.jp/content/20240220_mxt_igaku-000028108_01.pdf［2024 年 5 月 20 日閲覧］）

Martino S, Ball S, Nich C et al（2011）Teaching community program clinicians motivational interviewing using expert and train-the-trainer strategies. Addiction 106（2）; 428-441.

Miller WR, Hedrick KE & Orlofsky DR（1991）The helpful responses questionnaire : A procedure for measuring therapeutic empathy. J Clin Psychol 47（3）; 444-448.

Miller WR & Mount KA（2001）A small study of training in motivational interviewing : Does one workshop change clinician and client behavior? Behav Cogn Psychother 29 ; 457-471.

Miller WR & Rollnick S（2011）Motivational Interviewing : Helping people change（3rd ed）. Guilford Press.（原井宏明監訳（2019）動機づけ面接第 3 版．星和書店）

Miller WR, Taylor CA & West CW（1980）Focused versus broad-spectrum behavior therapy for problem drinkers. J Consult Clin Psychol 48（5）; 590-601.

Miller WR, Yahne CE, Moyers TB et al（2004）A randomized trial of methods to help clinicians learn motivational interviewing. J Consult Clin Psychol 72（6）; 1050-1062.

Moyers TB, Manuel JK & Ernst D（2014）Motivational Interviewing Treatment Integrity Coding Manual 4.1. Unpublished manual.（https://motivationalinterviewing.org/sites/default/files/miti4_2.pdf［2024 年 5 月 20 日閲覧］）

日本精神神経学会（2023）精神科専門医制度　専攻医研修マニュアル　第 4.1 版.（https://www.jspn.or.jp/modules/basicauth/index.php?file=specialist/kenshuu_manual20230206r.pdf［2024 年 5 月 20 日閲覧］）

Project MATCH research group（1997）Matching alcoholism treatments to client heterogeneity : Project MATCH posttreatment drinking outcomes. J Stud Alcohol 58（1）; 7-29.

Winston A, Rosenthal RN & Pinsker H（2011）Learning supportive psychotherapy : An illustrated guide, American Psychiatric Publishing.（大野裕・堀越勝・中野有美監訳（2015）動画で学ぶ支持的精神療法入門．医学書院［2024 年 5 月 20 日閲覧］）

ゆるーい思春期ネットワーク　ケースフィードバックプログラム.（https://uruuishishunki.wixsite.com/network/cfp［2024 年 5 月 20 日閲覧］）

World Health Organization（2005）Mental Health Policy and Service Guidance Package : Human resources and training in mental health.

10. 動機づけ面接と1型糖尿病
──診療における経験

川村智行

はじめに

　筆者は，1型糖尿病診療を専門としている小児科医である。長年の臨床経験の中で，若くして合併症を併発する患者を救うことができずに困っていた時に，動機づけ面接に出会った。当初は目前の糖尿病患者のために学びはじめたが，勧められてトレーナーになってからはMI（Motivational Interviewing）を指導することの重要性と責任を感じるようになり，さらに指導することを通じてMIの深さを実感するようになってきた。本稿では，編者の原井宏明先生から，MIを学んできた道筋を紹介することと，MIを学ぶ上でのヒントを紹介することが求められている。その御指示通りに，筆者のMIとの出会いとMIを通じての学びの経緯を述べてみる。本書では，それぞれの分野での第一人者が豊富な経験とともに非常に論理的・科学的な議論を紹介しておられた。今回は，理論やエビデンスによる肉付けのできていない筆者の経験や感想が中心であることをご了承いただきたい。

I　1型糖尿病診療の進歩（川村，2022）

　1型糖尿病は，乳児期から思春期に発症することが多く，昔は小児糖尿病と呼ばれたが，実際は成人で発症することも少なくなく，高齢者で発症することもある。自己免疫によって，膵β細胞が破壊され，インスリン分泌が障害される。インスリンは皮下注射でしか補充できず，それを怠ると数日で生命維持ができなく

なる。生理的な血糖値は狭い範囲内に厳格にコントロールされているが，インスリン皮下注射でその範囲内に収めることは容易ではない。低血糖では脳や身体の活動に不具合を来し，高血糖が続けば網膜症や腎症といった合併症が高率に発生する。日本における 1 型糖尿病の発症頻度は，1.5 〜 2.0/10 万人／年と世界の中では低い。患者数は 8 〜 10 万人程である。一方，2 型糖尿病は非常に多く，1,000 万人以上と考えられている。2 型糖尿病に比べて少ない 1 型糖尿病の頻度は，世間での認知度の低さの原因であり，1 型糖尿病患者の生きにくさの一因になっていると考える。

　筆者が，医師になった 1985 年時の糖尿病管理は，血糖測定を 4 回実施し，朝と夕の 2 回のインスリン注射，そして食事や補食も決まった時間に決まった量を摂取することが必要であった。つまり非常に制限された生活が必要であった。1990 年代に入ると，ペン型のインスリン注射器が 2000 年に超速効型インスリンと持効型インスリンが登場し，インスリンポンプ療法が普及しはじめた。少しずつ生活の制限が緩和されていく。2009 年血糖値変動を持続的に可視化できる装置（CGM）が登場し，10 年で精度が向上した。これらのデバイスの進化がめざましく，近い将来には，インスリン注入の完全自動化が実現されようとしている。筆者は，このような治療法の進化を早く提供することによって，日々の負担や制限を軽減することに注力してきた。そして同じレベルの診療を全国に普及させるため，糖尿病専門医やコメディカル向けの講演やセミナーを数多く行っている。

II　MI に出会うまで

　筆者が医師となり入局した大阪市立大学医学部小児科は，当時の一色玄教授が，西日本最初の小児糖尿病外来を始めておられた。近郊から小児 1 型糖尿病患者が多く紹介されてくる状況であった。紹介される患者は，主に心理的社会的な問題のある患者が多かった。インスリン注射が嫌で体調不良になって入院を繰り返す患者，血糖管理そっちのけで非行グループに入る患者，家族からのサポートが不十分な患者などである。

　筆者が当科糖尿病診療を主導するようになってから，他院より先進的治療を行っているため成人になった患者も継続して診療を続けるようになり，成人患者が紹介されてくることも増えた。そのことは，血糖管理の不十分な患者がさまざまな合併症を発症することに遭遇する機会が増えていくことを意味していた。

　10 年〜 20 年と継続して診療を続けてきた患者が，網膜症から視力障害や腎症から透析になってしまったり，また感染症などで亡くなってしまったりすることを経験するようになった。前述のように，1 型糖尿病の先進的治療は，質の良い生活と良好な血糖管理を両立することを可能にした。そのためには，本人が，自ら血糖管理に取り組まないと上手くいかない。あとは医療者が患者とのコミュニケーションによって，患者に自ら血糖管理に取り組んでもらうようにできるかが課題であった。

　心理社会的問題を抱えた患者を多く引き受けていたので，先輩医師たちの診療は決して，叱りつけたりするような診療ではなかった。筆者も，できるだけ患者の気持ちやその背景を理解しようと心がけた診療は行っていた。しかし，血糖管理が十分にできない患者を，将来の合併症を予想して，一方的な情報提供をしたり，説教したり，説得しようとしていたと今では思う。患者を良い方向に改善することができずに自らの無力さを痛感していた。

　そこで糖尿病診療の傍ら，素人なりに心理学やカウンセリング関連の本を読んだりしていた。そのなかにはコーチングやエンパワメント，精神分析，臨床心理，認知行動療法の本などがあった。それらはとても納得はでき，大変勉強になるものばかりであったが，日々の診療でどのように応用すれば良いのかについての具体的なヒントを得ることができなかった。

　そのような時，日本小児内分泌学会の仕事として国際思春期糖尿病研究会（ISPAD）のガイドラインを翻訳する仕事が回ってきた（日本小児内分泌学会糖尿病委員会，2008）。そして，その中に "A recent multi-center randomized trial demonstrated that motivational interviewing with adolescents improved long-termglycemic control and quality of life"（Channon et al, 2007）という一文に出会った。Motivational interviewing との初めての出会いである。当時は，Motivational interviewing を何と訳すのか，ネット検索でも見つからなかった。そして，数カ月後に出版されたばかりの本を見つけた（Miller & Rollnick, 2002）。MIがアルコール依存症患者との面談から生まれたことが書かれていた。そこに出てくる「アルコール依存で改善する気が無いクライアント」は，自分が困っていた「血糖管理をする気がない患者さん」と重なるところがあった。まさに筆者が探していたものがここにあるとワクワクしながら読んだことを覚えている。その後，小畑美弥子先生主催の大阪 MI 研究会を見つけ，初めてワークショップを受けた。そこには原井宏明先生が講師として来ておられた。ワークショップの後半は，隣

の人とペアを組み会話をするエクササイズであった。ペアの方が「親の介護が忙しくて趣味のガーデニングができない」という話をされた。介護の大変さや趣味の話を聞いても，そこから先の解決策には話が進まず困っていた。そこへ，原井先生が寄ってこられて「……それでどんな方法がありそう？」と聞かれると，女性が何か話をした。続けて，原井先生が「……他には？」と聞くと，その女性がどんどんと自ら解決策を語っていった。この様子に大変驚いたのであった。多分，原井先生はその時に MI の「聞き返し」を上手にされたのであろうと今では思うが，その時は何が起こったのかわからなかった。感激した筆者は，この研修の後，原井先生のクリニックに押しかけて行って MI を本格的に学ぶようになった。原井先生に大阪市立大学までお越しいただいてのワークショップや原井先生の作成された DVD を繰り返し見ることでの学習を本格化していった。しばらくして，製薬企業が主催する2日間の MI ワークショップ講師を小畔先生がされることになり，そのサポートをさせていただいた。これにより自らの MI 学習を一気にレベルアップできた。セミナーの中で，MI のデモンストレーションを依頼されても自信がなかったが，そのうちに不意なデモンストレーションも戸惑わずにできるようになっていった。2012年に日本動機づけ面接協会が原井先生のもとに設立され第1回の大会にミラー先生のワークショップが開かれ参加できた。この際に京都・奈良の観光を兼ねて大阪にミラー先生ご夫妻を案内でき大変光栄なことであった。大阪城の観光中に，ミラー先生が，「私はピアノ演奏が好きで，できるだけ毎日弾いている。ピアノの腕が落ちないようにするためには毎日の練習が必要であり，MI も同じだよ」とおっしゃった。その時は「なるほどそんなものなのだ」と軽く思っていたが，MI を学べば学ぶほど，このミラー先生のおっしゃった意味が実感できるようになっている。

　2013年にはポーランドのクラクフで行われた TNT（Training for New Trainer）に参加して，MINT（Motivational Interviewing Networkof Trainer）のメンバーとなった。TNT に参加する前は，どのように自分が MI の腕を上げるかしか興味がなかった。TNT では，MI トレーナーはどうあるべきかの学びが主目的であり，トレーナーとしての MI の技術を指導することよりも，トレーニーに対して，クライアントに接する場合と同じようにいかに MI のスピリッツ（Partnership, Acceptance, Compassion, Evocation）をもって指導するかという視点が強調された。目から鱗が落ちる思いがあった。TNT 以来，MI を普及させることの責任を強く持つようになった。

Ⅲ　糖尿病分野における MI についての文献

　MI を糖尿病に用いた場合の有用性を検討した Randomized Controlled Trial（RCT）研究は多く，そのシステマティックレビューやメタ解析も多く発表されている。最新のものでは，Bilgin ら（2022）によるものがある。彼らは 2000 年から 2021 年に報告されている成人糖尿病患者に対する MI を用いた介入試験を検索し，最終的に 16 本の RCT 研究を抽出し解析している。結果として血糖値や血圧，そして抑うつ状態や心理的負担の軽減に MI が有効であったとしている。一方で，このような研究では，MI が適切に用いられているのかを十分検証しているものは少ない。2013 年に Rollnick ら（Lundahlet al, 2013）が，医学的分野での MI の効果を総合的に調べたメタ解析では，RCT として抽出された 48 の研究の内，MI を適切に提供できているかを検証しているものは 8 つだけであった。誰がどのようなレベルで MI をどの程度の時間と頻度で用いるのかで，その効果が違うのは当然である。介入時間や観察期間が限定される RCT で一様な効果を示すことは容易ではない。また前述のように筆者が MI を知るきっかけになった ISPAD ガイドライン 2022 年版では（de Wit et al, 2022），訓練の不十分な医療者が MI を用いても効果がないことが紹介されている。これは，MI が糖尿病診療で十分認知されていることを示している。事実としてアメリカ糖尿病学会とヨーロッパ糖尿病学会の合同ガイドラインの 2 型糖尿病患者への包括的な指導法（Davies et al, 2018）の中で，効果的なコミュニケーションとして図の中（図 1，矢印と囲みは筆者による）に MI が含まれているが，本文中に MI については言及されていない。

　以上のように，欧米では糖尿病診療の場での MI は十分認知され，その有用性も実証されているが，我が国の糖尿病診療ではまだ普及しておらず，筆者は自分の専門分野での認知度を高めたいと活動している。

Ⅳ　血糖管理を頑張れない糖尿病患者についての考察

　数例の患者を紹介する。ただしプライバシー保護の点から詳細は加工して提示する。

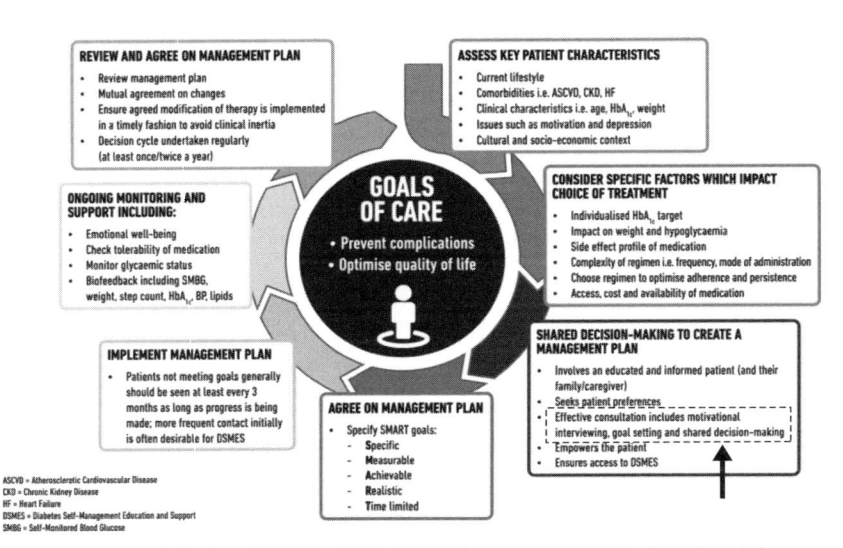

図1   DECISION CYCLE FOR PATIENT-CENTERED GLYCEMIC MANAGEMENT IN TYPE 2 DIABETES（Davies et al, 2018）

1. 症例 1

　1例目は，筆者がMIの必要性と有用性を最も実感した症例である。その症例は，小学校2年生で1型糖尿病を発症した。直ちにインスリン療法を開始した。数年後に膠原病を発症し，ステロイド大量療法が必要になった。ステロイド大量療法のため血糖管理は急に難しくなった。中学に入ると膠原病の状態も悪化しステロイドもインスリンも増量が必要な状態が続いた。ステロイドを増量しても副反応が出ないため不審に思い，詳しく聞いてみると，指示通り内服も注射もできていないことが判明した。体重増加への拒否反応が原因であり，ステロイドもインスリンも減量していた。体重へのこだわりは，どんどん病的になっていきインスリンを打たなくなり，ケトアシドーシスで入院を繰り返すようになった。1型糖尿病に拒食症の合併率が高いことは報告されており（de Wit et al, 2022），過食しても嘔吐することなくインスリン量の自己調整で体重が調整できるため，生命予後が非常に悪い。この症例も，精神科や心療内科へコンサルテーションし，依頼先病院に長期入院を繰り返した。しかし，その効果は限定的であった。本人の発言は，「1型糖尿病は自分で体重を調整できるので，もし1型糖尿病が治せるようになっても治りたくない」，そして「しんどくない程度のインスリンは打って

います」という状態であった。血糖管理は非常に悪く糖尿病性合併症は確実に発生することが予想できた。その当時の彼女の外来診察の際には，彼女に変わってもらいたいという思いから，彼女を変化させる方法や治療，変化のきっかけとなる声かけやアドバイスがあるのではないかと大変悩んだものである。その当時の彼女との会話を次に示す。

1）A さんとの会話（MI 学習前）

私「血糖コントロールが悪い状態が続いていますね。もう何年も A1c が 10％を超えているので合併症が心配なんですけど，どう思いますか？」

A「わかっていますよ。……」

私「打っているインスリン量が少ないのです。もう少しでいいので増量してみませんか？」

A「それは嫌です。これ以上増やしたら体重も増えてしまいます。浮腫んでしまうので，それは許せないのです」

私「体重より命の方が大事でしょ。体重も少しも多くないです。自分でそう感じているだけです。認知が間違ってしまっているのです」

A「浮腫んでしまうし，肥えてしまうなら死んだ方がましです」

私「死んでしまう前に，眼がやられ，腎臓もつぶれ，つらいことがいっぱい起こってしまいますよ。体重より大事なことがあるでしょ」

A「とにかく肥えることが許せないのです。一番大事なことは肥えないことなのです」

私「命より大事なものは無いのでは？　家族も心配しておられますよ」

A「命よりも肥えずにいることが一番大事です」

私「……（それ以上話せなくなった）」

この当時，外来にやってくる彼女は，とても厳しい表情をしていた。「変われない彼女」が前面に出ている状態であった。MI を学ぶ前の「変われない彼女」と対決していたことがわかる。MI を学び始めて半年ほど経った頃，患者との外来の会話が少しずつ変わってきたことを自覚していた。そんな時，彼女から「インスリン量を考えてみたいので入院したい」という申し出があった。彼女との会話が少し対決状態ではなくなっていたのだと思われる。内科病棟に入院することになり，入院当日に事件が起こった。

　昼の外来中に病棟看護師から連絡が入り，「今日入院になった○○さんが，入院やめて帰るとおっしゃっているのですがどうしましょう？」ということであった。事情を本人から聞かせてもらおうと思い外来へ降りてきてもらった。その時の会話を次に示す。

2）MI 学習後，A さん・看護師との入院日トラブル時の会話

私「どうしたのですか？」

看護師さん「今から退院すると言って聞かないのです」

私（A さんに）「何があったのです？」

A さん「私がコンビニで買い物してしまって，……規則破ったから退院します！」

看護師さん「昼の血糖測定の時間にベッドにおられなかったので，探し回ったらコンビニで食べ物をたくさん買っているところを発見したんです」

A さん「はい，規則破ったので退院します！」

私「昼ご飯の時間に，コンビニで買い物しているところを見つかってしまったっていうこと」

A さん「退院します」

私「規則破っちゃったので，退院しないといけないって思うと」

A さん「ハイ，退院します」

私「退院しないといけないと思う。……心の中はどうしたい気持ちですか？」

A さん「……入院で体調戻そうと思ったのに……，文房具買いにコンビニに行ったら，つい食べ物買っちゃって……」

私「つい食べ物をかごに入れてしまった。入院で頑張ろうと思ってたのに……しまったって感じ……」

A さん「そう……でも看護師さんが規則破ったから退院だと……」

私「規則やぶっちゃって申し訳ない，入院頑張りたいという気持ちもあると」

A さん「はい……そう思って入院したので」

私（看護師さんへ）「コンビニで買い物したことは規則違反した，今回すぐに退院が必要ですか？」

看護師さん「いえ，探し回ってコンビニで見つけたので，驚いて『何しているのです？』って言っただけで，退院してくださいとは言っていないです」

私（看護師さんに）「見つけて驚いただけ。退院とは言っていない」

看護師さん「はい，退院なんて言っていません」

私（看護師さんに）「本人は入院継続して頑張るという気持ちがあるようですが，どうでしょう？」

看護師さん「もちろん応援します」

私「Aさん　いかがですか？　入院は継続してインスリン量調整してみるということでよろしいですか？」

Aさん「ハイ……」

　Aさんの思いを引き出すことに成功し，Aさんの苛立ちは落ちつき看護師さんも納得してくれた。

　幸い，この会話は10分もかからずに終わらせることができた。聞き返しをしただけだった。この時初めて，自分のMIの効果を実感した。彼女は，この頃から少しずつ血糖管理が改善していくようになった。

　残念ながら，彼女の合併症は血糖管理の改善には間に合わず，30歳になるまでに腎症が進んでしまい，透析が必要となってしまった。

　もう少し筆者がMIを早くから身につけていれば，彼女の予後も変わったのかもしれないという思いがある。

2. 症例2

　6歳1型糖尿病発症の女性の例である。25歳までは他院に通院していた。当院に来院するまでに，10代後半に網膜症を合併し眼科で両眼とも手術を受けていた。腎症も3A期という段階で，まだ血糖管理に積極的に向かい合えていなかった。筆者が主治医となった時点では，人前で血糖測定やインスリン注射をすることに抵抗があり，また低血糖になってもそのことを人に伝えて糖質を摂取するなどの対処方法がとれないという理由から血糖値を高値に維持してしまっていた。筆者はインスリンポンプ療法を紹介し，なんとか血糖管理が良好になるようにと説得をしていたが上手くいかなかった。しばらくして，MIを学び始めたことで，彼女の1型糖尿病であることを他人に知られることが嫌である気持ちに共感できるようになってくると，少しずつインスリンポンプ療法にも興味を持つようになり，自らそれを試したいと言うようになった。その後，ゆっくりと自身で血糖管理をすることに自信を持つようになり，見違えるように良くなっていった。数年後には，改善しないと言われていた腎症も改善していった。今では糖尿病合併症の進行は止まり元気に過ごしている。

3. 症例3

　2歳発症の1型糖尿病の男性，主治医になったのはもう彼が30歳を過ぎてからである。思春期から血糖管理が不十分な状態が続いていた。糖尿病網膜症が進展し，眼科で両眼ともレーザー治療を受けていた。担当した当初は，年少時から行っていた旧式のインスリン療法を変更することに抵抗があった。長年慣れている方法が安心であること，インスリン量の計算の考え方を変更することは面倒である，などの理由が治療変更への抵抗理由であった。彼が変わるには2〜3年要した。MIを学んでから，彼の介護施設での仕事，家庭での様子，本人の独自の食事へのこだわりや，趣味であるマラソンへの思い，インスリン量の工夫の話に共感しながら，少しずつ情報提供をしていくと，最新のインスリン療法を受け入れるようになり，血糖管理状況も急速に改善した。残念ながら少し腎症は合併しているが，進展しないように維持はできている。

　以上今回は3名の代表的な患者を紹介したが，筆者の外来では，300人ほどの患者がそれぞれの人生を1型糖尿病とともに生活している。

　1型糖尿病は，常に日常生活に合わせて自らインスリン量を調整しなければならない。家庭環境，家族関係，学校や職場といった社会環境からの影響が大きい。なかでも小児思春期の患者では，家庭環境，家族関係が与える影響は特に大きい。

　表1に筆者が考える1型糖尿病のコントロール不良の原因と問題行動，そして「維持トーク」を示す。これら以外に食行動異常を含む精神疾患が混入する。そのような患者はできるだけ早期にスクリーニングをかけ随時精神科にコンサルテーションしなければならないが，糖尿病治療の継続は必要であるため併診で診療を続けていくことになる。これ以外に，知的障害や発達障害，パーソナリティ障害患者なども一定の割合でおられる。しかしその多くの場合，基本的にはMIを用いてのコミュニケーションは有用である。MIに加えて，行動療法的アプローチ，行動分析やアクセプタンス＆コミットメント・セラピーといった手法や考えを織り交ぜていくことが有用な場合があるが，ここでは割愛する。

V　MIの腕を上げるために

　MIが上達する方法は，本書で十分述べられているが，スーパーバイズが最も重要である。そして筆者は，ミラー先生がおっしゃったように，MIは楽器の練習やスポーツに似ていると思う。継続的に練習を繰り返していくことで，少しず

表1　1型糖尿病患者のコントロール不良原因に伴う問題行動と
維持トークのパターン（筆者作成）

病気を受け入れない：病気であることを隠す。病気が無いように振る舞う。インスリンを打たない。
「邪魔くさい」「考えたくない」「わからない」「知らない」「どうでもいい」
低血糖への過度の恐れ：インスリンを減らす。高血糖で維持する。
「低血糖が怖い」「人に迷惑をかけたくない」「低血糖は対応できない」
糖尿病合併症への過度の恐れ：インスリンの過量投与で低血糖頻発。
「高血糖が許せない」「合併症になりたくない」
社会生活との葛藤：血糖測定やインスリンは後回し，低血糖にならないように高血糖で維持。
「忙しくて」「迷惑かけられない」「血糖値どころではない」
食行動異常：インスリンを打たない。体重を減らすことを最優先にする。
「もっとやせたい」「浮腫みたくない」「インスリンを打つと浮腫む」

つレベルアップしたり，新たな気づきがあったりする。

　実際のクライアントとの面談内容を録音して書き起こしを作成し，上級トレーナーに見てもらったり，コーディングしたりすることは（Moyers et al, 2016），会話の中では気づかなかったクライアントと自らの発言を知ることができ，自身の面談における強みと弱みを知ることができるので非常に有益である。筆者は，Googleの音声認識機能を使って，録音を書き起こして用いているが，大変時間短縮になる。また，最近はコロナ禍の副産物として，Zoomを使ったMI学習会を定期的に主催しているが，その際もリアルタイムに音声認識で活字化すると効率よい学習ができる。簡単な聞き返しのエクササイズや面談エクササイズを即時に活字で振り返ることは大変有用である。

Ⅵ　間違い指摘反射を出さないことの重要性

　MIでは，カウンセラーは間違い指摘反射を出さないことを初期の段階で学ぶ。その後にOARSなどのスキルを学び，特に「複雑な聞き返し」を上手く使いこなし，クライアントに共感し，クライアントの感情や価値を深く掘り下げるようになることが重要であり，そこまでできるようになるには十分なトレーニングが必要である。

　しかし，間違い指摘反射を抑制することの重要性を強調したい。糖尿病診療で

の患者との面談は，その目的やお互いの立場は明確である。コミュニケーションの多くは血糖管理が中心になる。医療者は患者のできていないことを指摘したり，改善策を提案したりすることが役割である。先述のような問題を抱えた患者も，しなければいけないこと，どうすれば良いのかも知っている。その心の奥にある「変わらなければならない」思いは，われわれが「間違い指摘反射」を徹底的に出さないことで出てくる。間違い指摘反射は，言葉だけではなく，声のトーンや表情，態度などに表れてしまう。患者それぞれの感情，できない理由や状況，生活の状況や環境，人生の目的，楽しみや興味，価値に，徹底的に興味を持って共感していると，「チェンジトーク」は少しずつ出てくる。チェンジトークが出てきても飛びつかないようにする。飛びつくことは正したい反射である。クライアントが気づかない程度に短く弱めて聞き返す。慌てずに少しずつ患者の内面で変化の重要度が高まってくるのを待つことが大事である。幸い糖尿病診療では，年単位の時間をクライアントと共有できる。

おわりに

　筆者は，MI を学ぶことで診療がとても楽になった。難しいと感じていた患者も自ら変わっていってくれることが増えた。MI を用いると，説得ではないので時間の短縮になる。力ずくではないのでお互いに疲れない。MI は上手くいくと，クライアントは自分から変わっていくのであり，それはカウンセラーの力ではなく，クライアント自身が持っている力である。筆者は，以前は血糖管理ができなかったが，自ら変化し上手くいっている患者に「どうして変わったの？」「何時から変わったの？」と聞くことがある。彼らはみんな，その理由も何時から変わったのかも説明できない。しかし，変わっていくのだ。

　ミラー先生とロールニック先生による動機づけ面接第 3 版が原井先生の翻訳で日本版が出版されている（Miller & Rollnick, 2013）。そして，第 4 版の原本が出版された。

文　献

Bilgin A, Muz G & Yuce GE（2022）The effect of motivational interviewing on metabolic control and psychosocial variables in individuals diagnosed with diabetes : Systematic review and meta-analysis. Patient Education and Counseling 105（9）; 2806-2823.

Channon SJ, Huws-Thomas MV, Rollnick S et al（2007）A multicenter randomized controlled trial of motivational interviewing in teenagers with diabetes. Diabetes Care 30（6）；1390-1395.

Davies MJ, D'Alessio DA, Fradkin J et al（2018）Management of hyperglycaemia in type 2 diabetes, 2018. A consensus report by the American Diabetes Association（ADA）and the European Association for the Study of Diabetes（EASD）. Diabetologia 61（12）；2461-2498.

de Wit M, Gajewska KA, Goethals ER et al（2022）ISPAD clinical practice consensus guidelines 2022：Psychological care of children, adolescents and young adults with diabetes. Pediatr Diabetes 23（8）；1373-1389.

川村智行（2022）糖尿病領域におけるデジタル診療の最先端―情報通信技術は新たなる大海原の羅針盤たりうるか―2 血糖管理のデジタル化. 糖尿病プラクティス 39（5）；508-512.

Lundahl B, Moleni T, Burke BL et al（2013）Motivational interviewing in medical care settings：A systematic eview and metaanalysis of randomized controlled trials. Patient Education and Counseling 93（2）；153-168.

Miller WR & Rollnick S（2002）Motivational Interviewing：Preparing people for change（2nd ed）. The Guilford Press.（松島義博・後藤恵訳（2007）動機づけ面接法―基礎・実践編. 星和書店）

Miller WR & Rollnick S（2013）Motivational Interviewing：Helping people change.（3rd edition）. Guilford Press.（原井宏明監訳（2019）動機づけ面接〈第 3 版〉上下巻. 星和書店）

Moyers TB, Rowell LN, Manuel JK et al（2016）The Motivational Interviewing Treatment Integrity Code（MITI 4）：Rationale, Preliminary Reliability and Validity. J Subst Abuse Treat, 65；36-42.

日本小児内分泌学会糖尿病委員会（2008）国際小児思春期糖尿病学会 臨床診療コンセンサスガイドライン 2006 ～ 2008 日本語訳の掲載について. 日本小児科学会雑誌 112（1）；112-128.

11. 臨床は受付に始まり，受付で終わる

松浦文香

はじめに

　ある日，私が婦人科健診を受けに行った時のことである。病院の待合室にいた70代夫婦と外来の受付が次のようなやりとりをしていた。

　　夫「おい，いつまで待たせるんだ！」
　　受付「もうすぐ呼ばれますので，そのままお待ちください」
　　夫「混んでいるんだったらそれを早く言えよ！　バカたれが！」
　　受付「みなさん待ってらっしゃいますから……」
　　夫「お前，名前はなんて言うんだ！」
　　受付「○○です……」

　その後，受付の女性はカウンターを離れ，そのまま戻らなかった。私も受付として働いているため，他人事ではない。「この人は辞めてしまうのだろうか。次も受付として働きたいと思うだろうか」と気を揉む一方，「この対応の仕方では怒られてもしょうがない」という失望もある。私も似たような経験をしているが，こちらの対応次第で丸く収まることを知っている。その自信の源は動機づけ面接（Motivational Interviewing, 以下 MI）にある。

　私なら，冒頭のような場面で次のように対応する。

　　夫「おい，いつまで待たせるんだ！」

受付「他にも予定があるのに，ご家族のためにこちらへ来られているのですね」

夫「当たり前だろ！　俺も忙しいし，家内は体がしんどいんだから。早くしろよ」

受付「自分のことよりも，ご家族の体調を心配されている。家族思いなのですね。よろしければ，私から提案があるのですが」

夫「……なんだよ」

受付「診察まで 20 分くらいかかる見込みです。もちろんここで待つこともできますし，その間，ご家族のために売店で飲み物などを買うこともできます。いかがなさいますか？」

どのように感じられただろうか。

私は強迫症患者の一人でもある。強迫症（Obsessive Compulsive Disorders, OCD）は手洗いや確認といった儀式を過剰に反復する疾患で，私は行動療法の恩恵を受ける立場にいた。そんな私が，思わぬ形で MI と行動療法を学び，普及することになった。なぜそうなったのかを振り返りながら，受付での MI 活用事例を紹介する。ここで取り上げる患者さんとのやりとりはすべて，個人や場所が特定できないよう改変した。

I　MI を使えるようになるまで

私が MI に繋がった発端は私の父である。2017 年，私は整形外科開業医である父の隣でカルテ入力補助をしていた。父がある日突然「文香ちゃんがかかっている（原井）先生はすごい先生だな」と言い出した。どうやら関節リウマチの治療者を対象にした WEB セミナーで原井宏明先生の MI についての講演を聞いたらしい。原井先生は強迫症に対する行動療法の専門家でもある。強迫症には関心がなかったのかと突っ込みたくなるが，父は素直に MI に感銘を受けていた。父は整形外科領域における慢性疼痛の治療に手詰まり感があり，MI がそれを解消する突破口になると考えたようだ。

翌年，開業準備をしていた原井先生が強迫症を理解できる受付を探していると聞き，私は原井クリニックで雇ってもらうことになった。

最初の難関は電話対応だった。原井クリニックは強迫症を専門としており，患

者さんの 8 割は強迫症／関連症群で困っている人たちだ。患者さんとその家族が確認の電話をかけてくる。一つの質問に答えたが最後，延々と質問が続き，質問の最後には名前を聞かれる。まるで尋問を受けているかのようだ。この確認は強迫症の一症状である。強迫症は遺伝負因があり，患者さんの家族も症状とは知らずに確認を繰り返す。「そこは本当に原井クリニックですか？」という質問に何度も答えるうちに，言葉の無力さを思い知った。

　私は就職と同時に MI を学び始めた。本と DVD で学ぼうとしたが，院長から「本だけ読んで上手くなった人はいない」と言われた。私は本を読むのを止め，院長の観察と模倣を始めた。

　開業時の受付は私を含む 3 人の事務員と事務長の交代制だった。計 4 人のうち 2 人はコールセンターの勤務経験があった。コールセンターでのノウハウを教えてもらううちに，MI と共通点が多いことに気づいた。例えばコールセンター式では「相手が不快に感じていることはこちらから先に言ってしまった方が良い」「○○できませんは角が立つため，○○できますと言い換える」と習ったが，これは MI の「聞き返し」である。復唱を多用し，要点をわかりやすく要約するのも MI の「サマライズ」と同様である。コールセンターにおいても，上手くいったケースから導き出されたセオリーがマニュアル化されているようだ。

　しばらくは事務長の方針でコールセンターのマニュアルを基に「ホテルのようなクリニック」を目指していたが，コールセンターとクリニックには決定的な違いがあった。コールセンターでは終業時間になると自動的に電話が繋がらなくなるため，電話を早く終わらせるという発想がなかった。コールセンターのように時間をかけて傾聴したせいでクリニックの残業代は膨らんだ。院長が音を上げてコールセンター式は廃止となった。

II　受付は MI 実践に最適

　受付の利点の一つは場数が多いことだ。クリニックの誰よりも多くの人と接している。会話をする時は相手の発言を聞き返すことを徹底した。患者さんとその家族，行政機関，薬局等からの問い合わせに対して，「それは，○○ということですね」を共感的にかつ簡潔に聞き返す。相手の要望を聞き返すと誤解を防げる。こちらが理解した内容を伝えると，齟齬があれば相手が直ちに訂正してくれる。こうした現場でのトレーニングを繰り返すうちに，私は MI がわかるようになった。

そして，他の医療機関の受付がどう対応しているかにも耳を傾けるようになった。

　以下は，私が健診のために受診した総合病院の外来受付で小耳に挟んだ電話でのやりとりだ。

> **受付**：（電話口の相手に向かって）ではおかかりの整形外科で紹介状をもらって，その紹介状を持ってペインクリニックに行っていただきたいのですが。
>
> **相手**：（私には聞こえない）
>
> **受付**：整形外科で診断を受けられた場合は，整形外科で治療を受けてみて，整形外科的な治療ができない場合はペインクリニックで治療を行います。まずは整形外科に行っていただくことになります。
>
> **相手**：
>
> **受付**：少々お待ちください。（受付を離れてペインクリニックの医師に確認）お待たせ致しました。ペインクリニックの医師に相談したのですが，やはり先に整形外科にかかった方がよいということでした。
>
> **相手**：
>
> **受付**：当院の整形外科に紹介状なしで受診できるか確認するのでお待ちいただいてもよろしいですか。（受付を離れて整形外科医に確認）お待たせ致しました。整形外科の医師に確認を取っているのでこちらから折り返しご連絡してもよろしいですか。今どちらにいらっしゃるのですか。
>
> **相手**：
>
> **受付**：もう病院に来てくださっているのですね。確認して折り返しますのでお待ちください。

　一人の患者さんの対応で約30分かかった。その間，もう一人の受付は二人分の仕事をしたが，それでも他の患者さんを待たせることになった。電話に集中していると話の全体が見えなくなることがある。こまめに聞き返す習慣を作っていたら，患者さんが早い段階でこの病院にすでに来ていることを教えてくれたかもしれない。

　聞き返しをすると電話を取っていない人にも用件が伝わる利点がある。休憩時間中，薬局から電話で問い合わせがあった際，「○○様の処方内容が間違っていたのですね」と聞き返せば横で昼食をとっていた院長の箸が止まる。

　一方，聞き返しには注意も必要である。次のやりとりは私が健診を受けた診療所の受付で聞いたものだ。

　　患者さん「紹介状を持ってくるはずが忘れてしまって……」
　　受付「紹介状を忘れた……」

　確かに聞き返しているが，受付の発言の語尾は下がっており，その場に居合わせただけの私まで怒られているように感じた。聞き返しをする時は何を聞き返すのかが重要である。患者さんのどの行動を強化したいのかを考えないと，会話が思わぬ方向へ転んでいく。

　私自身の失敗を紹介しよう。原井クリニックの休憩時間中にかかってきた電話に対して聞き返しをして隣にいる院長への連絡も同時に行った。「診察は受けたくないけれど処方箋は欲しいんですね」「地元の医療機関は口コミの評価が低く，かかりたいと思えるところが見つからなかった」聞き返しながら院長の意向をアイコンタクトで確認した後，「こちらでできることをご案内してもよろしいですか」と許可を取ってから「診察を受けていただければ処方することが可能です」と伝えた途端，患者さんがいきなり怒り出した。患者さんは私が要求に応えてくれるものだと思いこんでいたのだ。私は院長に伝えることに気をとられ，こちらで対応できない話題（維持トーク）ばかり聞き返していた。

Ⅲ　情報をやりとりするための MI

　受付の対応には必ずゴールがある。それは患者さんが診療情報提供書を持って来院することかもしれないし，ほかの医療機関を受診することかもしれない。どのような状態を目指したら良いのか，そのために自分は何ができるのかを考え，目的を持って行動する。

　例えば患者さんの家族からの電話に対して家族相談を受けてもらうことにフォーカスしたとしよう。たいていの人はそのサービスにいくらかかるのかを心配する。次の伝え方のうち，どちらが魅力的に聞こえるだろうか。

　　Ａ「家族相談では○○ができますが，2 万円かかります」
　　Ｂ「家族相談では 2 万円かかりますが，○○ができます」

　お気づきの通り，Ａ と Ｂ は情報を伝える順番を入れ替えただけである。同じ情報でも伝え方一つで相手の選択に影響を与える。Ｂ の方がこのサービスを受けてみたいと思うだろう。

　ただし，相手によっては家族相談以外の選択が適していると考えられる場合もある。何にフォーカスするのかを見極め，目的によって使い分けることが重要である。

　MI のサマライズは職場内の報告で特訓した。人から聞いたことをサマライズ（要約）するには記憶力を必要とする。習慣化しないと，いざという時に使うことはできない。

　サマライズには内容も肝心だ。働き始めて間もない頃，院長に「○○さんが普通じゃない洗い方をしているそうです」と報告したら，「普通って何？」と冷たい言葉が返ってきた。それ以降，報告する時に「具体性テストと死人テストに通る表現で，できる限り簡潔に報告しなければならない」という強迫観念が出てくるようになった。

　具体性テストと死人テストはそれが行動であるかを測る指標である。具体性テストはその表現が具体的な行動であるかを評価する。「洗う」だけでは，何を洗っているのかがわからないので，具体的な説明が必要だ。死人テストは「死人にできることは行動ではない」という行動定義に基づき，行動であるかを評価する。死人は普通じゃないので，「普通じゃない」は行動ではないことになる。これらの基準を満たすと，「普通じゃない洗い方」を「排泄後の手洗いに 2 時間かかる」あるいは「一日に 100 回以上手を洗う」と言い換えることができる。

　簡潔に報告するのは，「ある事柄を説明するためには，必要以上に多くを仮定するべきでない」というオッカムの剃刀を学んだことと，情報量が多いと人の記憶に残らないという経験則による。

　その後，私は報告する内容を書き出し，「これは行動か」と問うことを毎日繰り返した。そのうちに，最初から報告を念頭に話を聞くようになった。例えば，患者さんの家族から「最近，息子がずっと手を洗ってるんです」と連絡を受けた時は「手洗いに 2 〜 3 時間くらい（ハッタリで相手の反応を伺う）かかっていて，1 カ月前と比べて長くなっているんですね」と具体的な情報を収集している。

　現在は患者さんの待合室での行動や会計時の様子を直接観察している。トイレの所要時間，チックが出る頻度など，実際に行動を計測するのが最も具体的であるためだ。受付にいる私は診察室の中では知り得ない情報を大量に持っており，患者さんの変化にいち早く気づける。

　ある日，クリニックに電話で日本動機づけ面接学会に入会するか迷っているという問い合わせがあった。ここは学会とは無関係だとシラを切ろうと思っていたが「でもあなたは聞き返しをしていますよ」とバレてしまった。MI トレーナーを名乗っている人でも日常会話やとっさの質問に MI で対応できる人は少ない。私の発言に MI が組み込まれていることに気づかされた。

IV　受付における行動分析学

　MI は万能かというと，そうではない。ある日，電話口の患者さんがマシンガンのように早口で延々と要求し続け，私が話そうとするとそれを遮り，また要求するということが 10 分以上続いた。隣の部屋から見ていた院長がその場でメモを書いて受話器を持つ私に見せた。汚い字で次のように書かれていた。「まきこまれない工夫。大丈夫ですを 5 秒ごとにいう（相手に合わせず自分のペースで）相手が話さなくなったら褒める」。私は目の前の時計を見ながら言われた通りにした。電話が切れた時，院長は私を褒めた。私は院長に今自分がしたことの説明を求め，非随伴性強化（Non Contingent Reinforcement, NCR）と低頻度行動分化強化（Differential Reinforcement of Low rates of behavior, DRL）を学んだ。

　それまで「何を言うか」ばかり気にして，「いつ言うのか」は考えたことがなかった。ましてや話が中断した時間を強化することが本当に可能なのかと不思議だった。

　ただこの患者さんに NCR をしたら院長に褒められたため，私は次も同じように対応した。その後，その患者さんの対応時間は他の患者さんと同等に短縮され，要求の頻度も減った。私を恐喝していた人が「松浦さん，頑張ってね」などと言うようになったのには驚いた。そして院長は私に NCR と DRL を学習させることに成功した。

　クリニックでは多種多様な人と接する。怒っている人，抗精神病薬の影響で話がまとまらない人，反応するまでの時間（反応潜時）が短い人とは，会話にならないこともある。

　そのような時は，MI よりも行動分析学の理論が役立つ。行動分析学では次の行動を予測，または制御する環境要因を探すことに重点を置く。「誰でも話せばわかりあえるはずだ」と考える人も，さすがに声が聞き取れない状態では MI 以外の方法で試行錯誤するだろう。

　身近な例を挙げてみよう。電話の相手が駅のホームで電話をかけているとする。

こちらは相手の声が聞こえるが，相手は周囲の騒音でこちらの声が聞こえていないようだ。働き始めたばかりの頃の私は，声を大きくして「今，私の声は聞こえますか！」と一生懸命会話しようとしていた。相手から「いえ，まだ声がよく聞き取れません！」と返ってくるとさらに大きな声を出さなければならなかった。

　この場合，どのような対応が望ましいだろうか。もし MI だったら相手に正確な共感をして，「もし自分が電話をかけていて携帯から相手の声が聞こえなかったら，別の場所に移動してかけ直すだろう」と考え，場所の移動を提案するだろう。一方，行動分析学的な対応は私が声を小さくするだけで済む。

　このように，自分の反応の仕方を変えて患者さんをこちらの思惑通りに誘導するのも受付の腕の見せ所である。

　知らず知らずのうちに相手に余計な影響を与えてしまう反応の一つが相槌である。相槌を打つ頻度を調節するだけで，相手の話すスピードは大きく変化する。反応潜時が短く，相手が早口でまくし立てるような話し方であれば，こちらは相槌を減らしてゆっくり話すようにする。逆に反応が遅かったり，言葉に詰まってしまうようなら，こちらはテンポよく高頻度に相槌を打つ。

　要求も同じように操作が可能だ。「今すぐ医師に電話を取り次いでくれ」と言う患者さんの要求に即時に答えると次も同じように要求される。患者さんの要求を減らしたい時は，要求に対する回答をできる限り遅らせる。医師が診療情報提供書の記載に時間をかけるのと同じ原理である。

　パニック発作の場合，30 分から 1 時間待たせるだけで患者さんから「次の診察まで様子をみます」と言うようになる。強迫症の患者さんがメールで確認儀式をする場合，返信するまで数日あけるようにしている。その際はメールの送信日時を設定する機能を活用している。言うまでもないが，待ってもいいと思ってもらうためには MI を駆使している。

　逆に要求を増やしたい時は要求された直後に応えるようにする。社交不安症や選択性緘黙の患者さん，いつも家族に代弁させて自分は黙っている患者さんに対しては，本人からの要求が増えるようにしたい。

　注意点は，スタッフ全員が足並みを揃える必要があることだ。患者さんはどのスタッフが要求に応じるかを弁別する。すぐ要求に応じてしまう従属的なスタッフは，要求の集中砲火を受けることになる。誰に要求するかという選択は相手が自分の要求に応じる頻度とタイミングによって決まる。患者さんによっては，受付の女性よりも強面の院長の方が頼みやすいなんてこともあり得るのだ。

V　受付がMIを学ぶメリット

　私はMIを使うようになってできることの幅が広がった。受付として患者さんに対応する時間が減った分，集団集中治療を手伝うようになり，患者さんの自助グループも立ち上げた。受付の仕事をしながら本の執筆や，発表の準備もできる。

　治療に携わるようになってから患者さんとの距離がさらに縮まった。患者さんが受付の私に向かって自分ができたことを報告してくれる。初診時は忘れ物がないか待合室を何度も確認していた患者さんが治療を受けるうちに「自助グループの話を参考に儀式妨害を続けています」と言いながら後ろを振り向かずに帰るようになった。母親の後ろにいて目も合わせなかった身体醜形症の患者さんは受付で笑いながら恋愛の話をするようになった。こういった患者さんの変化を嬉しく思うのと同時に自分がやっていることの意義や責任を感じる。

　原井クリニックは受付へのクレームが他の医療機関と比べて極めて少ない。逆に患者さんとその家族に感謝される頻度が高いと感じる。お礼の手紙の宛先に，医師や心理士と同じように受付の名前が並列されているのは珍しいことだろう。初めは，受付業務を終えてから勉強会や研修に参加する自分の境遇を嘆いていた。今となっては患者さんの変化を間近で観察できる受付から離れたくないと思うようになった。

　私の体験を踏まえてMIを取り入れるメリットをまとめると次のようになる。

受付がMIを取り入れるメリット
- クレーマー，モンスターペイシェントの炎上防止
- 患者対応時間の短縮
- 職場での報告・連絡・相談の効率化
- 苦手な世間話やおしゃべりの克服
- 患者さんの成長や変化を一緒に喜べるようになる

雇用主がMIを取り入れるメリット
- 人件費，残業代の削減
- 医療機関への低評価，ネガティブな口コミの予防
- 自動会計システム等のIT化と比べて導入コストが安価

・従業員のメンタルヘルス管理，離職予防

　一方，デメリットはいくら上手く対応したとしても，売上や給料に直結しないということだ。仕事を効率化すると時間ができた分だけ仕事は増え，残業代は減る。これを上司からどれだけ評価してもらえるかはわからない。他のスタッフの協力なしにクレーム対応ばかりしていたら惨めに思うだろうし，他のスタッフがいい加減な対応で同じ給料をもらっていたら腹が立つだろう。

　受付が他の有資格者と同じように学んだり，事例検討会に参加することに反発する人もいる。受付にいると社会階層を意識せざるを得ない。医療事務は大量の個人情報を使って診療報酬請求をしているにもかかわらず，個人情報を取り扱う資格があるのか，と疑われるのだ。

　さらに有資格者だけでなく，他の医療機関や薬局，行政の事務員からも八つ当たりされる。おそらく組織の底辺に位置付けられる事務員は上層部からの無理難題を言いつけられ，その不満がより立場の弱い人へ向かうのだろう。賢い人がこの業界に見切りをつけるのも無理はない。この状況下でやりがいを維持できる人は，他に就職口がないか，おしゃべり好きなだけである。

　受付は患者さんのクリニックに入る時と出る時を知っている。クリニックへのファーストコンタクトは常に受付で，その対応で受診するかどうかが決まる。医師や心理士が接するのは受付のふるいにかけられた人々で，受付はクリニックの防波堤として体を張っている。

　クリニックを出る時の満足度は次の受診に影響する。診察やカウンセリングの後も険しい顔をしている場合，そのままにしておくと次は来ない可能性が高い。別れる時にクリニックの印象を決定づけるのも受付である。

　重要なポジションであるのに受付の対応に関する研究は少ない。受付を評価するのは簡単だが，その理由を単一の尺度で説明するのは難しい。

　MI は受付のような権威や肩書きを持たない職種でも効果を実感できる技法である。MI の裾野は広がっており，近いうちに窓口業務や電話応対にも取り入れられるだろう。

Ⅵ　今後に向けて

対人援助職の研修では「患者さんに寄り添い，相手を理解しましょう」が決ま

り文句である。私にとって，これは適当な言葉で誤魔化しているだけのように感じる。強迫症の当事者である私ですら自分のことが理解できているとは言えないし，そもそも何をもって理解したことになるのかがわからない。

　それに対して，MI や行動療法は具体的な方法を示してくれる。私は院長に言われたことを強迫的に繰り返したが，それは MI トレーナーに憧れていたからではなく，早く家に帰りたかっただけである。経験を重ねるうちに，やりがいや新たな目標を見出せるようになった。

　今の私にとっては人材育成も課題である。原井クリニックのスタッフに対してはもちろん，医療事務，行政の窓口業務，コールセンター，クレーム対応部門などに向けて解決策があることを示していきたい。そのために患者さんの保険証を確認しながら，この原稿を書き，ほかにどんな研究ができるかしらと計画している。

12. 忙しいヘルスケア従事者のために動機づけ面接が貢献できること

瀬在　泉

はじめに

　Motivational Interviewing——動機づけ面接（以下，MI）は，心理学者 Miller の経験が発端である。心理カウンセラーとクライアントがあらかじめ予約時間を設定し，面接室でじっくり話をするイメージを持たれている方もおられるかと思う。しかし正直なところ，多くの医師や看護職をはじめとするヘルスケア従事者にとってこのようなシチュエーションになかなかお目にかかれないのが現実である。実際 Rollnick が 2008 年に出した MI をヘルスケア分野で応用する「Motivational Interviewing in Health Care」（「動機づけ面接法実践入門—あらゆる医療現場で応用するために」（Rollnick et al, 2008）の序章には，こんなくだりがある。「カウンセラーになるためだけの時間，必要性，および意志を持つ臨床家はほとんどいない」全く同感だと思った。

　本稿では，「忙しいヘルスケア従事者のために動機づけ面接が貢献できること」と題し，前半に筆者の MI との関わりや活動について述べ，特に MI を身に付けることによって患者ケアの向上だけでなく医療提供者側のウエルビーイングに好影響を与える可能性を幾つかの論文から紹介し，最後にヘルスケア従事者への提案をまとめた。

I　MI との出会い

　筆者は今から約 30 年前，大学病院の救急病棟看護師として看護職を歩みはじ

めた。毎日交通事故や自殺未遂，クモ膜下出血から小児の全身熱傷までさまざまな患者に出会った。当然重症度も高く医療的処置も多い。日々過緊張と興奮状態の非日常が日常であり，患者と向き合う自分の気持ちを整理する余裕もない中，学生時代患者の話は傾聴すべきと習ってはいても，ベッドサイドに行った瞬間から足先は廊下に向いている……。そんな毎日と徒労感の中「どうして人は自ら不健康な習慣を選択し，危険な行動を侵すのだろう……」と半ば看護に対するあきらめの気持ちで進学した保健師学校で，当時筑波大学の教員であった宗像恒次先生の授業と著書『行動科学からみた健康と病気』(1987) に出会った。医師や看護師が自分と同じように無力感を抱えバーンアウトしてしまう現状，だからこそ医療従事者はもっと医療や保健に関する人の行動科学を学ばなければならないことを初めて知った。そしてそこに書かれていた「人が健康行動を実行するか否か迷っているとき，そこには保健行動動機とその行動負担をめぐって必ず矛盾し合う感情がある」という保健行動シーソーモデル，これは今振り返ってみると MI を理解する上でのキーワードである「両価性」そのものであり，この時人の行動のからくりに対応するカウンセリングの姿勢（観察，傾聴，確認，共感）に初めて触れ，目から鱗の感覚と同時に気持ちがとても救われたことを覚えている。

　しかし理想と現実のギャップは依然続き，次に勤めた総合病院の内科病棟では，糖尿病を患いセルフケアが必要な患者に徹夜明けの朦朧としている頭で血糖値測定を指導しつつ，隣の患者の腹膜還流交換をするような多忙な日常の中，慢性疾患の方へ退院指導といっても一律のマニュアルを渡して終わり，これでいいのかというモヤモヤが募る日々だった。

　その後，職域の健康管理を経て私立学園で学生や教職員の健康管理，学生相談業務を 16 年間勤めた。体や心の悩みを聞く仕事は思いもよらず面白かったが，同時に医療も薬も使えない環境では何も解決できない自分の非力さを突き付けられた。特に酒やタバコ，過食・拒食傾向など依存の問題を抱える方への対応は全く歯が立たず，大学で心理学全般を，さらには大学院では宗像恒次先生の元で学び直した。自分の研究テーマは，禁煙支援，特に行動変容ステージの中の無関心期（とされる）への働きかけだったが，自分のやりたいことを協力者に押し付けるような研究はなかなか上手く進まない。その時出会ったのが禁煙心理学研究会（世話人：吉井千春先生，加濃正人先生）だった。そこではこれまでの保健指導にありがちだったおどしの指導ではなく，心理学も活用した効果的な禁煙の方法を医師や看護職が熱心に勉強しており，その中で MI が紹介されていた。健康管

理や相談業務全般に行き詰まりを感じていた筆者にとって MI は知れば知るほど魅力的にうつった。

　最初に手に取った MI の書籍は『動機づけ面接法（基礎・実践編）』（2007）と『方法としての動機づけ面接』（2012）であった。特に『方法としての〜』は行動分析の視点から MI を解説しているところが新鮮で，原井宏明先生の魔訶不思議な逐語に覚えたての OARS を書き込み何度も読み直したりワークショップ（以下，WS）にも参加，そこで手に入れた DVD（「動機づけ面接トレーニングビデオ 日本版　導入編・応用編」）を何度も見返した。本を読むこともももちろん勉強にはなるが，実際の面接を見ることは MI を理解することにとても役立った。

　2013 年 1 月，磯村毅先生と加濃正人先生の WS，2013 年 3 月には日本にいながら Miller の WS に参加することができた。Miller の話を直接聞ける嬉しさはもちろん，会場にはあらゆる領域から MI を学びたい人であふれ大変な熱気だったことが印象に残っている。そして 2013 年 10 月，ポーランドで開催された TNT（Training New Trainers）に参加した。英語での研修にはかなり苦労したが，TNT の運営自体がお互いの考えや価値観を尊重しながら協同作業する MI スピリッツを体現しており，MI とは何であるか言葉を超えて体感した。

II　面接の変化──相談の主体が自分から相手に変わる

　MI を学び始めて少し経った頃，校内の禁煙相談案内が目に入り暇つぶしに保健室に来た女子学生との会話は今でも鮮明に覚えている。彼女のおしゃべりに付き合いながら，正したい反射を抑え，分からないことは確認し，チェンジトークを拾い聞き返しで返すことに徹した。そのうち彼女は筆者が全く想像していなかった彼女なりの禁煙の重要性を語り，将来の夢のために禁煙したいと言いはじめた。内心この展開に驚き，彼女が保健室を後にするとすぐに会話をメモした。また，就活中の男子学生がふらりと血圧を測っていく。「こんにちは。毎日暑い中大変だね。血圧気になるんだね」と声をかけ，労い，1 つか 2 つのチェンジトークを聞き返した。5 分程度の会話であったが，彼は「卒業するまでにタバコ止めます」と宣言して保健室を出て行った。

　そのような体験を積み重ねるうちに，目の前の相手が保健行動に対して無関心期だと決めつけていたのは自分であり，無関心期のように見えている人の内面にもたくさんの動機の種があること，そして短い会話でもこちらの問いかけや返す

言葉で会話の方向性は大きく異なるということを実感した。MI を学ぶ前は，保健医療職たるもの，こちらが正しい情報を提供し答えを出さなければいけないと構え，しかし今ひとつ手応えのない不全感があったが，徐々に相談者に気負いなく向き合うことができ，相談者の安堵する表情を見るたびに大きなやりがいを感じるようになった。そして，自分が「相談にのっている」のではなく，主体は相談者で自分は「黒子として在る」という感覚を掴めてきたことも大きい変化であった（MI-4 では，MI は "a way of being"（共に在るための方法）と表現されている）。

Ⅲ　何気ない会話を振り返り次に活かす

　前述した通り私たちは忙しい日常の中で 1 人の患者と 30 分，1 時間と時間をかけて面接する機会はそう多くない。しかし同時に，病棟での回診や検査，投薬時，処置や看護ケアの場面はもちろんのこと，たまたますれ違った廊下での立ち話や窓口での対応など，実に多くの会話を患者や家族と交わしている。ヘルスケアの場面において MI はそういう時こそ出番である。

　そして，MI-4 Chapter 17「Learning from Conversations about Change」（p.285）の最初に出てくるのは自分の面接を振り返ることであるが筆者もこれを実感する。まずは 3 分，いや，2 〜 3 往復の会話でよいのでちょっとした会話を書き出してみることをお勧めする。

　例えば，患者との次の会話についてどのように感じるだろうか。

　　看護師 1：私からはお酒を止めてみることをおすすめしますが，どう思われ
　　　　ますか？
　　患者 1：うーん，看護師さんにそう言われると迷いますけど……，今はやっ
　　　　ぱりできそうにないです。
　　看護師 2：そうなんですね，ではまたいつかの機会ですかね……。
　　患者 2：はい。また。

　このやり取りを記憶だけで振り返ってみると「この患者さんはお酒を減らすことは無理そうだな……」という印象しか残らないかもしれない。しかし逐語に起こして MI の視点で見返すと，看護師 1 の開かれた質問によって，患者 1 でお酒について迷っている「両価性」が引き出されていることが分かる。しかし，せっ

かく引き出された「両価性」も看護師2の対応でそれが活かせず会話が終わっている。では同じ会話の始まりでも次の対応はどうだろう。

> **看護師1**：私からはお酒を止めてみることをおすすめしますが，どう思われますか？
>
> **患者1**：うーん，看護師さんにそう言われると迷いますけど……，今はやっぱりできそうにないです。
>
> **看護師2**：（患者さんは）お酒はどうしようかと迷う気持ちも少し……。それはどういう気持ちから……？（聞き返し・開かれた質問）
>
> **患者2**：そうですねぇ，看護師さんやお医者さんから言われるってことはちょっとは気にした方がいいんじゃないかとね，ここに来ると，やっぱりね……。でも家に帰るとなかなかね……。
>
> **看護師3**：家に帰るとね……。で，ご自身でも何となくこのままだと少しまずいかもと……。しいて言えば先々までお酒をこのまま変わらず飲み続けると，どんなことに影響しそうかなって思われますか？（聞き返し・開かれた質問）
>
> **患者3**：うーん……。今は大丈夫だけど，肝臓の数値とか悪くなってくるとかね……。
>
> ……

　こちらは看護師側がほんの少しだけMIを意識して対応した会話である。わずか3往復の会話であるが，患者3でチェンジトークの芽が引き出されることが分かる。このようにヘルスケア従事者が日常遭遇するわずかなやり取りでも（だからこそ），ちょっとした対応次第で行動の変化に繋がる会話になり得るチャンスがいくらでも転がっている。そのためにも日ごろの会話を振り返ることは大切である（瀬在，2022）。

Ⅳ　コミュニティーの活用

　MIの学習を継続するためには，1人でも可能だが，やはり共に学ぶ仲間の存在が心強い。筆者も10年近く続いている勉強会の世話人をしているが，ヘルスケア領域だけでなく心理・司法・教育・福祉分野からのメンバーが集い，面接練

表 1　「付録　MI 勉強会をつくる」（Rosengren, 2018, pp.294-297）

MI 学習グループの構造化（目次抜粋）
＊勉強会を定期的に行う
＊話題を用意しよう，しかし柔軟に
＊実践は重要だ
＊ MI 臨床の専門家の録音を聞く
＊録音をコード化（コーディング）する
＊自分の録音を聞く
＊困難事例を検討する
＊ステップアップのトレーニングを企画する
＊（次につなげるための）その日の勉強会の終わり方

習や短いワーク，面接逐語の振り返りなどお互いで学び合えることは多い。MI
は領域を超えた対人援助職の基本的スキルではあるが，そこに領域ごとの文脈が
加わりさまざまな臨床で活用されているところも興味深い。

　コミュニティーの運営については，Rosengren の『動機づけ面接を身につける
——一人でもできるエクササイズ集』（2018）付録にある MINT トレーナーのアイ
デアを参考にされたい（表 1）。そして最後にこう記してある。「どの 4 歳児から
でも（大人が）教わるはずだ。私たちは楽しんでいるときのほうがもっと多くを
学ぶ。だから，絶対に楽しい集まりになるように工夫しよう！」。筆者もワーク
ショップを構成する時には，参加者がお互いささやかな「希望」や「幸せ」につ
いて話題にできるような仕掛け，ゲーム形式でのワークやお菓子やカードなどの
小物を活用するなど，「正しさ」よりもまずは「楽しい」雰囲気作りを心掛ける
ようにしている。

V　ヘルスケア領域における
MI 研究の概観と筆者の取り組み

　ヘルスケア領域における MI の研究レビューを概観すると，その応用範囲はか
なり幅広い。酒や薬物，ギャンブル依存など物質使用障害へのアプローチはもと
より，生活習慣病全般，服薬アドヒアランスの向上，子どもの受動喫煙対策，職
業リハビリテーション，事故予防・安全教育全般，ワクチン接種率の向上，がん
疼痛管理などさまざまな分野での活用が試されており一定の効果も認められてい
る（効果量は small から medium とされている）。一方で，その結果には MI の

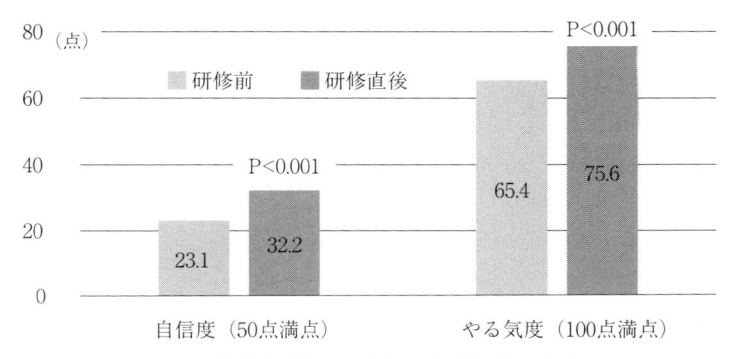

図1 研修前後の自信度・やる気度の変化
（瀬在・他, 2020 に加筆）

提供者や施設, 研究方法によってその転機にばらつきがあることも忘れてはならない。MI が有効とされるのは, 広げすぎない標的行動の設定と実施者側の MI スキルの担保, さらには MI 単独で介入するよりも, 既存のプログラムに MI スタイルを加えるとその転帰はよりよい結果が得られる （MI-4, p.308）。

そして, ヘルスケア従事者が MI を活用することによって, 患者の治療結果を改善するだけでなく, 医療従事者のウエルビーイングの向上に寄与することも注目に値する。例えば, Hershberger ら （2024） の研究では, MI トレーニングを受けた研修医は臨床活動に対してより多くの達成感を感じバーンアウトの傾向が低いとするものや, Endrejat ら （2021） の研究ではヘルスケア従事者に対して行った MI の3日間研修の結果, その後の日常業務に研修内容を応用できた場合に仕事への意欲低下を防ぎレジリエンス力が高まる効果が認められている。

MI を学ぶことがヘルスケア従事者の自信や行動にどのような効果があるのか, 筆者らが行った調査からも主に禁煙支援に特化した内容ではあるが一部紹介する。

看護職を対象に行ったタバコ対策の概要と行動変容ステージモデルの理解, そして MI の紹介と簡単な演習を組み入れた計6時間の「看護職のための禁煙支援セミナー」（国立がん研究センターと全国都道府県看護協会による共催研修） では, 研修会前に比べ研修会直後は禁煙支援の自己効力感が有意に向上した （図1）（n=303）。そして研修会3カ月後の評価では患者に対する短時間でできる禁煙支援行動の頻度が増えていた （瀬在・他, 2020）（Taniguchi et al, 2022）。

また, ある地域の医師や看護師, 福祉職を対象にした6時間の禁煙支援に活か

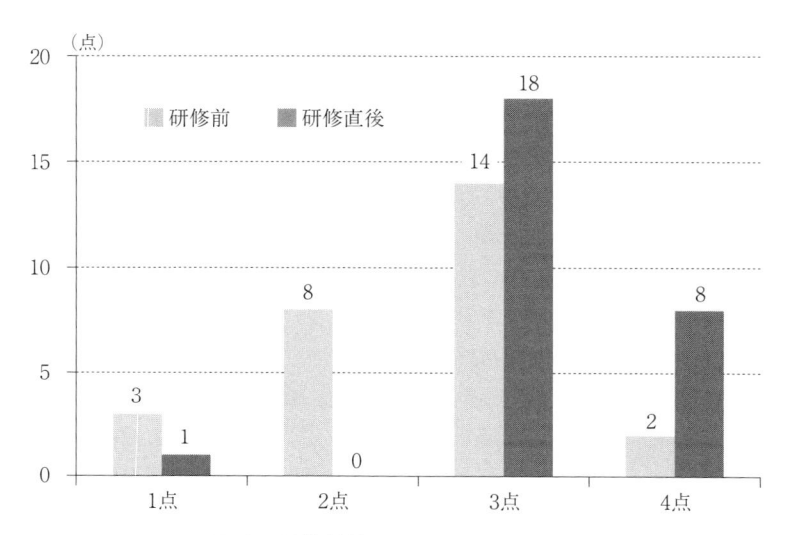

図 2　研修前後の HRQ 得点の比較
（瀬在・他，2017）

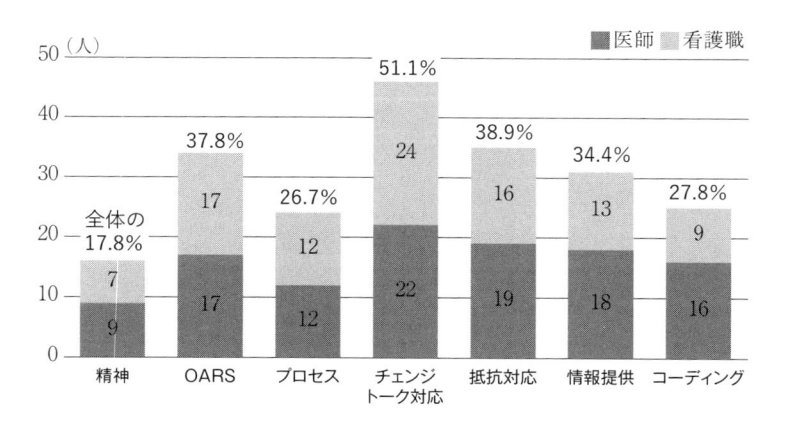

図 3　禁煙支援において MI の役に立っている内容
（3 項目選択）（医師・看護職別）（瀬在・他，2018）

す MI 研修会では，研修会前に比べ研修会後 MI の役立ち度が有意に上昇したと同時に，MI の中核スキルである「聞き返し」での応答能力を図る援助反応質問紙（Helpful Responses Questionnaire（HRQ））による評価（4 点満点）が，研修前平均 2.6 ± 0.8 点，研修後平均 3.3 ± 0.5 点と有意に上昇し，その内訳も図 2 のように変化した（n = 27）。これは短時間の研修でも臨床での面接が好ましい変化に向かう可能性を示している（瀬在・他，2017）。

　もちろん研修会に 1 度参加するだけでなく，学びの機会を継続的に作ることも大切である。禁煙外来に携わる医師や看護師で MI を学習した経験のある者（禁煙支援従事年数 9.3 ± 5.0 年，MI 学習年数 3.6 ± 2.3 年）は，チェンジトークや不協和発言への対応が役に立っていた（図 3）（n=90）。ただ，MI が日ごろの業務に役立っていると答えた者は，ワークショップのみに参加経験がある者のうち 4 割であったのに対しワークショップに加えて個別のフィードバックを受けたり勉強会に参加している者のうち 7 割と高く，自覚的な役立ち感を得るには MI の学習，特にフィードバックの機会を継続する必要性も示された。自由記載では（患者から）「話を聞いてもらえたりほめてもらえるので禁煙を頑張れると言われた」「禁煙治療薬の処方がなくても受診継続できていたり，禁煙できなくても外来には来たいと言われた」「患者が本音で話してくれる」「患者自らで決めた目標の評価をしてくれる」等，医療者の自信に繋がる反応があったことが報告された（瀬在・他，2018）。

　これらのことから，ヘルスケア従事者が MI を活用することは一定の治療効果が期待できるだけでなく，ヘルスケア従事者自身のやりがいやメンタルヘルスにも好影響を与える可能性があるといえる。MI-4 Chapter1「The Mind and Heart When Helping」の中でも「MI がバーンアウトの解毒剤になるのではないかと考えている。他者への共感と受容を実践することで，自分がより受容的な人間になり，他者だけでなく自分の欠点に対してもより忍耐強くなれるかもしれない（訳は筆者）」（p.10）と書かれている。また，ヘルスケア従事者のバーンアウトは自身のセルフコンパッションと逆相関の関係があることも指摘されているが（Gracia et al, 2017），筆者自身の経験からも MI を学び実践し続けることがヘルスケア従事者自身の自己肯定感やセルフコンパッションを高めることに繋がるのではないかと感じている。

Ⅵ　ヘルスケア従事者に贈る MI のアイデア

　ここまで筆者自身の経験も踏まえながら，ヘルスケア従事者と MI に関するいくつかの考察を述べてきた。そして，ヘルスケア従事者が MI に関心を持ち時間をかけて学ぶ意義は十分にあると思う一方で，冒頭に書いた Rollnick の言葉も真である。そこで，最後に筆者が MI を学び始め，続け，広げる中で，多忙なヘルスケア従事者に対して MI が貢献できるのではないかと実感していることを 5 点ほど挙げる。

1.　人は誰でも揺れている
──両価性の理解と是認の眼鏡をかけてみる

　外見や態度からは見えなくても，人の行動は頭では分かってはいるができないこと，揺れているからこそ綱引き状態で身動きできないこと，無関心期と見えている人も内面ではたくさんの動機の種を抱えているかもしれないこと，それを知っておくだけで何よりヘルスケア従事者側の心の余裕に繋がる。その小さな種を焦らず患者と一緒にゆっくりと育てるイメージを持てるとよい。そして，それは従事者自身に対しても同じで，揺れていても，迷っても，考えが変わってもよい，と自分自身，さらには職場の仲間同士，寛容な気持ちで受け入れ合うことで仕事も少しだけ上手くいくように思う。

　また，患者にでも同僚に対してでも，目の前の相手に対してよいところ探しをしてそれを伝えてみることもすぐにできる。MI-4 では「是認の眼鏡をかける」と表現されているが，難しいことではない。例えば，天気の悪いなか時間を守って現れた相手に対し「ありがとう，よく来てくれました」と一言伝えるだけで，その後の会話の方向性はおのずと変わってくるだろう。

2.　コミュニケーションスキル（"共感"）の練習として

　MI には幸いなことに哲学だけでなく，具体的な学習・練習方法が提示されている。ヘルスケア従事者に常に要求される"共感"の練習がこれほど具体的に示されている技法を筆者はあまり見たことがない。もし"共感"について理解したい，練習したい時には MI の演習を取り入れてみることをお勧めしたい。

3. 生活習慣にかかわる保健行動支援やセルフマネジメント支援（瀬在・他，2022）

これは MI の得意とするところである。MI にじっくり取り組めば取り組むほど支援が愉しくなる。関心のある方は，まずは気軽な気持ちで MI に関する本を一冊手に取ってみてほしい。

4. 情報収集・アセスメントのコツ──しすぎず AOA で

ヘルスケア従事者は日頃の業務で情報収集やアセスメントが欠かせない。ただ，情報収集やアセスメントが完璧に終わらないとケアやコミュニケーションを行ってはならないくらい，その過程に縛られているような場面に遭遇することがある（そもそも完璧な情報収集は不可能であろう）。だからこそついつい相手に質問攻めしてしまうところだが，難しい場面に遭遇した時ほど，まずは MI の「関わる」（信頼関係を築く）タスクが大切である。AOA（ask-offer-ask）の原則を使って，まずは相手が今一番知りたいことやすでに知っていることなどを尋ねると，思いもよらない情報が引き出せる。そして，それに応じた情報を提供した上でここまで話を聞いた感想を尋ねる。

AOA の例：（検査の不安を訴える方に対して）
看護師 1：明日の検査について説明しようと思いますが，私から説明する前に，この検査について○○さんがすでにご存じなことや一番知りたいことを教えていただけますか？（Ask）
患者 1：……，実は……，母も以前同じ検査を受けたのですが，その時に検査の後ずっと寝ていなくちゃいけないからトイレに行きたくても我慢して，それがとてもつらかったと聞きました。それを考えるととても憂鬱になってしまって……。やっぱり朝まで動けないんでしょうか。
看護師 2：それはご心配でしたね。教えてくださり助かりました。では，検査の後の安静時間からお話ししますね。〜〜〜。（Offer）こういう感じですが，お聞きになっていかがですか？（Ask）
患者 2：夕方から歩けるということを聞いて，少し安心しました。夜もトイレに行けないなら水を飲むのを極力控えようと思っていたので……。

このように AOA はすぐに使えるスキルであり，結果的に時間の短縮も図れ，

その効果を実感しやすいのでぜひ活用してほしい。コツとしては，こちらが一方的に情報を提供するというよりも，お互いに情報を交換するイメージを持つと上手くいく（MI-4, p.324）。なお，アセスメントと MI の両立については特にRollnick（2008）や Michelle（2011）の著書などが参考になる。

5.　正したい反射を抑え，選択肢とともに自律性を尊重する

　相手が間違ったことを言っていると職業上の使命感にかられ直ぐに正したくなるが，ほとんどの場合「はい，分かりました」と納得して行動を変えてくれるわけもなく，さらに抵抗の言葉で返されたり，その場をしのぐために分かったふりをされるのが関の山である。こちらの疲労感も倍増し精神衛生上よくない。すぐに正そうとはせずに，AOA も活用しながら，相手の「種」の力を信じ，こちらからの指摘や指示はいったん飲み込む。飲み込むことは決して悪いことではない。そして，今はその時でなくても，他の誰かがバトンをつないでくれるかもしれないと信じる。それが自律性の尊重に繋がる。

　また，MI-4 では MI の定義の中に，change（変化）だけでなく「growth（成長）」という言葉が加わった。そしてこう続く。「成長とは，広い選択肢の中から選択すること，例えば，自分はどうありたいのか，どうしたいのか，時間をどのように使うか，どのような人生を歩みたいか，選択すること（訳は筆者）」（p.11）。ヘルスケアの場面に置き換えると治療方針や薬の選択などいわゆる大きな選択ももちろんであるが，そうでなくても日常のちょっとした場面，例えば，食事のメニューに何を選ぶか，散歩のコースはどこにするのか，普段過ごす部屋に何を飾るのか，どんな服を着て誰と何をして 1 日を過ごすのか……。何気ない選択の中にも自律性の尊重に繋がることは多くある。目の前の相手に関心と敬意を持ちながら MI 的な関わりを持つことは短い時間でも体現できると考える。

さいごに

　Miller と共に MI の持つ実証的研究を積み重ねてきた Moyers は 2018 年のワークショップの場で私たちにこう伝えた。「MI だけに依存しないこと，MI の使い時は『小さい』。だからこそ『力』となる。人が行動を変えることはそんなに単純なことじゃない，しかしそこから学ぶこと，できること，疑問を持ち探求し続けること，Miller をも 100％信じず疑え」。この言葉は現在筆者が MI を学ぶ上で

の明確な指針となっている。また，MI は簡単ではなくそれなりに習熟に時間がかかる，というのが定説である。

　にもかかわらず「明日からでも使えそうな」と提案するのは甚だ矛盾しているかもしれないが，それでも筆者は多忙なヘルスケア従事者に MI が貢献できることがあると信じている。そしてそれを機に MI に少しでも関心を持っていただけるのであればこれ以上の喜びはない。

文　　献

Endrejat PC & Kauffeld S（2021）Learning motivational interviewing : Prospects to preserve practitioners' well-being. International Journal of Workplace Health Management 14（1）; 1–11. doi : 10.1108/IJWHM-03-2020-0041.

Gracia-Gracia P & Oliván-Blázquez B（2017）Burnout and mindfulness self-compassion in nurses of intensive care units : Cross-sectional study. Holist. Nurs. Pract 31（4）; 225–233.

原井宏明（2012）方法としての動機づけ面接—面接によって人と関わるすべての人のために．岩崎学術出版社.

Hershberger PJ, Flowers SR et al（2024）Interface between motivational interviewing and burnout. Adv Med Educ Pract 15 : 181-187. doi:10.2147/AMEP.S450179.

Michelle AD（2011）Motivational Interviewing in Nursing Practice.　Jones and Bartlett Publishers.

Miller WR & Rollnick S（2002）Motivational Interviewing Preparing People for Change. Second Edition. The Guilford press.（松嶋義博・後藤恵訳（2007）動機づけ面接法—基礎・実践編．星和書店）

Miller WR & Rollnick S（2023）Motivational Interviewing :Helping people change and grow. Fourth Edition. The Guilford Press.

宗像恒次（1987）行動科学からみた健康と病気—現代日本人のこころとからだ．メディカルフレンド社.

Rollnick S, Miller WR & Butler CC（2008）Motivational Interviewing in Health Care-Helping Patients Change Behavior. The Guilford press.（後藤恵監訳（2010）動機づけ面接実践入門—あらゆる医療現場で応用するために．星和書店）

Rosengren D（2018）Building Motivational Interviewing Skills : A practitioner workbook. Second Edition. The Guilford Press.（原井宏明監訳（2023）動機づけ面接を身につける—一人でもできるエクササイズ集〈改訂第 2 版〉．星和書店）

瀬在泉・加濃正人，他（2018）禁煙学会専門指導者・認定指導者における動機づけ面接の学習経験と有用性．日本禁煙学会会誌 113（5）; 94-100.

瀬在泉・谷口千枝，他（2020）全国 5 か所で実施した看護職に対する禁煙支援研修会の効果—研修会前後の比較．日本禁煙学会会誌 115（3）70-79.

瀬在泉・藤澤雄太（2022）動機づけ面接を活用したセルフマネジメント支援．日本保健医療行

動科学会雑誌 136（2）; 40-45.

瀬在泉（2022）振り返り力は看護力を上げる―看護の場における禁煙面接の振り返りの必要性と具体的方法．日本禁煙学会会誌 117（2）; 21-23.

瀬在泉・平野公康，他（2017）動機づけ面接法を活用した禁煙支援のための体験型ワークショップの評価．日本健康教育学会誌 125（Suppl）; 135（会議録）.

Taniguchi C, Sezai I et al（2022）Effectiveness of a smoking cessation educational program for Japanese nurses on subsequent changes of behavior in delivering smoking cessation counseling. Tobacco Induced Diseases 19. doi : 10.18332/tid/144649.

13. 精神科病院における
動機づけ面接の普及

今井淳司

はじめに

　筆者が初めて動機づけ面接（Motivational Interviewing：MI）に出会ったのは，13 年ほど前，都立松沢病院の専門臨床研修医として依存症病棟をローテートしていた時だ。当時はまだ一冊しかなかった MI の書籍『動機づけ面接法（基礎・実践編）』（Miller & Rollnick, 2002）を読み，ここまで科学的かつ具体的に，そしてやわらかにクライエントを誘導する技法があるのかと感動したのを覚えている。以後，日本動機づけ面接協会（Japan Association of Motivational Interviewing：JAMI）主催の原井宏明先生による MI ワークショップや DVD で，自己流の勉強を続けた。その間，医療観察法病棟，開放病棟の病棟長，精神科救急病棟（いわゆるスーパー救急病棟）の病棟長，精神科外来部医長，その後，精神科救急病棟統括部長として精神科救急治療にあたっている。専門は，医療観察法に代表される触法精神障害者の治療や精神鑑定などの精神医学的評価が中心の司法精神医学である。

　2010 年 3 月，松沢病院の医療観察法病棟開棟時のオープニングスタッフとして配属された。医療観察法入院処遇ガイドラインには「motivational interview 等を積極的に活用するなどして，入院対象者の治療意欲を引き出す取り組みを行うことが必要である」と記載されているにもかかわらず，当時，周囲に MI を行えるものはいなかった。誰もできないのであれば，自分ができるようになろうと思い，学びの姿勢を強めた。集団プログラムや個別面接で，見よう見まねの MI を行うと患者の反応が違った。対決的となり不穏を惹起することなく，服薬や薬

剤変更，各種プログラムへの参加など行動変容につなげられるケースが増えた。医療観察法病棟立ち上げの際に研修を行った国立精神神経医療研究センター病院の平林直次先生から伺った「医療観察法病棟成功の秘訣は，対象者に優しくすることですよ」という言葉が MI の概念と一致し，ひどく合点がいった。

　そのような MI の学びの中でターニングポイントとなったのは，原井宏明先生から個別スーパーバイズを受け始めたことだ。2014 年 6 月 21 日，JAMI 主催で渋谷にて行われたワークショップ終了後に，個別スーパーバイズのお願いを申し出た。原井先生は，すでに何名かのスーパーバイズを引き受けていらっしゃったが，私が精神科医であることもあり，快く引き受けてくださった。以下，2014年 6 月 21 日のメールから転載する。「動機づけ面接は臨床的にとても有効な治療技法だと実感しており，松沢病院という巨大な病院で少しでもこの有効な治療法を広めることで対決技法を脱却し，スムースな抵抗の低い治療を展開することを目標にしています」。今思えば，すべてがこのメールから急速に動き出したように思う。

I　都立松沢病院における MI の普及

1. 筆者自身のスキルアップ

　松沢病院で MI を普及させるためには，まずは筆者自身の MI のスキルアップが必要だった。後輩医師や実際の患者さんを相手に，面接の逐語録をとり，スーパーバイズを受けた。自身の面接の録音を聞くと，無意識に行っていた自分の面接における癖に気づく。例えば，筆者の場合は「なるほど」という反応が口癖のようになっていた。クライエントからそれほど新しい言及があるわけでもないのに，「なるほど，なるほど」と繰り返す。そのうち，この「なるほど」という本来の言葉の意味は無効化し，「ふんふん」といった単なる相づち程度の意味しか持たなくなる。「クリシェ」（常套句）と呼ぶのだと教わった。ほかにも，声のトーンや抑揚，発話のスピードなど，具体的な MI のスキルの前に，医療面接全体として，自らの面接を正したくなった。

　以降，依存症，パーソナリティ障害，妄想性障害，躁状態，統合失調症，などあらゆる診断および状態像の患者との面接の逐語を作成し，まずは自分で自分の面接を評価しコーディングし，その上でスーパーバイズを受けることを繰り返した。最近は自傷他害の恐れが逼迫した緊急措置診察の患者にどのように MI を行

うかという検討を行っている。精神医療の最も緊迫した場面で適切に MI を行うことは，技術的には一つの到達点になるのではないかと思っている。

　この，逐語録を起こし，自らの面接を評価し，スーパーバイズを受けるという過程が MI のスキルアップに最も有効だったと筆者は考えている。筆者が指導するスーパーバイジー達にも同様のトレーニングを行うよう提案し，今度は筆者がスーパーバイズを行っている。他人の逐語録を評価し指導するという過程はスーパーバイザー自身のスキルアップにもなる。

　また，逐語録によるスーパーバイズだけでなく，オンラインでのロールプレイや後述する筆者が開催するワークショップの音源を逐語化し，トレーナーとしてのスーパーバイズを受けたこともあった。次第に話題は拡大し，最終的には行動経済学と MI との融合といった話にまで及んだ。ありとあらゆる手法で，MI に役立つと思われるスキルアップに努めた。このような訓練を，気づけば，2021年6月までに丸7年間続けたことになる。

2. 医療観察法病棟での MI ワークショップ

　以上のような筆者自身のトレーニングと並行し，松沢病院では 2011 年から MI に関する講義が始まった。当初は当時筆者が勤務していた医療観察法病棟における年に1度，2時間の入門編ワークショップだった。

　今でも初めて MI ワークショップを行ったときのことをよく覚えている。病棟内外から開催を聞きつけたスタッフが集まり，会場に入りきらないほどの盛況で，エクササイズも熱気あるものとなった。MI とは何なのか，どのように行うのか，皆の興味と熱意が伝わってきた。以後数年は，このワークショップが院内で唯一の MI 普及の機会となった。

3. 松沢看護師のための MI ワークショップ

　MI の知名度が上がったからか，医療観察法病棟でのワークショップの評判が良かったのか，2014 年からは看護部が開催する院内研修に MI のワークショップを組み込んでもらえるようになった。当初は看護師2〜3年目程度の若手看護師向けの2〜3時間程度のワークショップだったが，受講後の評価が高く，「時間が足りない」「もっと詳しく知りたい」とのアンケートの自由記載も多く，毎年時間が拡大され，2016 年からは3日間のワークショップとなった。毎年 40 名近くの看護師が3日間のワークショップを受講した。ワークショップは一定の期

間をあけて行われ，各ワークショップの合間に，自身の面接の逐語録作成と自己評価および筆者によるスーパーバイズというホームワークも取り入れた。回を重ねる毎にみるみる参加者の面接技術は上達した。年間延べ 80 件近くの逐語録をスーパーバイズすることは筆者側の千本ノックのような訓練にもなった。以降，このワークショップはコロナ禍の 2020 年度こそ中止となったが，2021 年度も開催が予定されている。

　本ワークショップの受講者は現在までに 250 人以上に及ぶ。松沢病院における看護師数は 500 人弱であるため，異動や退職があるとはいえ，松沢病院全看護師の約半分程度が何らかの動機づけ面接のワークショップを受講したことになる。

4.　松沢動機づけ面接道場

　院内研修としての MI ワークショップに加え，2015 年からは勤務時間外にテーマを絞りより深く MI を学ぶための研究会が開催されるようになった。この研究会は，当時松沢病院の看護師で，現在 JAMI 資格 1 級を所有する柏熊智亜紀氏により企画され，筆者が講師を務めた。MI のエッセンス一つひとつを掘り下げ理解し，技術習得のために練習をくりかえす様は，どこか求道的で武道の稽古のようだった。2015 年の段階では院内告知はあまり行わず，毎回 5 〜 6 名で地道な練習を繰り返した。

　この会は，翌 2016 年に外部参加者にも門戸を開いた「松沢動機づけ面接道場」（以下，松沢 MI 道場）として，隔月定期開催されるようになった。都心の最寄り駅すぐという立地条件もあってか，会は毎回盛況で常時 30 〜 40 名，多いときは 50 名を超える参加者が集まった。ワークショップの運営は，なるべく参加者の疑問を引き出し皆で解決していくように心がけた。結果，18 時半〜 20 時半の予定が，毎度 21 時近くまで延長され，予定した内容が終わらず，次回に持ち越されるということが繰り返された。それでも終了後の参加者の表情は上気し，満足感に包まれた雰囲気で会が終わることが通例だった。その過程では，後述するようないわば MI 的臨床疑問を解決するための研究も試みられた。結果，MI を一通り勉強するのに，12 回丸 2 年を要した。2018 年度から，「松沢動機づけ面接道場第 2ROUND」として，さらなるスキルアップと普及に努めていたが，2020 年 1 月の開催を最後に，コロナ禍で休止となったが，2024 年 5 月より再開された。本研究会からは，JAMI2 級が 7 名，1 級が 3 名輩出された。

[専門臨床研修医向けクルズスへの採用]

　上記のような普及の過程を経て，松沢病院内でMIは一定の知名度を得た。あまり精神療法に精通していない看護師ならばともかく，精神療法的関わりに一家言あると思われる精神科医に対してMIを教えることに，筆者は当初若干の躊躇を覚えていた。しかし，上記のようにMIトレーナーとして多くのワークショップを開催したり，難しい患者にMIを用いて回復へ導く経験が増えたりしたことにより，若干の自信が芽生えた。そのようなタイミングと一致して，院内の専門臨床研修医向けにMIのクルズスを依頼されるようになった。以降，専門臨床研修医もMIとはどのようなものなのか程度に触れる機会が設けられた。院内看護研修やクルズスでMIの何たるかを学び，さらなるスキルアップの場として松沢MI道場が機能した。

5. 臨床現場における実践とモデリング

　ワークショップやクルズスのみでの汎化にとどまらず臨床実践の中でのMIの普及にも努めた。いわゆるスーパー救急病棟に勤務していた時期には，毎朝の保護室の回診にはもちろんMIを用いた。面接の展開に苦慮する若手精神科医から相談され，若手精神科医陪席のうえで，MIの見本を見せたりもした。逆にMIを学んでいる後輩医師が回診で面接しているときには，上手く反応できたときには頷くことでその対応を即時強化した。

　また，女性専用のスーパー救急病棟長だったという事情もあり，精神療法的関与が難しい女性患者の対応は自然と筆者の仕事となることが多かった。そのような患者への対応をカルテに記載することで，難しい患者へのMI的関わりのモデルとなれるように努めた。特に，当直中の夜間休日の緊急措置診察では，サポートに入る当直研修医が面接の一問一答を記載してくれるため，より丁寧にMIを行い，あとからカルテを参照するMI学習者の対応の模範となれるように意識した。

Ⅱ　MI普及の過程における気づき

　松沢MI道場では既存のMIの理論の学習や技術習得のためのトレーニングに加え，学びの過程で生じたMIへの理解を深める新規考察やMI的臨床疑問に対するパイロット的研究もいくつか行った。これらを，それぞれJAMIの年次大会で発表し，MIと弁証法的行動療法（Dialectical Behavior Therapy：DBT）の

関係については論文化した（今井・他，2016）。

1. 是認の主語の問題

　MI において，良い是認（クライエント自身の強みや努力，リソースに言及すること）は "あなた" を主語とするとされる一方で，「実証的データはなく他の精神療法とは異なる」（Rosengren, 2009）との記載もあり，その根拠や妥当性は不明瞭だった。対して，親業（Gordon, 1995）やアサーション（土沼，2015）など他の精神療法の文脈では "わたし" を主語とする「私メッセージ」の使用が推奨されており，是認における主体の効果については不明な部分が多かった。

　そこで，松沢 MI 道場を中心とした院内におけるワークショップ参加者（計56名）に，「あなた」を主語にした是認（以下，YOU 主語是認）と「わたし」を主語にした是認（以下，I 主語是認）に対して，それぞれ 1 ～ 10 点で是認効果を評価してもらい，2 群間の是認効果を Wilcoxon 符号付順位検定で比較した。

　結果は，中央値（25％値，75％値）が，YOU 主語是認が 7（6，8），I 主語是認が 8（6,8），と有意差を認めず（p=0.1），I 主語是認の中央値が上回った。また，I 主語でも YOU 主語でも 5 点以上の是認効化があると回答した参加者が多数である一方，どちらの主語の是認にも 4 点以下の低い是認効果を感じる人が一定数いることが明らかとなった。

　以上から，主語の主体による是認の効果に一定の法則はなく，どちらの主語でも効果的なクライエントは臨床上問題とならないが，どちらかの是認の仕方に抵抗を感じるクライエントには是認の主語を変えていく必要性が示唆された。是認の主語に関しては，改めて「クライエントの反応に学ぶ」という MI の基本に立ち戻った姿勢が求められる。

2. 開かれた質問と閉じられた質問の機能の問題

　従来，MI では，開かれた質問の使用が推奨され，動機づけ面接治療整合性尺度（Motivational Interviewing TreatmentIntegrity : MITI）第 3 版までは開かれた質問と閉じられた質問を区別し，前者が多いことが求められていたが，第 4 版ではそれらの区別を廃止した。しかし，その理由は分ける根拠が乏しいというだけであり，両者が持つ機能や使い分けに関する指針はなかった。

　そのため，開かれた質問と閉じられた質問の機能を明らかにするため松沢病院で行われた MI ワークショップ参加者（計 69 名）に，特定の話題に関する質問

を開かれた質問と閉じられた質問の形で施行し，それぞれの質問に対して，協働，受容，思いやり，喚起，不協和，正したい反射，回答のしやすさ，回答までの時間，回答の長さに関して，1 ～ 10 点で評価をしてもらい，2 群間を Wilcoxon 符号付順位検定により比較した。

　結果は，協働，受容，思いやり，喚起といった MI スピリットのすべての項目および回答までの時間，回答の長さで，開かれた質問の得点が高く，不協和，正したい反射，といった抵抗を表す指標，回答のしやすさ，で閉じられた質問の得点が高かった（いずれも $p < 0.001$）。

　以上から，開かれた質問は，より関係性を重視し，クライエントから喚起したい場面では有効だが，認知的負荷が高いため，うつ状態や滅裂状態，躁状態，精神遅滞などへの使用には注意が必要で，面接に時間を要する。対して，閉じられた質問は，認知的負荷が低く，うつ状態や滅裂状態，躁状態，精神遅滞などに有用で面接時間を短縮できる可能性を有するが，不協和や正したい反射を惹起しやすく，関係性に悪影響を及ぼす可能性がある，といった特徴を有することが示唆された。臨床においては，これらの機能の違いに留意しながら開かれた質問と閉じられた質問を使い分けていく必要がある。

3．MI と DBT との関係

　女性専用のスーパー救急病棟の病棟長として勤務していた頃，境界性パーソナリティ障害（Borderline Personality Disorder : BPD）の患者に対応することが頻回にあった。このような患者に MI を用いて対応すると不思議と上手くいくことが多かった。BPD の治療で最もエビデンスが蓄積された DBT を参照すると，全体的には MI とは異なるのだが，DBT の核となる技法である「承認」と MI には共通する要素が多く見出された。

　DBT の「承認」における「積極的観察」は，「言葉にされない情動や思考，価値観，などを聞き取り，目に見えない患者の行動を推測し観察する」とされる。この行為は，MI スピリット（MI を実践する基盤となる態度）の「受容」における「正確な共感（クライエントの内的視点への積極的な関心と理解）」と MI のプロセスにおける「関わり」に該当し，推測し観察する作業は MI の基本スキルである複雑な聞き返し（クライエントの発言に意味を加えたり，一部を強調したり，まだ述べられていないことへの言及）の一部と見ることができる。また，承認における「映し返し」における，「治療者が患者の言語化していない思いを判断を加

えずに正確に承認する」という行為には，MI における複雑な聞き返しが相当する。さらに承認における「直接的な承認」における「患者の強みを探し出し，それが妥当であることを伝えて強化していく」という作業は MI における是認そのものだ。

　以上のように，DBT の承認のスキルは MI にほぼ包含される概念といっても過言ではなく，それゆえ BPD 患者への MI は有効となりうる可能性，全体としては異質な両者の統合により治療効果を増強できる可能性があると思われた。

　以上，他にも，精神科病院での治療対象となるような患者群へ，既存の MI を使用する際の留意点や修正の必要性への気づきはあるが，今回は紙幅の関係上，前述した 3 点の紹介に留める。

Ⅲ　都立松沢病院の変化と MI

1．松沢病院における身体拘束削減と「やわらかな治療」

　このような MI の普及と時を同じくして，東京都立松沢病院では，齋藤正彦院長が就任した 2012 年に「身体拘束ゼロ」の方針を掲げ，身体拘束削減に取り組んだ。当初は 20％近くあった身体拘束は，現場の「ありとあらゆる工夫」により 2019 年には 3％台（約 85％減）までに低下した。拘束削減率は，重症な措置入院患者で 66％から 2％（約 97％減）とより顕著だった（松沢病院，2020）。加えて，患者の入院への忌避感低減のため，病棟持ち込み物品制限の大幅緩和も行った。明らかに危険度が高く必要性の低い物品以外の持ち込みを原則可能とし，救急病棟も含めたほぼすべての病棟でスマートフォンや PC の使用も可能になった。外来では，2014 年には 33％あった入院時経静脈的鎮静率は 2019 年には 19％台にまで低下し，自らの足で入院できる患者が増えた。これら一連の「やわらかな治療」の最終的な目標は，「困ったらまたあの病院に相談しよう」と思える医療－患者関係の構築，それを基盤にした患者の回復にある。身体拘束削減はそのためのあくまで一手段にすぎない。

2．「やわらかな治療」と MI

　齋藤院長は拘束削減について「われわれは心を扱うプロなのだから，力で制圧するような手段は持たない方がよい」と述べた。患者の抵抗に抗わず，緩やかに行動変動へと誘導する MI はこのコンセプトにぴったりだ。保護室で不穏となっ

た患者の不満や不安を単純な聞き返しで聞き返すうち，患者の怒りは鎮静化した。暴力や自傷を踏みとどまっている患者を是認すると安堵し心を開いてくれた。強制入院となる事実は変わらないけれど，無理矢理大勢で押さえつけるのではなく，十分な情報提供の後，自分の足で歩くも注射をして眠って入院するも本人次第だと自律性を尊重すると，渋々ながらでも自らの足で入院してくれる患者が増えた。レジデントや看護師が開かれた質問や聞き返し，是認したりしているのを耳にすることも増え，カルテ記載も患者の問題点に注目し患者の欠点ばかりを取り上げる記載から，患者の強みに目を向ける解決指向的なものに変わってきた。

　もちろん，MI を学んだスタッフ全員が MI を使いこなせているわけではない。さまざまなレベルの職員がそれぞれにフィットする MI の手法を実践した結果，院全体としての治療能力が向上したように思う。また，このような MI 的関わりの普及は，接遇の向上にもつながっている。筆者が現在勤務する松沢病院外来のスタッフの対応は胸を張れるほど丁寧で優しい。院における「やわらかな治療」という大方針は，いわば MI スピリットだ。それを実現する具体的治療メソッドの一つが MI だと考える。

3. 病棟そして組織を MI する

　このような病院の変化の過程で MI が活用されたのはクライエントに対してだけではない。臨床現場における組織マネジメントにおいても MI は有用だったように思う。

　MI では，応用行動分析における部分強化という手法を援用している。患者が適応的発言 A と不適応的発言 B をしたとすると，適応的発言 A だけを聞き返すことにより適応的発言のみを強化し不適応的発言を弱化するという方法だ。病棟マネジメントにおいても，病棟長として，カンファレンスの場で医師や看護師の不適応的発言は傾聴しつつも深く掘り下げることを控え，適応的行動や意見は詳述させ積極的に取り入れ，是認した。患者に対するやわらかな治療による成功体験は，スタッフの適応的行動を強化し，カンファレンスでは病棟長から適応的行動を是認され強化されることを繰り返し，スタッフは少しずつ変わり始めた。

　当初は自転車をこぎ出すようにゆっくりと，一度動き始めると急速に，看護師は変化した。次第に看護師の方から「やわらかな治療」のための具体的方法（MIでいうところの実行チェンジトーク）が提示されるようになり，筆者が身体拘束の指示をした患者について，「先生，拘束やめましょう」と拘束解除を提案して

くるようにもなった。

　このような経験から，筆者は MI にはクライエントを変えるだけではなく組織をも変える力があると考えている。MI は人の行動変容のための手法であり，組織は人の集合体であるため，考えてみれば当然ともいえる。実際，組織マネジメント関連の書籍には，MI における是認と通じる「承認」の重要性が述べられているし（太田，2011），マネジメントや組織論で有名なカーネギーの書籍に記載されていることはほぼ MI と一致している（Carnegie, 1981）。

　井戸の底に溜まった水の如く松沢病院に埋もれていたサイレントマジョリティーの良心は，一旦汲み出されると，どんどんと溜まりだし，次第にあふれだした。国立病院機構に所属する精神科病院を次々立て直した村上優先生は，病院の立て直しの過程で起こる変化を，「変化は点で始まり，線となり，次第に波となる」と表現された。松沢病院で起こった変化もまさにその通りに起こったように思う。

おわりに

　以上，都立松沢病院における MI の普及およびその過程で生まれた MI に関するいくつかの気づき，松沢病院の近年の変化と MI の関係などについて述べた。特に，松沢病院の近年の変化と MI の関係については，筆者の「妄想」だという人もいるかもしれない。一方で，筆者から MI を学んだスタッフの中には，この意見に同意してくれる人もいるだろう。さまざまな意見があると知りながら，やはり筆者は後者でありたい。「この患者はどうせダメだよ」「MI なんて関係ないよ」などというゴーレム効果（周囲からの期待が低いと期待通りにパフォーマンスは低下すること）的姿勢からは何も生まれない。「きっと患者は良くなる」「MI でやわらかな治療を実現するんだ」といったピグマリオン効果（周囲からの期待が高いと期待通りにパフォーマンスが向上すること）的姿勢こそ変化への可能性を広げるはずだ。

　2021 年 3 月に退任された齋藤正彦院長は「『やわらかな治療』を病院の文化にしないといけない」と述べていた。全く同感だ。「やわらかな治療」が病院の文化となるよう，これからもそれを支える MI の普及に努めたい。われわれは，もっと進化できると信じて。

文　献

Carnegie D（1981）How to Win Friends and Influence people, Revised Edition. New York, Simon & Schuster.（山口博訳（1999）人を動かす［新装版］．創元社）

土沼雅子（2015）アサーション・トレーニング　自分らしい感情表現―ラクに気持ちを伝えるために．金子書房．

Gordon T（1995）Good Relationships : What makes them, what breaks them.（佐藤千恵訳（2002）ゴードン博士の人間関係をよくする本―自分を活かす　相手を活かす．大和書房）

今井淳司・原井宏明・林直樹（2016）BPD 治療における精神療法の統合―弁証法的行動療法（DBT）と動機づけ面接（MI）の観点から．精神療法 42（2）; 208-214.

Miller WR & Rollnick S（2002）Motivational Interviewing Preparing People for Change, Second Edition. New York, The Guilford press.（松島義博・後藤恵訳（2007）動機づけ面接法―基礎・実践編．星和書店）

太田肇（2011）承認とモチベーション―実証されたその効果．同文館出版．

Rosengren D（2009）Building Motivational Interviewing Skills A Practitioner Workbook. New York, The Guilford Press.（原井宏明監訳（2013）動機づけ面接を身につける――人でもできるエクササイズ集．星和書店）

東京都立松沢病院編（2020）「身体拘束最小化」を実現した松沢病院の方法とプロセスを全公開．医学書院．

14. 家族訓練としての動機づけ面接

岡嶋美代

はじめに

　週3日勤務するクリニックで筆者の担当する来訪者の約2割は当事者というより家族である。病名は全般性不安症や軽度の不眠・抑うつ症状を訴え適応障害となっている。子どもの不安症や奇行や暴力になすすべがない親や，親自身も軽い神経発達症（発達障害）や強迫症で，コミュニケーションに苦労している人々である。筆者は2005年に精神科の臨床を始める前の児童相談所時代には家族療法に興味を持っていた。認知行動療法（以下，CBT）の視点を持つようになってからは，家族から当事者への刺激を操作するという発想で，環境調整のための心理教育に注力した。その心理教育のベースとなるコミュニケーション技術に動機づけ面接（Motivational Interviewing；以下 MI）を取り入れるようになった歴史を述べたい。

I　はじまりは遺伝病

　MI を用いた症例報告が日本の学会誌に初めて登場したのは遺伝カウンセリング学会（岡嶋・他，2003）である。筆者は当時，成人期発症の希少難病である遺伝性 ATTR アミロイドーシス（旧病名　familial amyloid polyneuropathy：以下 FAP）の治療研究を行う熊本大学臨床検査医学・安東研究室に所属していた。MI との接点を語る前に FAP の特徴について少し知っていただきたい。

FAPとは常染色体顕性遺伝病で，主に肝臓で産生される遺伝的に変異したたんぱく質が不安定な形となり，全身の諸臓器・神経・筋肉に沈着し，未治療では発症から10年余りで多臓器不全となり死に至る。FAPはスウェーデンで1952年に発見され，日本でも60年代終わりには熊本県に患者の集積があることが報告されている。地元では奇病や風土病と言われた時代もあったが，原因が解明されるやいなや他の遺伝病と同様に，その家系であることへの差別や偏見といった社会的スティグマが悩みの中心という時代に突入した（大久保，2014）。1990年にスウェーデンで肝臓移植による治療が劇的な効果をもたらすことが発見された。しかし海外での移植が制限されると，脳死による臓器提供が容易ではない日本では，家族や親戚から部分切除した肝臓を移植するしか方法がなくなった。健康な体に大きな傷を残すドナーになろうという決意は家族だからと誰でもができるわけではないし，それをいかなる人にも強要してはいけない。ドナーとなる家族もレシピエントとなる当事者も両価性のるつぼの中にいるのであった。

近年は，症状の進行を阻害する処方薬が2013年に開発され2019年からFAPに保険適用となり，3週間に1回の点滴や3カ月に1回の皮下注射で進行を抑える治療法も開発され2022年に保険収載された。筆者が研究室を離れて20年の間に目覚ましい進化を遂げた領域である。とはいえ，薬剤は年間で約3,000～6,000万円という高額医療であり，現在もなお，治療ガイドラインでは生体肝移植もオプションの一つである。治療法の選択肢が増えることは患者や家族にとって幸せのようでもあり，逆に悩む時間も増える。どんなに治療法が進化しても，FAP患者家族へのカウンセリングでは決断と情報提供のタイミングを慎重に行う案件に変わりはないかもしれない。

Ⅱ　遺伝カウンセリングに触れる

筆者が携わっていた2000年初頭は，遺伝カウンセリング業界の黎明期であり，カウンセリングとは名ばかりで，心理教育がその本質であった。当時は医師や臨床検査技師など心理面接を生業にしていない職種の方々が多くを占めていたため，情報提供の内容やその伝え方に関心が集中しており，何を聞くかということはほとんど取り上げられていなかった。傾聴は関係性を損ねないために重視されてはいたが，主なテーマは「不用意な発言で患者の心を傷つけないように配慮すること」など，正しい情報を伝えることによって納得のいく決断がなされると信

じられていた。そのため症例発表では珍しい転座や家系の報告が多かった。確かに，遺伝病そのものは精神疾患ではないので，心理的介入技法は不要で情報を提供すれば問題は解決すると思われているようだった。

　しかし，FAP は違った。日本で患者数 1,000 人程度の致死性の希少難病であると告知を受けただけでもショックな上に，遺伝性疾患（孤発例あり）であること，臓器移植が必要なこと，不可逆的に進行するため一刻も早く治療を開始すべきことなど，レシピエント（当事者）側は時間と経済的な問題と人間関係の問題など悩みは尽きなかった。また，親族の中の誰が自らの肝臓を提供するドナーになるかも難しい問題をはらんでいた。

Ⅲ　遺伝カウンセリングと家族

　ここで仮想家族を考えてみよう。40 代の父親が FAP だと判明したとする。気づけばもう何年か前から症状が始まっていた。嫁いだ長女は常々父親思いだったため，まだ独身の次女よりも自分がドナーにふさわしいと真っ先に申し出た。ところが提供する側に必須の発症前遺伝子検査を受けると，自分も遺伝子変異を持っていることが判明する。長女はドナーになれなかったことよりも，自分が発症する恐怖よりも，自分の産んだ幼い子どもも遺伝子変異を持っているのか気になり始める。一方，ドナー候補のバトンを急に渡された次女はモデルの仕事ができなくなることや手術が怖いこともあって，父親の再婚相手に「あなたが進んでドナーになるべきよ」などと押し付けて，話し合いは険悪なムードになる。幸せだった家族関係の絆が崩れていく様子に父親は移植をすべきかどうか決心がつかないまま時間が過ぎる……ということが起こりうる。他にも未成年への発症前遺伝子検査や血液型不適合によるリスクなど移植コーディネーターのように諸事情を抱える人々の意思決定のプロセスに付き合うことが FAP の遺伝カウンセリングであった。

　学会でも教科書からも学びが得られない駆け出しのカウンセラーだった筆者は，"みちしるべの会" という FAP の患者家族の自助グループを支えていた相談役の女性に意見を求めた。彼女からは「患者の話をただ聞きなさい」と教えられた（岡嶋, 2014）。今思うと筆者は解決志向ブリーフセラピーでいうところの「無知の姿勢」そのものだった。皆が少しずつ自分や家族の未来について思いを馳せながら悩む時間に付き合うしかできなかったが，何のアドバイスもできないことは案外悪くなかった。

Ⅳ　MI を用いたケースとは

　学会で発表したケース（岡嶋・他，2003）も妻からの移植を受けるべきかと悩んでいた。治療は妻をはじめ，家族の幸せに貢献できるという結論に至る過程を支援した。その際，移植を受けるメリットとデメリットを決断分析というツールで整理した。決断分析そのものは MI の技法というわけではないが，詳細を聞きながら，患者の持つ価値観を鏡のように映しとっていく課程で，MI の基本技術（開かれた質問・是認・聞き返し・サマライズ：以下 OARS）は十分功を奏した。運命を受け入れて自然経過に任せるか，家族を傷つけてでも移植を受けるべきか否かに，一般的な正解はない。カウンセラーとしては，クライエントがどちらを選択したとしても，その意思決定を支持するしかない。クライエントに悔いの少ない決断をしてもらうために，価値についてまとめて，それぞれに価値の点数を付与し，重要度について話し合った。利己的に生きたくないという信念を強く持つ人の中には，移植を拒否したり自ら命を絶つ選択をする人もいるらしい。たまたま筆者のケースは，生きることが家族を守ることにつながるとクライエントが考え，家族からの臓器提供をありがたく受け入れる決断をした。家族を傷つけることと自分の生きる権利の間で堂々巡りをしていた考えを崩すこと（反芻思考の妨害）で，抑うつ的になっていた状態も改善させた。また，ドナーとなる家族には良いことだけではない予後についても，ネガティブなイメージも淡々と解説しながら受け止める準備を整えた。ケースの妻の場合，感情的になることもなく夫の決断を静かに待った。夫の体を細やかにいたわる姿によって非言語的に「生きてほしい」という願いを伝えていたのかもしれない。

Ⅴ　自律性の尊重と MI

　移植医療にはインフォームドコンセント（以下，IC）がつきまとう。IC とは，説明と同意と訳されるが，拒否する権利も有しているとされ，患者の知る権利・自己決定権・自律の３つを尊重しなければならない。当時の筆者は国立病院機構菊池病院で開かれていた MI の勉強会に参加しても，クライエント中心療法よりも面倒なお作法のある MI を魅力的と感じられていなかった。ただ，自己決定にかかわる傾聴技法として MI は使えるととらえていた。クライエントファー

ストである IC は MI スピリット第 2 版（協働・喚起・自律性の尊重）（Miller & Rollnick, 2002）とも親和性があった。自律性の尊重をより具体的な言葉にしたのが，是認とコンパッション（思いやりや共感）であるが，そこと自己決定権とのはざまでの矛盾しない到達点を見出すための整理技法として MI は都合良く当てはまった。FAP におけるカウンセリングの行動目標とは「決断すること」であった。遺伝病の告知を家族に伝えるか，移植医療を受けるか，家族なら遺伝子検査を受けるか，ドナーになるかなど，一つの症例の中にたくさんの決断ポイントがあった。たとえば飲酒の場合，禁酒するか飲酒を継続するかではどちらの決断でもご自由に，とは言いがたく，健康行動の方へ治療者は誘いたくなる。そして，それを無理強いするわけでもなく巧みに行えるのが MI の良さでもある。ところが，筆者にとっての MI を用い始めた臨床は迷路のようで，クライエントと協力しながら出口を探すしかなかった。そのためか，自然とカウンセラー側の価値観を無にすることができた。

VI　自己決定理論と MI

クライエントにとっての後悔のない決断や納得のいく決断とは何かを探していると，動機の中でも内発的動機と呼ばれる“行動そのものが目的となるような動機（価値）”を見いだせているか，すなわちその人の人生の目的にかなった行動であることが，行動変容の動因となることがわかった。カウンセラーはクライエントの葛藤を整理して，価値に関する陳述を引き出し，行動計画を練ることが求められるが，葛藤とは回避行動として捉えるとわかりやすいこともわかった。

このような知見は自分で大発見したかのように喜んでいると，ほとんどの場合，ちゃんと理論が存在する。その一つが自己決定理論である。自己決定理論は内発的動機づけの概念を発展させたものといわれている。「有能さ」「関係性」「自律性」の欲求が満たされると，内発的動機づけモードが起動するというのが自己決定理論の仮説である。平たく言うと，カウンセラーがクライエントの有能さをうまく言語化したり，クライエントの価値観を是認したりすることによって，クライエントの自信が回復（あるいは増大）して決断に至るとき，やらされ感のない（自律的な）行動変容が可能になり，それは持続性が高いということだろう。もっと単純に言うと，価値あることを達成したいという欲求があって自ら決断したことは成就しやすいという意味である。もともと MI は背景理論を持たず interviewingと進行形が示すように臨床の叡智によって進化してきた。先のスピリットも第3版（Miller & Rollnick, 2012）では，協働・受容・思いやり・喚起と表現を変え，第4版ではさらに喚起がエンパワメントと変化した。MIはその名のとおり行動変容を動機づけるものであるが，そこではカウンセラーが十分な関係作りをし，クライエントの自律性が担保されるような技術で自ら動機に気づくようにクライエントの言葉を引き出すことで，前述の3つの欲求が満たされることになる。自己決定理論の研究者らがMIに注目し，類似点が議論されてきたことがよくわかる（Markland et al, 2005）。

Ⅶ　言語行動分析と家族訓練

　MIはコミュニケーション技法として教えやすさに魅力がある。逐語を作ると自分の発した言葉が刺激となって相手の反応を引き出していることに気づける。それをコード化して上達を可視化できる。家族訓練にはそこまでのことは無用であるが，そのような背景を伝えておくようにしている。

　しばしばクライエントがCBTの宿題をできなかったという言い訳を引き出すのは下手なカウンセラーである。できたことだけ聞いて是認すればよいところを謙虚なクライエントの言説にのってしまうと，いつもの反省モードの反芻思考に突入させてしまう。カウンセラー側の刺激統制によってクライエントのそういった言語行動は変化させることが可能であり，さらにはそれが動機づけへとつながる。とすれば，家族対当事者にも同様の変化が起こりうると考えるのは当然である。当事者への治療動機づけとしてMIを家族に使ってもらうように教育するという発想は，とても自然に生まれた。その萌芽は2005年に発足した強迫症の自助グループ"OCDの会"にある（岡嶋・他, 2015）。

　強迫症とは排泄物やばい菌が自分を汚染したり，うっかり他者につけてしまうのが怖くて洗浄行為を長時間繰り返したり，不安な考えを放置できずに確認行為を繰り返すような疾患である。重症化しているケースでは巻き込みと呼ばれる家族への強迫行為の強要が行われており，家族が従わないと暴力や暴言などがエスカレートする。重症であればあるほど家族への介入は環境調整として治療に不可欠であった。

Ⅷ　OCD の会と MI

　熊本で発足した OCD の会は，病院の一室で数名の "OCD 患者" と "外来治療を拒否する患者の家族" と病院スタッフが集まり，月 1 回 "言いっぱなし聞きっぱなし" のアルコールアノニマス（AA）スタイルで互いの近況を語りあった。主治医の先導で始まった自助グループ活動であるが，徐々に参加者が増え，さながら心理教育を行う集団療法のようでもあった。そのうちに，FAP の患者家族の会に倣って，治療者を育成する活動も行うようになった。OCD の会が年 1 回主催する研修会である。当初は「治療者向け」だけを意識していた研修会が徐々に「患者と家族向け」と「治療者向け」とに二分され，最後は「患者向け」と「家族向け」に二分され，治療者はそのどちらにも参加可能という形に落ち着いた。これは 3 群の中で圧倒的に勉強熱心な家族グループの勢いを象徴しており，家族向けに行っていたワークショップでは MI を取り上げることが増えていった。熊本では 2006 年には当事者と家族とをわけて OCD グループミーティングが行われるようになった。その方が思う存分言いっぱなしができた。そのスタイルは名古屋 OCD の会（2008 年発足），東京 OCD の会（2009 年発足）へと受け継がれた。一方でこのような自助グループ活動は熱心な個人によって発足することはあっても継続するには安定した団体構造が必須で，どちらかというと家族メンバーが主体となって会の運営に携わるところが継続しているようである。2022 年の名古屋 OCD の会の閉会に伴って，「なごや OCD 井戸端会議」というグループミーティングが 2 ヵ月に 1 回開催されるようになった。これは，AA スタイルに対する物足りなさの解消や個人的な利益誘導が生じないように配慮するために専門家主導となっているものの，集団動機づけ面接に沿って行われているため，新しいスタイルとして参加者にも好評である。

　自助グループ活動に家族が参加するのはアルコール依存症や不登校や引きこもりでは珍しくなく，家族の対応や苦悩について語り合うことでまさしく自助活動を行っている。OCD の会ではときに家族が当事者のグループにオブザーバーとして参加して，他の当事者（自分とは利害関係のない当事者）の声を聴くことで共感的な視点を得られることから自由な交流を認めている。筆者は家族に対するコミュニケーション訓練の大切さを痛感した症例を報告したことがある（岡嶋・他，2009）。ある時，強迫症と不登校を呈しながら "病気ではないと言い張る小

学生"への対応に困る父母が相談に訪れた。家族へのカウンセリングや担任への協力要請という，当事者の環境にアプローチするコミュニティ強化アプローチと家族訓練（Community Reinforcement Approach and Family Training；以下 CRAFT）に似た対応を行った。

　このケースで筆者は当事者である小学生とほとんど会話をしたこともなく，家族と担任の先生が治療を担った形であったので CRAFT として発表したが，本格的な CRAFT のマニュアル（Smith & Meyers, 2004）の翻訳を一章担当した時に，このプログラムの膨大な教育内容に驚き，これを広めるのは現実的ではない気がした。

IX　家族訓練としての MI

　はじめに述べたように，日々の臨床において，家族カウンセリングを行う場面も増えた。その際，家族に向けて，まず教えていたのが「間違い指摘反射の抑制」である。発表した小学生のケースも「僕は病気ではない」と言い張る子に，親が「学校にも行かずに，洗濯機を家族に使わせないなんて病気に決まっているでしょ！」などと否定的発言をするのではなく，「お友達と一緒にいるときは皆と同じように動けるし，何も困っていないんだもんね」などと返す言葉（共感と是認）を使えるように指導した。そして，父親のことを極端に避けている行動については，自宅訪問で改善するよう行動療法を行った。

　このように家族カウンセリングの中で，当事者と家族の間でけんかになるやり取りを 3 往復程度メモして来てもらい，それを MI ベースの応答にシナリオを書き替えて自宅で使ってくることを家族への宿題とした。例えば，「うるさいな，関係ないだろ！」という子どものセリフに対して，「関係あるから言ってるんでしょ！」のような NG ワードを決して使わないように気をつけさせ，「そうか……自分で何とかしたいのね」などの OK ワードを使うようにあらかじめカードに書いて練習をしてもらう。NG ワードとは相手の発言の間違いを指摘し，関係を悪化させる，感情をあおるような発言となる。何らかの問題を抱えた家族に少しでも変化を動機づけたいならば，家族自身の感情コントロールができるようにリラクセーションの技法も教示した。また，間違い指摘反射の代わりに是認や共感の使い方，そして強化子など行動分析の基本概念を教示し，褒めのフェイドアウトの用い方なども必要に応じて教えた。以上のような家族教育の内容を必

要最小限の MI と行動分析の知識とで一つにまとめたのが MIFT（Motivational Interviewing for Family Training）である（岡嶋・高橋，2018）。

X　MIFT の概要

　必要最小限とするために MI の基本から外したものは，OARS などの聞き返しの練習やチェンジトークと維持トークを探すことである。これらは初級の MI ワークショップには必ず入ってくる内容であるが，家族へ教示するプログラムに組み込まなかった。また，家族にとっての当事者は利害関係は多少あるものの，他人のようにだまして搾取するような関係ではないことから，スピリットも教えるまでもないと考えた。結婚した時の夫婦関係や生まれたばかりの子を愛おしいと抱いた頃の想いを取り戻すだけでよい，心配性などの行きすぎた部分をそぎ落とすだけでよい，と教えた。家族が是認をうまく使えるようになると，当事者の自己肯定感を刺激しコントロール感を増大させることができる。当事者自身の価値に基づく決断をし，それをコントロールできる有能感に気づいた時に動機は発動されるのである。MIFT を紹介した雑誌（岡嶋・高橋，2018）には，プログラムに参加した方が「40 年間わかりあえない夫婦だったのに，変われた」という手記（pp.24-26）も掲載されている。

　表に 1 〜 8 回のプログラムの内容を示す。各回は 90 分を予定して行う。ファシリテータが 1 名の場合は，参加者は 5 人程度がよい。個別の課題を見る必要があると 90 分で足りない時もあるためで，2 名のファシリテータがつく場合は，8 名〜 10 名が可能である。特に対象疾患は絞っていないし，個別に行うことも可能である。マニュアルは各回の順番を守っていただければ，細かい内容は自由に進めてもらってもよい。

XI　学び方について

　本書の執筆者らに課せられたテーマとして，自分自身に役だった学び方やこれから学ぼうとする人たちに勧めたい学び方について触れなければならない。これまでに書いてきた歴史を俯瞰すると，筆者が MI の使い手として役だったことは，たとえば「他には」「一方で」「ここまでのところをまとめると」などの MI 独特の言い回し（筆者のそれまでの常用語にはない言葉だったのでそう感じたも

表　MIFT プログラム

回	テーマ	内容	宿題
＃ 1	ゴール設定と間違い指摘反射の抑制	ゴール設定では「ゴールとして，当事者との対応が変化したと思えるものとは何でしょう？　回数や頻度の変化で考えてください」と問う。間違い指摘反射の抑制では，「お前には関係ないだろう」→「関係なくなんてないわよ！」と反射が生じやすい場面を考え，これをこらえる方法を学ぶ。 【例】「お前には関係ないだろう」を聞き流して無視。または，「自分で何とかしたいのね」のような相手の考えを想像する技術を学ぶ。	間違い指摘反射をこらえた回数と反射ではない発言ができた回数をチェックする。
＃ 2	アドバイスのしかた	アドバイスは許可を取ってから行う習慣作りをする。 【例】「お母さんの意見を言ってもいいかな？」の練習を行う。患者の行動を機能的に分析する手法を身に着け，どの行動を強化しどの行動を弱化すればよいかがわかるよう個別に自分の家庭の例で考えられるよう指導する。呼吸法（リラクセーション技法）のレッスン 1 回目。	許可を取ってからアドバイスをした回数，呼吸法エクササイズをチェックする。
＃ 3	共感の上達	相手に対する想像力を鍛えるエクササイズを行い，共感を伝える言葉の言い方を学ぶ。 【例】「お前のせいで人生が台無しになった。俺の人生を返してくれよ。そうしたら，クスリだって関係なくなるだろ！　とりあえず金をくれ」→「ここまで薬なしで生きてくるのは大変だったんだね。本当はもっと違う人生を生きたいと思っているんだね」のような共感と同意の違いを身に着ける。共感を多用することによってコミュニケーションに変化が起こることを観察する。	相手の感情を言葉にした回数や身体の状態（だるい，重い，痛い等）を想像して言葉をかけた回数をチェックする。
＃ 4	振り返り	これまでの 3 週間でできたこと，難しかったところ，効果があったところなどを取り上げ話し合う。学んできた中での疑問や「当事者に言われて困った一言」を話し合う。	さらに「言われて困った一言」を生活の中から収集する。
＃ 5	落ち着いて話ができるための工夫	2 回目呼吸法（リラクセーション技法）の教示。是認（ほめる・認める・ねぎらう）を会話の中で使えるように練習する。 【例】流しまで食器を運んでくれたら「助かる！」とか，目があったら「嬉しい」などを待ち構えて言う場面作りをする。 共感と是認が増えるとどのように当事者との関係や対応が変わるかを観察する。	会話の中で是認できた回数をチェックする。けんかの回数やイライラの点数などのチェックでもよい。
＃ 6	「言われて困る一言」に対応する	宿題で収集した「言われて困った一言」を集め，カードの表に書く。返答を参加者で検討し，カードの裏側に書く。困る一言と返し方のフラッシュカードを全員で作成して，これを二人組で繰り返し練習する。	カードにある発言をしてみる。新しい言い方ができた回数，古い言い方を使ってしまった回数をチェックする。

回	テーマ	内容	宿題
＃7	声かけのタイミングの図り方	当事者の行動に対して，関心を向けるポイントとタイミング，関心をあえて示さないポイントについて学ぶ（機能分析による刺激制御）。ターゲットとする行動が増えたり減ったりすることをサポートするための声かけのタイミングに気づけるようにする。	各自が声をかける場面を探り，うまく声かけをした回数をチェックする。
＃8	振り返り	この2カ月で変化したことはなにか？ 最初に設定したゴールは達成できたか？ について話し合う。学んだ技術について再確認する。	

　の）を今週の重点目標として，カードに書いて机の下に忍ばせておいたことである。そのうち自然と使えるようになるまで，そのカードはパウチして使っていた。

　ところで，スーパーバイズをしていると，ほとんどのバイジーに是認が足りないと感じる。30〜50分の面接の中で是認が2〜3回程度という冷ややかな面接の録音を聞くとそれを倍にするだけで，面接中のクライエントの感情が動くようになるので，是認のポイント探しをしてもらう。その時に是認の気づきを促すモノがあった方がよい。また，自分のお気に入りのトレーナーの語り口をその人になりきって行うのもよい。部分を学習して全体へとつなげて行くのであるが，新しい言語を習得するように声に出すことが肝心である。

　またトレーナーとしての学びに関しては，他のトレーナーのワークショップに出ることが最も簡単な学びの方法である。煙たがられても，一参加者として参加させていただけることが学びとなる。筆者はいつの間にかトレーナーの中でも古参となってしまって，ワークショップに参加したいというと，ファシリテータをさせられたりするが，本当は参加者目線からのトレーナーを見たいのである。これは筆者がポーランドで開かれた TNT（Training of New Trainers）に参加した時にエクササイズの提供の仕方など，エンターテイメント性が素晴らしいトレーナーらのふるまいを見て感じたことである。英語ではもどかしい思いで話す筆者の意図をくみ取って，会話を進めてくれたり，ほんのささやかなところをしっかりと是認してくれたり，あの仕草，あの言葉遣いを見習いたいと思わせられた。彼らは手本を示しているつもりはないのだろうが，筆者からは具体的な行動目標の例を見せられているようだった。よい指導者というのは，バイジーの力量を見極めるアセスメント能力があり，学習の最近接領域にはまるようなちょうどよい課題を提示できることなのだろう。

おわりに

　MIを家族教育に使ってきた歴史を実際の事例を交えて述べてきた。Guzickら（2018）によると重症の強迫症患者に対するCBTに付加して効果があった要素としてMIと家族介入であったと結論づけている。薬物療法の付加よりも圧倒的な効果である。強迫症は他者から理解されにくい症状もあり関係作りが重要であることの示唆であろう。治療者として当事者に対してMIを使うことはもちろんであるが，家族と当事者間でも関係性の再構築を行っていくだけで，重症の強迫症にも変化を促進する結果が得られていることになる。MIFTは家族に協働作業者としての立場で当事者に接してもらえることから，今後さまざまな領域への展開と応用が期待される。

文　献

Guzick AG, Cooke DL, Gage N et al（2018）CBT Plus : A meta-analysis of cognitive behavioral therapy augmentation strategies for obsessive compulsive disorder. Journal of Obsessive-Compulsive and Related Disorders 19 ; 6-14.

Markland D, Ryan RM, Tobin VJ et al（2005）Motivational interviewing and self-determination theory. Journal of Social and Clinical Psychology 24（6）; 811-831.

Meyers RJ & Wolfe BL（2003）Get Your Loved One Sober : Alternatives to nagging, pleading, and threatening. Hazelden Publishing.（松本俊彦監訳（2013）CRAFT 依存症者家族のための対応ハンドブック．星和書店）

Miller W & Rollnick S（2002）Motivational Interviewing : Preparing people for change. Guilford Press.

Miller W & Rollnick S（2012）Motivational Interviewing : Helping people change, Third Edition. The Guilford Press.

大久保真紀（2014）献身―遺伝病FAP（家族性アミロイドポリニューロパシー）患者と志多田正子たちのたたかい．高文研．

岡嶋美代（2014）患者／家族から学んだこと．精神療法 40（2）; 323-325.

岡嶋美代・安東由喜雄・岡部紘明（2003）遺伝カウンセリングにおける Motivational Interviewing の試み―家族性アミロイドポリニューロパチー（FAP）患者における検討．日本遺伝カウンセリング学会誌 24（1）; 43.

岡嶋美代・原井宏明・鈴木伸一，他（2009）父親を忌避し母親に暴力を振るう不登校の小学生に対する行動療法．行動療法研究 35（3）; 310-311.

岡嶋美代・原井宏明・竹嶋怜子（2015）強迫症にとっての自助グループの意義．精神科臨床サー

ビス 15（2）; 179-185.

岡嶋美代・高橋郁絵（2018）夫婦・親子のうまくいかない関係が変わる！　家族が使える　かんたん「動機づけ面接」.（特集／家族が使える　かんたん「動機づけ面接」）. 季刊〔ビィ〕Be! 131.

Smith JE & Meyers RJ（2004）Motivating Substance Abusers to Enter Treatment : Working with family members. The Guilford Press.（境泉洋・原井宏明・杉山雅彦監訳（2012）CRAFT 依存症患者への治療動機づけ―家族と治療者のためのプログラムとマニュアル. 金剛出版）

15. 愛着障害・トラウマ・発達障害と ESS（電子スクリーン症候群）

磯村　毅

はじめに

　動機づけ面接（MI）を始める，続ける，広げるというテーマで，文章を書く機会を与えられた。筆者がどのように MI に出会い，学び，広げてきたかを紹介し，MI を学ぶ人たちのヒントになればという趣旨だと伺った。貴重な機会に感謝している。どこまで参考になるか不安であるが，現在の私の関心事から入ることをお許し願いたい。

症例 1：35 歳　男性（2 歳　男性）[注1]

　2 カ月連続で 60 時間の時間外労働があり産業医面談となった。仕事にやりがいを感じ上司との関係もよかったが，疲労の蓄積が強く，仕事に集中することが難しいという。

　詳しく聞くと，2 歳になる子どもに言葉の遅れがあり，注意散漫で，人と視線が合わず，母親が呼びかけても振り向かない。体をゆするなどの常同行動があり，制止すると癇癪を起こす。夜ふかしで 11 時ごろまで寝ない。

　小児科医には発達障害の可能性があると言われ心配でたまらないと涙ぐんだ。下の子の手が離せない時にスマホを見せて静かにさせているが最小限にしているという。

注1）ESS の症例としては 2 歳（男性）であるが，産業衛生および家族の観点から，発端となった父（35 歳男性）の事例として示した。

ESS（電子スクリーン症候群）の可能性を説明し，試しに3週間の完全なスクリーン断ちをしたところ2週間で視線が合いやすくなり，4週間後には発語が増え，笑顔で両親のもとへかけよってくるようになった。

症例2：57歳　男性

メーカーの技術系課長。元来温厚な性格であったが，部下がミスをすると，声を荒げて怒鳴りつけることが増え，問題となった。

人事担当者が聞き取りをしたところ，本人には自覚がなく，むしろ最近，部下の名前が思い出せない時があるなど物忘れが気になるという。状況確認のため産業医面談が設定された。

産業医は，脳出血や脳腫瘍などの何らかの器質的な脳・神経疾患の可能性を疑い専門医の受診を勧めた。

精査の結果，出血・腫瘍などは見あたらず，8年前から睡眠前や隙間時間などにも頻回に使用していたスマホによる脳疲労が疑われ，仕事のPC以外のスクリーンタイムの制限が開始された。開始後3週間で物忘れは改善し，周囲から見ても怒りの爆発はみられなくなったという。

（症例はいずれもプライバシーの観点から一部改変している）

症例1を体験した時には，正直，ESS（後述する）のことを知って日が浅かっただけに，こんなに身近にいるものかと驚愕した。症例2もESSといえるが，類似した事例がいわゆる「オーバーフロー脳」として，NHKのクローズアップ現代＋で紹介されている（NHK, 2019）。この問題（特にスマホによる寝室や隙間時間でのスクリーン使用）の急速な広がりとインパクトを示すものであろう。

I　ESS（電子スクリーン症候群）とは

ESS（Electric Screen Syndrome）電子スクリーン症候群とは，米国の児童精神科医が提唱した臨床的な概念で以下のように要約される（Dunckley, 2015）[注2]。

1. スマホ・ゲームなどの電子スクリーンによる，気分・認知・行動・社会

[注2] 提唱者のDunckleyは保護者向けの一般書（邦訳もある）（Dunckley, 2015）でESSの概念を紹介しているためPubMedなどで検索しても出てこない。学術的には各々の症候ごとにスクリーンの影響を検討した文献が多数ある。

性の障害。

2. 短時間の使用での発症も珍しくない（特に男子・トラウマ・チック・発達障害・未熟な社会的スキルなどの危険因子を有する場合）。

　　スクリーンの影響に気づかず，粗暴な行動により，容易に発達障害・双極性障害・うつなどと誤診される（症例 1）。

3. 3 週間以上の厳格なスクリーン断ちにより改善する（脆弱な子どもの場合，短時間のスクリーン使用でも ESS を発症するため正確な診断には厳格なスクリーン断ちが求められる）。

ESS は成人にも生じる（症例 2）が，特に脆弱なのは幼少の子どもである。
子どもたちが健やかに育つためには，次のような環境，経験が必要だとされる。

1）刺激が強すぎないこと（ストレスが強すぎると，脳や体は健康的でいられない）。

2）十分な休息。ストレスから回復するだけでなく，情報や感情を整理するのに必要。

3）愛情に関する基本的な欲求が満たされること。アイコンタクト，スキンシップ，理解してもらえること。

4）体を動かすこと，感じること。

　これらを脅かす存在が，スマホ・タブレット・ゲームなどの電子スクリーンであることは論を待たない。しかし，これらの間接的な効果に加えて，電子スクリーンには直接人の脳を疲弊させる作用があることが示されている。主なものは，メラトニンの抑制，睡眠リズムの狂い，ストレスホルモンの増加，脳内血流の変化（前頭葉の血流低下）などである。特に前頭葉の機能低下・発達遅延に深刻で，社会的な不適応に至る。ESS の回復には，厳格なスクリーン断ちを最低でも 3 週間続ける必要がある。

　スマホ依存防止学会でも，鹿児島の中学校で，5 人のバスケ部の部員らに，スマホ・ゲームを 3 週間断ってもらったところ，授業中の問題行動[注3] がみられなくなった。ほかにも多数の類似例を経験している。

Ⅱ　最悪なのは乳幼児用「知育アプリ」？

スマホ・ゲームの悪影響というと，身近にあるだけに「わかってる」と答える人は多い。しかし，そこに落とし穴がある。ある精神保健福祉センターの所長を務める精神科医の ESS に関するコメントをもとに簡単なクイズを考えてみた。

＊　　　＊　　　＊

デジタル機器による心身への悪影響を指摘する声もあるが，その多くは（ a ）への危険性や，長時間使用による学力低下，不適切な情報発信や，SNS を通じ見知らぬ人とかかわることの危険性などについての懸念である。

本書（Reset Your Child's Brain：ダンクリー博士の主著）では，デジタル機器のスクリーンに触れることにより，精神症状や神経症状が出現する，あるいは悪化する（ESS）ということが指摘されている。ESS の症状は，双極性障害や自閉スペクトラム症や ADHD といったいわゆる（ b ）の症状と鑑別が難しい場合が多く，こういった精神疾患と「誤診」されているのではないかと，筆者は指摘している。

近年，若年者からの精神障害者手帳申請が増えており，その多くがいわゆる「発達障害」である。障害者手帳を申請するに至った子どもたちの中に，本当の「発達障害」ではなく，筆者がいうところの（ c ）が混じっているとすれば問題である。

幸いなことに，筆者はリセットプログラム（Dunckley, 2015）により，多くの場合 ESS の症状は改善すると述べている。スマホをはじめとする（ d ）な機器が ESS という健康障害を引き起こすのであれば，アルコールと同様，

注3）　具体的には，以前は教材を持ってこず，教師の発問に対して全く無関係な発言をして妨害をしていた生徒が，教材を持参するだけでなく，指示されたページを開いて授業に臨み，さらに教師の発問に対しても適切な返答をするようになった。その後スマホを返したところ，元通りの生活・授業態度に戻ってしまった。その後，3 週間のスクリーン断ちをして症状を改善させたのち段階的にスクリーンへの暴露を増やして適正量を探る「リセットプログラム」(Dunckley, 2015)が試みられ一定の成果をみている。準備性の低い保護者・子どもがほとんどであり，リセットプログラムに関する情報提供および導入には動機づけ面接が必要となる。

若年者に対しては使用を制限するという発想も必要であろう。しかし，現時点ではデジタル機器の利便性や学習面などでの有効性のみが強調され，もっぱら依存症にならないように「ほどほどに」使用することの大切さのみが強調されている点に強い危機感を覚える。

＊　　　＊　　　＊

解説していこう。実はいきなり a で「はて？」となる人は多い。a は依存症があてはまるが，ここに ESS のキモがある。敏感な子どもの場合，平均的な使用時間でも，いやごく短時間の使用ですら症状が出る。つまり，ESS と依存症は別の概念であり，ESS の大部分は依存症には至っていない。例えばこんな事例がある。

症例３：10 代女性　（精神科主治医の回想より）

まず，恥ずかしながら ESS が依存症とは別の概念ということがやっとわかってきました。依存傾向にもなりますが，脳がスクリーンに過敏反応を示すようになる，というイメージが強くなりました。

それで，以前入院した 10 代の子を思い出しました。現病歴ではスマホを持つと逸脱行動（中学 2 年で援助交際をしてしまう。1 回目は親が激怒して取り上げ，落ち着いていたが，また持たせたら悪くなった）が激しく情動的にも不安定になるというエピソードが目立っていたのが，入院後は何の問題もみられなくなりました。「スマホ依存です」と宣言してスマホの使用を禁止し，親とも方針を共有して退院としました。しかし，治療的に有効だと思ったのでそうしましたが，私自身は診断にやや根拠の乏しさを感じていました。本人があっさりと方針を受け入れたことも依存症らしくありませんでした。今ふり返ると ESS と考えて矛盾しません。

症例４：20 代男性　（症例３と同じ精神科医の回想の続き）

他にも，統合失調症（妄想・幻覚）で入院した子で，徐々に安定して外泊まできたところでゲームを再開したとたんに不自然なほど不調になった症例もありました。親が外泊の時にゲームはどうしましょうと質問してきたので，「病状は改善しているし，そんなに気にしなくていいですよ」と話したのですが，親は非常

に不安そうでした。案の定，親の不安があたり，ゲームで症状が再燃し，退院の延期を余儀なくされました。

　bは発達障害，cはESSとなる。繰り返しになるが，症例1では，発達障害と同様の症状が観察されたものの，スマホの視聴は短くスマホの影響は検討されなかったが，現実にはスクリーン断ちで劇的な改善を見せた。だからこそ，何か問題があるのであれば，服薬などを検討する前に，3週間の厳格なスクリーン断ちを行うことが必要であり，障害者手帳の申請をする前にはESSの除外診断が求められるのである。

　ダンクリーはごく短時間のスクリーンの視聴でも重篤な結果を招き得ることを，1996年にポケモンのアニメを見た約600人の子どもが痙攣（けいれん）をおこしたことを指摘し強調している。また最近ではTikTokと10代女性のチック症急増との関連が注目を浴びている（Pringsheim et al, 2021）。

　dはインターラクティブである。これは，触ると反応するなど応答性があることをさす。ゲーム・スマホ・タブレットなどだ。従来の早送りも巻き戻しもできずチャンネルしか変えられないテレビ[注4]は受動的スクリーンと呼び区別している。ここで，電子スクリーンの影響に関する，よくある誤解を列挙しよう。

【誤解1】テレビも有害と言われてましたよね。

　テレビ（受動的スクリーン）と，スマホ・ゲーム（インターラクティブなスクリーン）では，影響の強さが全く違う。

　例えば睡眠への悪影響で比べると，スマホはテレビの4倍（スマホ30分がテレビ2時間と同じ）など多数の研究がある（Kondo et al, 2012 : Dunckley, 2015）。

　スマホは心理的巻き込みが強い。テレビが基本的に別世界の話であるのに対し，SNSでは自分と直接かかわりのある人とのやり取りや，自分が好きなものを自分で選んで，探して，無限大に見ることができる。

　YouTubeでも面白い動画を求めて，早送りしたり，他の動画を試したり，終わりのない探索活動に没入し，のめり込みが強い。露骨な「闘争か逃走」反応が生じるゲームやオークションサイトは言うまでもない。ドキドキ・ハラハラ・ワ

注4）テレビでYouTubeを見る場合はインターラクティブなスクリーンに分類される。

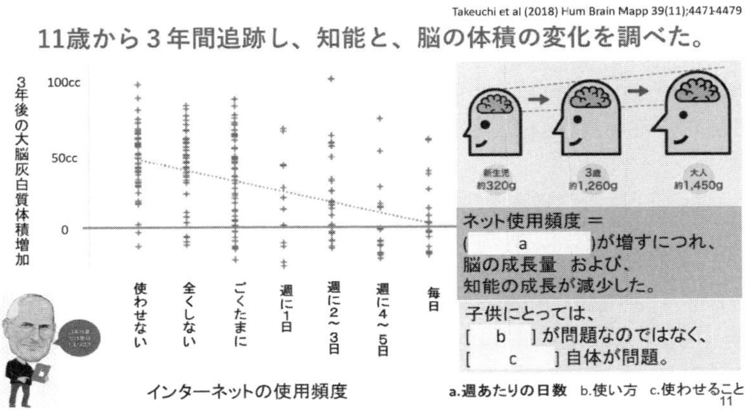

図1　知能と脳の体重の変化（Takeuchi et al, 2018）

クワク・イライラのレベルが高く過覚醒状態が持続するのである。

　この状態においては，種々のストレスホルモンが分泌されるばかりでなく，脳血流は原始的な脳に集中し前頭葉の血流は低下している。それが反復され影響が蓄積する結果，前頭葉機能が低下すると考えられている。そして注意・認知・感情の制御・社会行動に悪影響が出てくる。

　しかし最も深刻な影響は脳成長の停止であろう。竹内ら（2018）は MRI を用いた縦断研究でスマホ使用により，大脳（皮質および白質）の成長が停止することを示している（図1）。

　ESS の一部は最悪，依存症に至る。その場合，前頭葉の損傷はコカインなどの薬物依存と同様と判明しており，WHO がゲーム障害を疾患名と認定する際の決め手となったとされる。

　スマホやタブレットを違法薬物と比較することは，世間的な感覚から飛躍していることは理解している。しかし，引き起こされる行動の変化は類似している。ゲームに夢中になり不登校となり，ネットの遮断に腹を立て家族に暴力をふるうなど，枚挙にいとまがない。テレビを見られないようにしたら，切れて親を刺した，といったことはあるだろうか？　スマホやゲームは，テレビよりもむしろ違法薬物に近い結果を脳にもたらす。

【誤解2】暴力的な内容やゲームが良くないのであって，教育用のものは安全ですよね。

　教育産業からの宣伝により，「悪いのはゲームや暴力的なコンテンツであって，教育的なものは安全だ」という間違った印象を抱いている保護者は多い。しかし，真実は，インターラクティブなスクリーンは，あまりにも刺激が強すぎ，教育的なものであっても脳を疲弊させ，前頭葉を劣化させる。

コラム【知育アプリの真相】

　ある「ひらがなを覚えるアプリ」では，まずリンゴのイラストが出てくる。

　り・ん・ご　と文字が表示され，音声が流れる。

　子どもは，リンゴを，となりの男の子のイラストの口にもっていく。

　男の子は，もぐもぐもぐ，「おいしいね」　ニコッ。つぎに，ミカンが出てくる。

　み・か・ん　と表示＆音声　→　口にドラッグ。　「おいしいね」

　ところが，ときどき，トウガラシが出てくる。

　この場合，男の子は

　「ギャーっ　からい〜！！！」と大騒ぎ。子どもはおおよろこび。夢中になってやり続ける。

　ところが，このトウガラシ，いつ出てくるかわからない。ランダムに出てくる。

　子どもは，まだかな，まだかな，とドキドキしながら待っているので，トウガラシが出ると，やったー！　と，ドーパミンがドバっと出る。

　これって，（　g　）に似てない？

　親は勉強してると思って安心してるかもしれないけど，静かにしているということは，この間，親とコミュニケーションはない，ということ。そして，子どもの話す力は逆に？

　そう。言葉の発達は逆に遅れてしまう。

　（g はギャンブル）

　子どもがあまりにもスマホに没入することから違和感を抱く親もいる。それで，「スマホは止めて，絵本読もうか」と誘ったとしよう。するとどうなるか。子どもは絵本にスマホと同じようにタッチして，動かないとわかると興味を失ってしまう。積み木を渡しても同じである。

　つまり，反応性がなく自分で工夫したり想像したりして遊ぶおもちゃでは，刺激が弱すぎて脳が反応しない。こうして，スマホをよこせ，と騒ぐようになる。スクリーンの刺激で脳の興奮状態が続き寝つきも悪くなる。親は子どもを静かにさせようとますますスマホに頼るようになり悪循環だ。事例1のように，発達障害に類似した症状を呈し，対策が取られないまま，障害認定される可能性も出てくるであろう。

コラム【愛着障害・トラウマとスマホ】

　赤ちゃんの視力は弱い。しかし黒いものが2つ並んでいると好んで見る。授乳中，赤ちゃんは母の顔（目が2つ）をじっと見つめ，母も子を見つめにっこりして愛着が形成されていく。ところが，

　母親がスマホを見ていたらどうだろう。横顔では赤ちゃんは母親が認識できずキョロキョロしてしまう。この段階から影響が始まる。

　昔なら我が子がハイハイを始めたら母はじっと見ていた。子どもはハイハイしていくと何かを「発見」する。ただのゴミとかなのだが，子どもにとっては「発見」だ。そして「感動」する。そしてその先が人間らしいところであるが，子どもは「共感」を求め，母を振り返って叫ぶのである。母親は子どもをじっと見ているので，「なになに？！」と即座に反応。「すごいね〜」と共感する。そして子どもは勇気百倍，さらに遠くへ探検に出るというわけだ。

　ところが母がスマホを見ていると，子どもが見て―！　と叫んだ時にスルーしてしまう。それだけでも十分に悲劇であるが，現実はさらに過酷である。母は，子どもが悪いことをしていないうちはスマホに夢中であるが，何か危ないことなどを始めたと気がつくと，途端に「ダメダメ！」としかりつけるだろう。つまり，子どもから見ると，共感は無視され，母からくるメッセージは突然のネガティブなものばかり，ということになる。大人でもこんな仕打ちを受けたらつらいだろう。しかも庇護を受けている人から。

　残念ながらこの種のネグレクトとトラウマは急速に蔓延している。そして

育てにくくなった子どもは（愛情ではなく）スマホを渡されて放置されがちだ。トラウマは ESS の危険因子でもある。内閣府は小学生の暴力事例が最近 4 年で 2.5 倍になったとの集計をまとめている（内閣府，2021）。関連はあるのだろうか。

Ⅲ　ESS と MI

　私は 10 年ほど前から，スマホ問題に取り組んでいるが，少なくとも私の MI はこの課題に限りなく無力であった。まだまだ工夫が必要，これからのフロンティアなのである。

1．スマホ問題 MI の 3 領域

・第 1 領域　保護者

　スマホ子守りをする保護者の扱いは難しい。不用意に注意すると逆襲される。それなりに害を認識しており両価性を抱えているためである。その一方で，スマホ子守りは非常に即効的で，なしではやっていけないと感じている。

　取り組むべきは 3 つある。[1] 害の認識が不十分であること。まさか発達障害と同様の症状を呈するとまでは理解していない。[2] 自分で自分の首を絞めている，つまり，スマホ子守りにより逆に育てにくい子どもとなり子育てが困難になっていることに気づいていない。[3] 子育てのサポートが不十分であることが多い。「時間とエネルギーがたっぷりあるなら，それでもスマホ子守りしたい？」と尋ねると，NO の人がほとんどである。

　残念なことに，チックなどの神経疾患，トラウマ，発達障害，社会的なスキルの稚拙さなどの ESS の危険因子があってもスマホを与えてしまう保護者が多い。

　また，せっかくスマホやゲームの危険を本能的に察知していても，仲間外れになるのが心配，世の中についていけなくなるのが心配，などの理由で与えてしまう。その結果，逸脱行動や，成績の低下，注意の障害などの ESS の影響が出ていることがある。スマホやゲームの危険を医療関係者に尋ねても専門家も ESS のことを知らず簡単に否定されてしまう（症例 4）。

・第 2 領域　スマホを買ってほしい子ども

　いわゆる「強制力下の MI」に相当する。親子なだけに水平な関係が作りにくく，

MI スピリットが大切となる。戦略としての自律性の支援，強制下での選択の自由の強調などが参考となる（補遺 3）。また，情報提供に際しては MI スキルが有用であるが，ESS の概念は社会通念とかけ離れているため通常の AOA（Ask, Offer, Ask：たずねる・提供する・たずねる）では限界がある。「子どもや家族から新興宗教を見るような目で見られた」と報告する保護者も多い。

・第 3 領域　スマホが止められない子ども

年長者には両価性を有する場合もある。しかし，行動変容の原動力としては弱い。スマホの有害性に関する知識が，犯罪・視力などごく一部に限られているためである。たとえ「スマホで時間の無駄をしている」との認識はあっても，スマホのせいで自分の注意力・記憶力・忍耐力・社会性そのものが損なわれていると理解している子どもは皆無に等しい。

その結果，「自分はできそこないだ，コミュ障だ」と自尊感情が低下していく（スマホを止めればよくなる人も多いのに……）。喫煙の害がほとんど無視されていたころの禁煙支援以上に困難との印象を持っている。

幼少者ではそもそも両価性がない。また年少児ほどダメージが大きいにもかかわらず，乳幼児の場合はその場その場で強制的にスマホを排除可能であるため，保護者の困り感が高まりにくく，保護者は子どもの脳に深刻な発達遅延が生じている事実に気づかない。大きくなれば自然にスマホが自制可能となると何となく期待している。しかし，スマホ子守りで静かになるのは気を取られているだけだ。その時は静かでも忍耐力がついたり保護者の顔色が読めるようになるわけではない。年長になってからも日常的にゲームやスマホを使わせていれば，前頭葉は育たず自己制御力は弱いままである。そして，体も大きくなってから，どうしようもなくなり，ムリに取り上げようとして暴力沙汰や家庭崩壊に至ってしまう（補遺 4）。

これを脳の発育から裏付ける文献がある。前述の脳の成長量を 3 年間追跡した竹内論文（Takeuchi et al, 2018）（図 1）では，スマホでネットを使う影響が週に数日の使用から起きはじめ，毎日使う習慣のある子どもでは脳の発育が止まっていたことが判明している。これは約 10 年前に行われた研究であるがそのころは自分専用のスマホを持っていない子どもがたくさんいたのである。隔世の感があるがこの研究の結果は深刻だ。毎日使わせると脳の発育が止まるということは，スマホの「使い方」が問題なのではなく，子どもにスマホを「渡すこと自体」が問題だと示しているからだ。

2. 子どものスマホ対策が困難な理由

　子どものスマホ対策が困難な理由には援助職には変えられないものが多い。

　1. そもそもこの領域の医学は非力である。依存症には治癒はなく，回復を目指すことになる。覚せい剤を使いながらの社会生活は目標とならない。自己制御力そのものを取り戻す治療法はなく断つしかない。ゲーム障害も同様だ。

　ESS に対しても医学は無力である。チック症の子どもが TikTok で悪化した場合，結局 TikTok を見ないようにする他はなく，TikTok を見ても症状が起きないようにチック症を治療することはできない。

　2. 子どもの認知力・自己制御力は弱い。また子どもがゲーム依存になっても，親が問題を隠しやすく，8050 問題となるまで表面化しにくい（子どもの ESS と大人の依存症患者の対応の違いについては補遺4参照）。

　3. スマホの利点を強調し，危険を軽視する風潮がある。

　当然知れわたっているべき情報が隠されており，「モレのある情報」により，「誤った思い込み」がいきわたっている。その結果，親を油断させ，政府の対策を遅らせ，子どもたちの自尊心をくじく，ESS を持続するのに都合のよい言説が蔓延している。

　かつて，コカインは，痛み止めのみならず，やる気が起き，心が明るくなり，集中できる万能薬として，もてはやされた時期があった。かのフロイト博士も自らコカインを積極的に服用していた。コカ・コーラのコカはコカインのコカである。その当時のコカインと，現在のスマホの扱われ方には類似点がある。「夢のような」「時代の先端を行く」が強調され危険が軽視されている（Alter, 2017）。

　厄介なのは，スマホが身近にあるため，専門家も含めて皆「わかったつもり」でいることだ。「使い過ぎに注意ってことですよね」と早合点する。「いやいや，そうじゃなくて」，と話そうとしても逃げられてしまう。

　この「わかったつもり」を突破するには，抵抗を回避しつつ働きかけ，かつ，気づきを促すという，高度なスキルが必要だ。MI の AOA はその枠組みとなるが，それだけでは困難である。

Ⅳ　「三つ葉」スマホ対策のために援助職にできること

　では，援助職自身でも変え得ることは何か。次の3つではないだろうか。

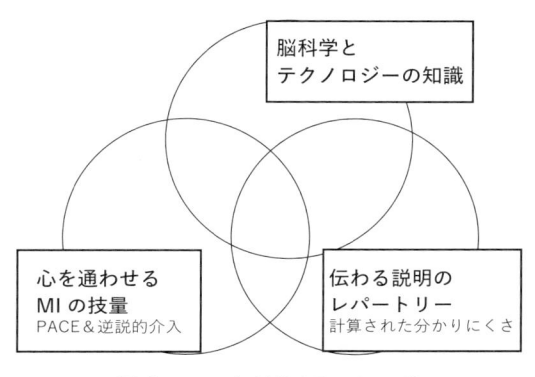

図2　スマホ対策 MI の三つ葉

①脳科学とテクノロジーの知識

ESS をはじめとする，スクリーンによる影響や脳科学の知識を最新のものにしていく。脳の変化とクライアント心理とのナラティブとしての理解も重要である（磯村，2019；Isomura et al, 2014）。海外の社会動向にも注意を払いたい。スクリーンの害から未成年を守る取り組みが各方面で急速に進みつつあるからである。

②心を通わせる MI の技量

維持トークへの戦略的な対応は必須である。維持トーク側から価値の深堀りをして矛盾の拡大を行う「逆説的介入」が最低でも必要だ。そこでは，技術を超えたスピリットも試される。また家族全体のダイナミズムも視野に入れたグループ MI 的な観点も必要だ（Dunckley, 2015）。

③伝わる説明のレパートリー（計算されたわかりにくさ）

脳科学とテクノロジーの知識があり，MI の力量がついても，それだけでは，肝心の情報提供のところで失敗する。専門的なデータ・知識を，相手に合わせていかに腹落ちする形で提示するか，その説明のレパートリーがさまざまなテーマごとに数限りなく必要となる。ここで求められるのは，脳科学者としての知識ではなく，むしろ計算されたわかりにくさ（磯村，2007）などのストーリーテラーとしての技術である。

　私は上記の3つを「スマホ対策 MI の三つ葉」とよんでいる（図2）。どれが欠けてもうまくいかない。そもそも知識がなければ始まらない。しかし，心を通

い合わせることができなければ耳を傾けてもらえない。せっかく耳を傾けてもらえても，相手に届く説明でなければ意味がない。ということである。

スマホ依存防止学会（PISA）では，ジョブズ親テスト（JPT）（スマホ依存防止学会，2021）という指標を作成し，よくあるスクリーンに関する誤解の研究をしている。JPT の項目からいくつか選んで紹介しよう。

◇車にも便利さと危険があるように，スマホも一つのツールであり要は使い方の問題である。
そう思う→0 点　ややそう思う→1 点　そう思わない→2 点
平均点：保健スタッフ 0.4，医療系学生 0.1。

ほとんどの人がこの問いに肯定的に答えてしまう。「使い方」とか「つき合い方」「バランスのとり方」という表現は世界を制覇している。しかし，「スマホもツールの一つ，使い方の問題」という言い方は，スマホの依存性を無視する前提に立ってのみ成立する言い回しだ。スマホを車にたとえる人の中には，自らの利益のために，スマホの依存性をごまかそうとする人たちがいる。

スマホが依存物である説明は，車に依存性があったらどうなるかを想像してもらえば，理解しやすくなる。以下に例示しよう。

車とスマホはどちらも長所短所がある。しかし，決定的な違いもある。それは，車には，危険性はあっても，依存性はないということ。車に依存性があったらどうなるだろうか（この問いかけが大切）。毎晩用もないのに車を乗り回し，睡眠不足で遅刻を繰り返すとか，ガソリン代で借金がかさむといったことがあるだろうか。しかし，スマホの場合は起こる。依存性のあるものを単なるツールと考えるのは誤り。依存性のあるものを子どもに与えるのも誤り。

このテーマの応用に，甲子園を目指し野球に打ち込む若者も，プロゲーマーを目指してゲームに打ち込む若者もどこが違うのか？　という質問がある。ぜひ考えてみて欲しい。

車とスマホの違いは依存性の有無にあった。ゲームと野球との違いも依存性の有無にある。では，それをいかに腹落ちするように，ユーモラスに説明するかである。車とスマホでは，車に依存性があったら？　と問いかけた。であれば，野

球とゲームでは，野球に依存性があったら？　と問いかけてみよう。

もし，野球に依存性があったら，朝から晩までバットが手放せず，一晩中素振りしたり，ノックを続けることになる。そんなことは起きるだろうか？　どんなに野球に夢中になっていても疲れて眠ってしまうだろう。つまり，野球には睡眠・疲労・空腹といった本能的な欲求に打ち勝つだけの力はない。また脳からみても運動は前頭葉機能をむしろ高めることが知られている。ところが，ゲームの場合は……，というわけである。いかがであろうか。

◇これからの時代，子どもがスマホを使うことを避けることはできない。
　そう思う→0点　ややそう思う→1点　そう思わない→2点
　平均点：保健スタッフ 0.6　医療系学生 0.3。

スマホなしの社会には戻れないというのは大人の話であって，子どもは別であろう。しかし，大人になってからハイテクを使いこなす人間は，むしろ子どものころには，生身の体験と人と人とのリアルなやり取りを豊富に経験した子どもたちだと理解している親たちの間でも，もうどうしようもないと，無力感が広がっている。

しかし，この数年明らかに潮目が変わってきた。メタ（旧 Facebook）は内部告発により米国議会や英国議会において Instagram による摂食障害・うつ・自殺念慮の増加を隠ぺいしていたと追及され子ども用の Instagram 開発を断念。さらに米国 41 州が悪影響を知りながら利用者を欺いたとしてメタを提訴する大規模訴訟に発展している。中国ではオンラインゲームの未成年の使用を厳しく制限するようになった[注5]。政府系の新聞がオンラインゲームは子どもの精神を蝕む「アヘン」として非難している。先進的な ICT 教育で注目されてきたスウェーデンでは学力の低下が続くことを受け 2023 年，それまで廃止していた紙の教科書の復活を決めた（Guardian, 2023）。さらに 2024 年オーストラリアでは 16 歳未満の SNS 利用を禁止する法律が可決された（補遺 2 参照）。明らかに世界は気づきつつあるのである。

そもそも多様性・包摂性のある社会，という意味でも，公的教育の場で，タブレッ

注5）2021 年より未成年のオンラインゲームは週末金・土・日の夜 8 時から 9 時の 1 時間に制限された。同年 11 月からは中国国内におけるフォートナイトはサービス中止となった。また 2023 年には未成年のスマホ使用は 1 日 2 時間以下（16 歳未満は 1 時間以下），動画サイトは 40 分以下の規制が発表された（ロイター，2023）。

トなどのスクリーンに弱い人を無視して犠牲を強いることは問題だ[注6]。そして，実際に問題となりつつある。

　日本でも，スクリーンに敏感な子どもには紙を用いて授業を受けさせたり，タブレットの持ち帰りを止めさせる事例が現れた。具体的にはタブレットの持ち帰りに際しては保護者の同意書が必要となるが，保護者としてはそれを保留して，「タブレットは持ち帰らず，宿題は紙で，調べ学習などは学校で残ってやってもらう」などの合理的配慮を求めることができる（補遺5）。本稿の写しを参考資料として渡すこともできよう。

　実は，そのことに学校の先生は思いのほか協力的である。親たちは，ICT教育で教員はタブレットを家に持って帰ることを期待していると思い込んでいるが，それは誤解である。大多数の教師にとってタブレットはトラブルの種であり，また教育的な効果にも疑問を感じている人が少なくない（スウェーデンでは紙の教科書が復活した）。保護者からの要望はむしろ心待ちにされている。学校によっては不適切使用があった場合に回収している事例もある。

　数十年前に，喫煙がこれほど制限されると予想できた人は少ない。それと同様に，現時点では子どものスマホ利用の制限は夢物語に思われる。しかし，その影響が出始める数十年後には何らかの制限がかかる可能性は十分にある。そのために，漏れの無い情報提供や，ロビー活動等が必要である（磯村，2020）。

　また当面は，スマホを持たせたくない親同士で連携してスマホを持たせる時期を少しでも遅らせることが必要だ。そして，大人になって脳がより丈夫になってから，より依存性の少ない，パソコンなどから順番にデジタルツールを使っていく。要するに，ジョブズや，シリコンバレーの IT 企業の幹部たちが自分たちの子どもにしているのと同じである。

　　◇スマホ依存を防ぐには，何でも話せる親子関係が何よりも大切である。
　　　そう思う→0点　ややそう思う→1点　そう思わない→2点
　　　平均点：保健スタッフ 0.8　医療系学生 0.5。

　支援者，とくに教育関係者は，「人間関係が良ければ（スマホを渡しても）ス

注6）この観点から ESS リセット研究会（2021）は「スクリーンに敏感な学生を守るためのガイドライン」を作成し公開している。

マホ依存を防げる」かのような説明をすることが多い。そして，「スマホ依存となったのは，人間関係が悪いからだ。子どもはスマホに逃げ場を求めている」という言い方をする。しかし，人間関係で脳の変化は防げない。

　むしろ，どんなに関係の良い親子であっても，子どもの脳が劣化し感情的で切れやすくなり，一日中スマホばかりするようになれば，親子の関係は悪くなっていくであろう。それを後になってから，人間関係が悪いから依存になったと言われても，親がかわいそうなだけである。

コラム【親の不安に対応する】

Q1：いつから持たせたらいいの？

　親がうっとうしくなる年ごろってあるよね。

　思春期の特徴　→　親よりも友達が大切になっていく（自立への第一歩）

　この時期，子どもたちは「仲間」を切望しています！

　内気で，恥ずかしがりの子も，親の陰からでて，同世代の仲間に入りたくてたまりません。

　そして，勇気を出して，仲間に入って行く。〇頭葉，がんばれ〜 (^^ ♪

　そんな子を誘ってくれる優しい子どももいるかも。

　そして親友が，ゆくゆくは，恋人ができていく。

　ところが，そこに，スマホがあると？　ラインがあると？　スタンプがあると？

　ラクができてしまいます。

　その結果？　そして，この時期を逃してしまったら，いつ話す努力をするの？

私の考え：せめてコミュニケーション力が伸びる中学の間は持たせたくない。

Q2：スマホなしだと仲間外れになりイジメられないか心配です。

　　→　話についていけなくなるのが心配なのですね。（共感的に応答する）

　　→　次に，情報提供する。

　　・　スマホで，子どもの（　a　）の発達が損なわれる。

　　・　特に，話すのが苦手な子どもは，ますます（　b　）になる。

あってはならないことですが，万一，いじめにあってしまったとしましょう。

　スマホを持っていても，持っていなくても，いじめは起こる可能性があります が，この二つにはダメージに大きな違いがあります。何かわかりますか？

　スマホを持っていない子どもがいじめられた場合は……

　スマホを持っている子が受けるいじめは……（　c　）

　a. 社会性，b. 苦手，c. スマホがあると家に帰ってもホッとできない。 親が調べにくい。デジタルタトゥーの危険。脳と社会性の阻害

　以上，私がスマホ問題において MI に期待していることを中心に概説した。第 3領域は困難だとしても第1領域・第2領域においては「三つ葉」により MI が 機能すれば愛着障害・トラウマの発症を予防できるかもしれない。また，愛着障 害・トラウマと発達障害は，ESS の危険因子でありかつ，ESS により悪化もする。 加えて「三つ葉」に取り組むことは援助者が自らすぐにでもできることなのであ る。本稿の表題のように考える所以である[注7]。

　私の場合，常に，クライアントの問題解決をいかに援助するかという課題が， 先に存在していた。そして，そのために何ができるか，という中で MI に出会い， 学び続けてきた。また，そうすることで，ともに MI を学ぶ仲間も増え，広がっ てきた。確かに現状ではスマホ対策の MI は難易度が高い。抵抗が強く情報提供 もままならない。しかし，せめて ESS についてうまく伝えられることを目指す だけでも，自然と MI のスキルが伸びていくことは間違いない。

　読者の諸氏もきっとクライアントの福利のために何かが足りないと感じる場面 があると思う。そんな時に，少しでも本稿が参考になればそれにまさる喜びはない。

＊　　＊　　＊

注7) コロナ禍によりスクリーンへの暴露が増加し問題は加速している。 2021 年の 10 代女子の自殺数は，それまでの 5 年間の平均の 60%増 となった（厚生労働省，2021）。ESS リセット研究会では学習会を開 催し意見交換に努めている。詳細は右 QR コードより HP（https:// uruuishishunki.wixsite.com/website-1）を参照されたい。

ESSリセット研究会

［補遺 1］ よくある保護者からの質問

【質問】 子どもはスマホを買ってほしくて，あの手この手で訴えてきます。ある
　　　　程度説明した後は，怖いママになって力で抑えてもいいのでしょうか？

――さまざまな解答がありうると思うが一案を示す。一部（　）抜きにしてあるので考えてみ
て欲しい。

　もちろん（ a ）です。

　受け入れるのは辛いけれど，科学的に明らかとなってきた「（ b ）な真実」とは，
「どんなに工夫しても（ルール作りも含めて）子どもがスマホを上手に使うこと
は難しい」ということです。依存症になったらもっと困難です。

　したがって，譲れない一線は，むしろ，強制力を使ってでもしっかり守らせる
必要があります。特に年少の子どもの場合，理解力も（ c ）力も弱く，必然的
に何らかの力が必要です。

　怖いママになる必要はありませんが，たとえ子どもが納得していなくても，冷
静に低めのトーンで「うちは買いません」と伝える必要があります。

　分かりやすく説明することは大切です。しかし，どんなに上手に話してもうま
くいくとは限りません。特に（ d ）期になると，子どもは納得しても「はい」
とは言わないことがあります。

　そもそも子どもが買ってほしいと訴えるのは，（ e ）な子どもには全体像が理
解できないからです。どうするかは，保護者が決めなければなりません。嵐の中
を船が進むときに，船長は未熟な船員に船の操縦を任せることはありません。

【質問】 子どもの意見は聞かなくていいのでしょうか？

　「子どもの意見を聞く」ことは大切です。しかし，これを「子どもの希望を何
よりも優先する」と勘違いしてしまうと，子どもには有害です。「大きな声でし
つこく言えば，親が言うことを聞く」という経験を繰り返せば子どもは「大声を
出せば，自分の（ f ）にできる」と（ g ）してしまいます（くせがついてしま
います）。

　しかし，実社会ではどうでしょうか。嫌がる異性にしつこく言い寄れば，（ h ）
として警察につかまります。職場で仕事が気に入らないからと大声を出せば，ま
ともに相手にされなくなるでしょう。その結果，本人も（ i ）障害を起こして

しまうかもしれません。

　本来は年少児の段階でこうした基本的な自制力を養うことが必要ですが，それができないと，家庭内暴力や不登校・引きこもりの原因ともなります。スマホやゲームは，自制心に必要な前頭葉の（ j ）を低下させます。

　それが自制心の発達を妨げ，意志力を弱らせることは確実で，成長中の子どもには特に危険なデバイスなのです。

　海外では（ k ）のネットの使用制限が本格化しつつあります。

---

　a. OK，b. 不都合，c. 忍耐，d. 思春，e. 未熟，f. 好きなよう，g. 学習，
　h. ストーカー，i. 適応，j. 血流，k. 未成年

［補遺 2］ SNS の子ども使用を禁ずる法律がオーストラリアで可決されたことの意味とは？

——さまざまな解答がありうるが一案を示す。一部（　）抜きにしてあるので考えてみて欲しい。

　スマホが出るまでは（ a ）だけのお母さんでもやってこれました。それは，子どもが（ b ）ことは珍しかったからです。なぜかと言えば，（ c ）が無かったからです。取り上げても取り上げても諦めずに騒ぎ暴力まで振るうような（ d ）レベルのオモチャやツールはなかったのです。実際にコカインに類する脳の変化が起こります。

　かつて子どもの（ e ）はずっと安全でした。今はスマホを持たせた瞬間に子どもの環境は安全とは程遠い状態になってしまいます。相手は（ f ）企業であることを忘れてはいけません。テック企業の幹部は自分の子どもにはスマホを与えていないことを思い出しましょう。だからこそ，米国上院はザッカーバーグメタ CEO を呼び出してうつや犯罪に巻き込まれて（ g ）した子どもたちの家族に謝罪をさせました。

　別の角度からみるとこの法律が成立したということは，子どもが SNS に対する（ h ）を身に着けることも，情報（ i ）を身に着けることも，さらには，（ j ）を守ってバランスよく SNS を上手に使うことも困難であることを（ k ）が認めた。ということを意味します。子どもが育つための環境（守られた子どもの居場所）の中身としてスマホはふさわしくないと判断されたのです。

これは大きな方向転換と言えます。

　ただ，まだモヤモヤしている保護者は多数います。それはスマホの中には SNS 以外に負けず劣らず危険なものがたくさん残っているからです。それは今後の課題と言えるでしょう。

【解答例】a．優しい　b．しつこく騒ぐ　c．スマホ　d．麻薬　e．環境　f．営利　g．死亡　h．リテラシー　i．モラル　j．約束　k．国

［補遺 3］ 強制力下の動機づけ面接について

　よくある誤解に「動機づけ面接と強制力の行使は両立しない」というものがある。しかし正しくは両立するしむしろ効果的なことも多い。実際，強制力の行使と切っても切り離せない司法領域で動機づけ面接が急激に広まった事実は，このことをよく示している。ただし，強制力の行使は極めて不協和を引き起こしやすいため難易度は高くなる。

　さて，意外に感じる学習者も多いが子育ても強制力が頻繁に求められる領域である。例えば，小さな子どもが火のついたストーブに向かってよちよち歩いて行ったらどうするか。まずはあわてて腕をつかむなりして止めるであろう。強制力の行使である。当然子どもは反発し「やだ～，いく～！」とジタバタする。不協和である。

　そこでどうするか。共感を示すことになる。「あっち行きたいんだ。ストーブ，気になるね」（聞き返し）「うん」と子ども。ここで情報提供である「あれは熱くて危ないよ」しかし，子どもには理解できないかもしれない。そんな時は，子どもを抱いたまま，「よしよし，よく言うことを聞くいい子だね」などと是認をしたりしつつ，物理的な強制力は行使し続けることになる。

　ある程度自制心のある子どもであれば，「○○ちゃんは，言うことを聞くいい子，悪い子どっち？」とストーブの危険は理解できなくても本人の価値や自律性の支援も行われる。子どものころ田舎のため池のそばに「よい子はここで遊ばない」という看板を見かけたが，動機づけ面接からみると理に適っている。

　強制力下の動機づけ面接では，正直かつ明確であることと自律性の支援が大切となる。たとえば「免許停止 30 日」であれば次のような言い方になる。

　「免許停止 30 日です。運転した場合は免許取消となり一から免許を取り直す必要があります（正直かつ明確に）。この間，いろいろな人がいて，どうせばれな

いだろうと運転してすぐ見つかったり，どうしても仕事で必要な時にちょっとだけと運転して結局見つかったり，もちろん大半の人はさまざまなやりくりをして30日をしのいでおられます（[望ましくないことも含めて]選択の自由があることを強調し自律性の支援）。警察としては法令順守をお願いしていますが，実際どうするかはその人次第なのも事実です（自律性の支援。正確かつ正直に）」。

これに対して自律性を否定した言い方は次のようになる。「免許停止30日です。どんな理由があっても絶対に運転できません。運転したら免許取り消しです。こうなった以上，仕事であれ何であれ，車が必要になっても運転せずに待つしか選択肢はありません。警察に逆らうことはできません」。

ここで，スマホと子どもを題材に，強制力下の動機づけ面接に即した言い回しの例示を試みよう。実際には子どもの個性や家庭の状況により調整が必要となるが基本的なスタンスを感じ取って欲しい。

例：保護者と子　脳を守るために保護者としてスマホは持たせないことに決めた。

「うちはスマホは買いません。でも，そのことでずっといじけて反抗的な態度をとる子もいれば，スマホのない生活を逆に活用して，さまざまなことに取り組む子もいるよね。少しでも充実した生活になるように応援するけど，最後はその子の気持ちなんだよね」

例：保護者と子　親がESSのことを知り，月曜から3週間のスマホ断ち（リセットプログラム[注8]）を決めた。

「月曜から3週間スマホは使用禁止です。その結果をみてその後スマホをどうするか決めます（★返すとは言わないこと）。父も母も子どもの前ではスマホは使わないし，仕事から早く帰ってきて，いろいろな遊びや活動を一緒にする予定だけど，どのくらい一緒に遊ぶかは君の考えで決めていいよ」

ただし，注意がいるのは次の例である。実行に困難が予想されるからである。

危険な例（要注意）──スマホの部分的許容──：

保護者と子　脳を守るためにスマホは夜9時までと決めた。

すでに子どもが真夜中までスマホを使っている場合，夜9時までと約束できるのであれば大進歩である。ぜひそうしてほしい。脳のダメージは減るであろう。しかし，これから初めてスマホを持たせる場面だとしたら状況は全く異なる。そ

注8）詳細はダンクリー医師の主著の翻訳である『子どものデジタル脳完全回復プログラム』（飛鳥新社）を参照のこと。保護者向けのアドバイスが極めて具体的に書かれている。

れはスマホの場合，いったん使わせてしまうと，他の玩具と違い脳が変化するためである。要求がエスカレートするばかりでなく，前頭葉の機能低下の結果，執拗に訴えたり，暴言・暴力・脅迫（学校に行かない）に訴える子も出てくる。最終的にはコカインと同じ変化が起きることを思い出してほしい。したがってこの約束は医学的には「脳を守るためにコ〇〇ンは夜9時までと決めた」と本質的には同じといえる。だから，ジョブズと同じように，子どもには脳が成長するまでは与えない，または与えるのを遅らせることが大切なのである。

[補遺4]成人の依存症と小児のESS対応の相違点　「大人と子ども混ぜると危険」

せっかくテーマパークに来ているのに，ずっとスマホをみている小さな子を見かけることがある。とんでもない親だ，と眉をひそめる向きもあるが，個人的には保護者の苦しい胸の内が想像されて非常に気の毒に思う。では親は何を考え，どんな気持ちでいるのだろうか？

まずはあわてて保護者を問題視せずに親も我が子のスマホ依存に悩んでいると仮定しよう。そして悩んだ親は「スマホ依存の治療」で検索すると想像するのだ。ネットを検索すると何が出てくるだろうか。

大量のサイトがヒットするが，どのサイトにも判で押したように大人の依存症（アルコール・薬物・ギャンブルなど）を参考にしたアドバイスが出てくる。おおむね次の2つである。

[1] 取り上げてもむだ（大人の暴力は危険度大。盗んででも手に入れる。離婚・絶縁など人間関係が壊れる）

[2] よりそいつつ，代わりのものを探す。その間家族も自分の楽しみを持ち，信じて待つ（5年，10年もめずらしくない）

こうしてみると，この保護者は大人の依存症へのアドバイスを子どもにあてはめてしまった（取り上げずに代わりのものを探しにテーマパークにきた）と分かる。

しかし現実には，スマホを持たせたままでは他のものに興味を持つことは困難である。なぜならスマホ断ちをして初めて，脳の回復が始まり，他のことに興味がわくからだ。したがってテーマパークに連れてきても子どもがスマホから目を離すことはない。

大の大人から酒を取り上げる危険（最悪命の危険もある）に比べ，小さな子ど

もからスマホを取り上げる危険度は低い。そして，人間関係の破綻についても，小さな子どもであれば，挽回のチャンスはいくらでもある。むしろ，子どもが落ち着き脳の成長がすすむにつれ，愛着や関係性の改善が期待できる。これは子どもが小さければ小さいほどよい。大きくなればそのうちと問題を先送りせず，小さい時が勝負だと考えなければならない。

［補遺5］合理的配慮及び自律性の支援の事例

事例：小学1年女子

保護者からの質問である。

元来，優しい温和な性質であった。小学校入学後タブレットを持ち帰るようになってから（宿題や連絡網もタブレットでくる），共稼ぎで夕方まで帰宅できないため，それまでひたすらタブレットを見るようになった。宿題もせず，食事の間も離さない。

子どもと話し合い，時間を決めて守らせようとしても『学校では自由に使ってる。タブレットで勉強をしてる』などと，恐ろしい剣幕で逆切れしてくる。

最近は朝起きられず学校にも行きたがらない。

なんとか，なだめて連れて行っているが，遅刻や欠席が増え，仕事を辞めて家にいることも考えている（いわゆる「小1の壁」）。何か良い方法はないか。

事例（小学1年女子）のその後：

援助者が保護者に合理的配慮のことを紹介したところ，保護者は担任に連絡し「タブレットの持ち帰り中止と宿題を紙にする」という合理的配慮[注9]を求めた。

担任は驚いたが，その子がのめり込みやすく切り替えに困難があることに思いあたり，要望どおりに配慮を実施した（理解してもらえないのではという保護者の懸念とは逆に，現場の教員の協力は思いのほか得られやすい）。

1週間で切れる回数が減り，朝も起きられるようになった。現在は遅刻もなくなり，保護者も仕事を続けている。

注9）子どもの個性により教育の機会が奪われないように合理的な範囲（例えば極端な費用や人手がかからないこと）での配慮を求める法律的な義務。

事例：小3男子（ご褒美のタブレットの顛末）

養護教諭より

　本校の支援学級の児童がこの電子スクリーン症候群と思われる状況になり，タブレットを取り上げると，大声で泣いて暴れる。当初，保護者の方から，ご褒美にタブレットを見せてあげてほしいと言われて一時だけ見せていたものだったが，どんどんとタブレットを見れないと怒る，暴れるとなり，手がつけられない状態になった。最終的には，本人が電池切れのタブレットを怒ってゴミ箱に捨てたことから，使用禁止となり，学校では数日で落ち着き，保護者にも使用の制限をお願いして，数週後には以前と同じように落ち着いて学級に参加できるように戻った。

　この事例は「ご褒美のタブレット」の危険性をよく示している。支援学級の児童の場合に限らず，よく似た状態となる児童は少なくない。また，怒りっぽくなる，やる気がなくなるなどの目立たないものも含めれば変化が起きる子どもは非常に多い。

事例：小6女子（検索サイトとカメラだけでも ESS に）

　ゲームやライン（SNS）・YouTube その他のアプリは使用不可としグーグルクロームとカメラのみ許容して活用時間も制限して持たせたがスマホに夢中になった。

　「成績が下がったらスマホの時間を減らす」という当初の約束が守れない状態が常態化し「今日だけ，今だけ」という約束の例外を求める子どもと母との押し問答が続くようになった。スマホと脳の発達や成績との関係についていくら説明してもらちが明かず，疲弊した母は夫と相談しスマホが手元にある限りルールを守らせることは困難と判断して，次の成績が回復しなければスマホを解約すると決めた。

　父母2人で娘に告知したが，その際，自律性を支援するため，決定範囲内での選択の自由を強調した。

　　選択の自由の例：今のまま使い続ける。（成績が回復せずスマホ解約のリスク大）
　　　　　　　　　　クロームを削除する。（スマホ解約のリスク中）
　　　　　　　　　　クロームとカメラを削除する。（スマホ解約のリスク小）

　自律性を尊重し，アプリ削除をどうするかは本人に任せたところ，親が知らない間に本人が両方とも削除した。目立った反発はなかった。保護者とのショートメールと通話の連絡機能のみとなったことでスマホから離れるようになった（自宅での漫画とテレビに戻った）。

　この事例で母は，「ゲームとSNS以外なら大丈夫なのかと勘違いをしていまし
たが，今はスマホのカメラも十分にインタラクティブな機能を備えています！
勉強にも使えるけど，使わない選択をした方がいいものでした」と回想している。
しかしより重要な点が，補遺3で「危険な例」として示した——スマホの部分的
許容——に該当することである。この事例でも約束で脳の変化は防ぐことはでき
ず執拗な欲求が引き起こされ，保護者が疲弊することとなった。

文　　献

AlterA（2017）Irresistible : The rise of addictive technology and the business of keeping us hooked. IncWell Management.（上原裕美子訳（2019）僕らはそれに抵抗できない．ダイヤモンド社）

Dunckley VL（2015）Reset Your Child's Brain. New world Library.（鹿田昌美訳（2022）子どものデジタル脳完全回復プログラム．飛鳥新社）

ESSリセット研究会（2021）スクリーンに敏感な学生を守るためのガイドライン．（https://uruuishishunki.wixsite.com/website-1［2022年2月27日閲覧］）

Guardian（2023）：Switching off : Sweden says back-to-basics schooling works on paper. The Guardian 2023 Sep 11.（https://www.theguardian.com/world/2023/sep/11/sweden-says-back-to-basics-schooling-works-on-paper［2024年7月8日閲覧］）

磯村毅（2007）リセット禁煙プラクティスマニュアル．東京六法出版．

磯村毅（2019）脳科学から見た禁煙支援のヒント．日本呼吸ケア・リハビリテーション学会誌28（1）；62-65.

磯村毅（2020）スマホ依存と引きこもりの関係—タバコ—肺がん関係とのアナロジーから考える．ストレス科学 34（3）；66-73.

Isomura T, Suzuki J & Murai T（2014）Paradise Lost : The relationship between neurological and psychological changes in nicotine-dependent patients. Addiction Research and Theory 22（2）；158-165.

Kondo Y, Tanabe T, Kobayashi MM et al（2012）Association between feeling upon awakening and use of information technology devices in Japanese children. J Epidemiol 22（1）；12-20.

厚生労働省（2021）令和3年版自殺対策白書．（https://www. mhlw.go.jp/stf/seisakunitsuite/bunya/hukushi_kaigo/seikatsuhogo/jisatsu/jisatsuhakusyo2021.html［2022年3月1日閲覧］）

内閣府（2021）令和3年版子供・若者白書　子供・若者インデックスボード．

NHKクローズアップ現代＋（2019）スマホ脳過労．（https://www.nhk.or.jp/gendai/articles/4249/index.html?1550223032［2022年2月27日閲覧］）

Pringsheim T, Ganos C, McGuire JF et al（2021）Rapid onset functional tic-like behaviors in young females during the COVID-19 pandemic. Movement Disorders 36；2707-2713.

スマホ依存防止学会（2021）ジョブズ親テスト．（https://uruuishishunki.wixsite.com/mysite-1

［2022 年 2 月 27 日閲覧]）

Takeuchi H, Taki Y, Asano K et al（2018）Impact of frequency of internet use on development of brain structures and verbal intelligence : Longitudinal analyses. Hum Brain Mapp 39（11）; 4471-4479.

ロイター（2023）　10）中国ネット当局, 子どものスマホ利用に厳しい時間制限導入へ. ロイター 2023 年 8 月 3 日（https://jp.reuters.com/article/idJPL4N39K03O［2024 年 7 月 8 日閲覧]）

16. 翻訳業・通訳業から学んだこと

原井宏明

I 翻訳について

　翻訳には書き言葉と同じぐらいの歴史がある。現在，世界には 7,000 程度の言語があるとされる。一方，文字体系はそれより遥かに少なく，400 種類程度で，この中にはすでに消滅したエジプトの象形文字やメソポタミアの楔形文字が含まれている。一方，新しい文字体系もある。IT 技術の進歩は新しい文化を生み出している。ASCII コードを使った（^o^）のような顔文字や😆のような絵文字もそうだ。

　この事実を言い換えると日本語はもちろん，英語を含むほとんどの言語が他の言語から文字を借用し，概念を翻訳して自分の言語としていることになる。アルファベットは現在，最も広く使われている文字体系であるが，もとはフェニキア文字から発展したギリシャ文字であり，おおもとのフェニキア語は消滅している。創生から現在まで連綿として消滅せずに使われている文字をもつ言語は中国語しかない。言い換えれば，中国語以外の言語は文字体系も含めた完成された形ででき上がったものではなく，古代中国語やギリシャ語，ラテン語などからの借用から始まっている。書き言葉のスタートは翻訳からと言って良い。

　今日のように日本語を漢字かな交じりで日本語らしく表現できるようになったのは漢字が入ってきてから数百年後，平安時代のことである。世界最古の小説とされる紫式部の『源氏物語』は仮名を使っている。しかし，この時代でも精神療法の翻訳書のように正確性が要求される文章は漢文で書かれていた。つまり，当時の読み書きできる人のすべてが，会話はできなくとも中国語と日本語のバイリ

ンガルだった。江戸時代にはオランダ語，明治時代からはドイツ語・フランス語・英語と，古代から現代まで，学ぼうとする人にとって他言語の読み書きは当然なことであった。新しいテクノロジーの導入も翻訳から始まると言えるだろう。

　現在，日本で使われている精神療法には精神分析や認知行動療法，マインドフルネスなど多数あるが，森田療法や内観療法などの少数の例外を除いてどれも海外からの輸入品である。日本に入ってくる時，たいていは次のような段階をたどる。

1) その精神療法の基礎的な教科書を翻訳出版する
2) 海外で研修を受けた講師を招待して国内で研修会を開催する
3) 国内で研修を受けた講師が独自に研修会を開催する
4) 翻訳書ではない，その精神療法に関する日本人による書き下ろしの本が出る
5) その精神療法の普及と品質保証を目的とした団体が生まれ，資格認定やスーパーバイズなどを行う

　動機づけ面接（Motivational Interviewing，以下 MI）の場合は，翻訳書よりも国内の研修会が先行した。松島と後藤が翻訳した動機づけ面接の教科書と言える本が翻訳出版されたのは 2007 年であり（Miller & Rollnick, 2002），動機づけ面接トレーナーネットワーク（Motivational Interviewing Network of Trainers, Inc. 以下 MINT）メンバーによるワークショップが日本で最初に開かれたのは 2004 年である。第 4，5 段階にはいった今では，この時間差はあまり問題にならないだろう。日本人による書き下ろしの本は関連書まで含めれば 10 冊以上ある。2012 年 2 月から始まった日本動機づけ面接協会（現，日本動機づけ面接学会）による技能検定を受け，基礎的な MI の技能があると認定された人は 80 人を超える。

　「精神療法」誌で動機づけ面接の連載が始まったのは 2021 年 2 月発行の第 47 巻第 1 号からである（原井，2021）。ここでは翻訳と私の関係について振り返ってみたい。そして，翻訳書すなわち基礎的教科書が MI に対して果たす機能について考えてみよう。

Ⅱ 翻訳者としての私について

　読者の皆さんも今までに何度も英作文や英文和訳を経験しているはずだ。どこかの研究室に所属したことがある人なら，上司から本の翻訳を頼まれ，奥付に訳者として名前が乗っているかもしれない。あるいは自分の勉強になるからと辞書を片手に原著を翻訳し，それを周りに配ったことがあるかもしれない。他にもスライドや勉強会で取り上げることになった論文の抄録の翻訳など数限りがない。そして，ネットに詳しい人なら，DeepL® などの自動翻訳を使ってみたことがあるだろう。

　こうした経験でいえば，私は他の人との違いは量でしかない。やること自体は他の人と同じである。違いは，私の場合は 20 代から仕事で英語を使うチャンスが多く，それが今も続いていることである。

　私はミシガン大学文学部文化人類学科への 1 年間の留学経験がある。アメリカの文系の大学の授業は講義ではなく，事前に課題として出された本や論文を読み，授業は読んだ内容のグループ・ディスカッションである。この経験の中で驚いたことがある。医学部にいる時に精神科に興味を持ち，ミシェル・フーコーの和訳書を読んでいたが，さっぱり理解できなかった。課題に出された英訳書を読んだら，こちらのほうがずっとわかりやすかった。

　帰国後，神戸大学精神科での研修を始めた。病棟には常に外国人の患者が入院していた。外国人旅行客で精神疾患が生じると，大阪国際空港から——伊丹空港が国際空港であった時代である——神大に送られてくることが多かったのである。私は研修医でありながら，患者の強制送還に付き添ってハワイまで行くことになった。顛末に興味がある方は私のブログを見ていただきたい（原井，2023）。

　国立肥前療養所に移ってからは山上敏子先生の行動療法研究室に入った。ここでも最初の仕事はオーストラリアの Cumberland College から研修に来ていた作業療法士である Anne Cusick の通訳だった。彼女との親交はしばらく続き，一緒に論文も出した（Cusick & Harai, 1992）。1987 年には Hans J. Eysenck が来日した。私は九州大学での講演の通訳という大役を仰せつかった。通訳者としての私のメジャーデビューである。さらに謝金をもらって日本語を英語に翻訳する下訳を引き受けることにもなった。九州大学のそばにあるアメリカ人が経営する翻訳業者に私の英語のチェックをお願いしたのだが，その後，その業者から仕事を

頼まれるようになった。中でも耳鼻科医が書いた日本語の論文を英語に翻訳した時は大変だった。もとの日本語が意味不明で，耳鼻科関係の研究書を参考にしながら，まず日本語を日本語に翻訳する必要があった。翻訳者に求められる能力・知識は言語だけではない。翻訳対象に対する知識も必要である。

　山上先生は九州大学の講師だった時から，研究室のメンバーと共同して，翻訳に取り組んでいた。その成果の一つがBellackとHersenによる『行動療法事典』である（Bellack & Hersen, 1985）。肥前に来てからも翻訳書を1冊出し（Schaefer & Briesmeister, 1989），私も訳者の一人として，第14章「成長不全（FTT）子どもの親訓練」を翻訳した。この本を買われた方には申し訳ないが，私にとってはこの翻訳は苦痛だった。乳児の成長不全がテーマなのだが，精神科医である私が乳児の成長不全を扱うチャンスは後にも先にもない。やる気が出ないと思っていたのは私だけではないようで，12人の翻訳がなかなか揃わなかった。監訳者として下手な翻訳をチェックすることは，山上先生にとっても苦痛だったようだ。この本を最後に共同翻訳の話はなくなった。依頼してきた出版社はあったはずだが，山上先生が断られたのだろう。

　一方で，日本行動療法学会（現，日本認知・行動療法学会）などの学会の知り合いからの依頼が増えた。大きな仕事として，Freemanらの『認知行動療法事典』（Freeman et al, 2008）とアメリカ精神医学会（American Psychiatric Association, APA）の『Textbook of Anxiety Disorders』（Stein & Hollander, 2002）がある。前者で「治療抵抗：精神療法の効果を妨害するもの」とMIの項目を担当した。後者では強迫症と医療経済，消費者の視点などを担当した。FTTの時より自分自身の勉強になり，本自体も参考になった。特にアメリカ不安障害協会（Anxiety Disorders Association of America, ADAA）の活動を知ったことは，OCDの会や京橋強迫の会のような自助グループを援助することにつながった。しかし，勉強にはなっても，翻訳を楽しいと思うことはなかった。

　この後，私はRosengrenのワークブックの第1版（Rosengren, 2009），第2版（Rosengren, 2018），MillerとRollnickの第3版（いわゆるMI-3）（Miller & Rollnick, 2013）を翻訳するのだが，正直に言って，勉強という点では事典や教科書の翻訳と比べてMI本のそれは意味が乏しい。さらに他の訳者との共訳だったので，監訳者の苦痛も味わうことになる。英語を読める人なら共感してもらえると思うが，上手な英語を理解することと下手な日本語を理解することのどちらが難しいかと聞かれたら，私ははっきり後者である。訳者が著者の意図を理解で

きないまま直訳した翻訳をチェックするのはつらかった。

　精神科医には精神保健指定医や精神科専門医があり，心理士には公認心理師や臨床心理士のような資格がある。一方，翻訳に関しては「翻訳師」のようなものはない。資格を問われず誰でもできる。たとえば APA の教科書の翻訳を依頼してきた出版社は不安障害を専門にしているからという理由で私や他の精神科医に依頼してきたのだが，その時は翻訳者としての資質はまったく問題にしていない。質は問わない，誰がやっても良いという仕事を依頼された時，動機づけはどこに見つければいいのだろうか？　翻訳仕事でもらえる印税は患者の診察料数人分にも満たないぐらいである。

　そんな私が翻訳を楽しいと思えるようになったのは，Gawande の本を翻訳した時である。2 つの本を翻訳・出版したことが，私の翻訳者としての行動を大きく変えた。2013 年に Atul Gawande の『医師は最善を尽くしているか』(Gawande, 2007) を出した。みすず書房から依頼されたのは私のブログがきっかけだった。「スコア」の章では産科の娩出手技の翻訳に苦しめられたが，その翻訳の過程と結果は私を変えるものだった（原井，2010)。私自身の訳者あとがきから引用する（p251)。

　　　校正しながら気がついたことがある。今までにも分担翻訳まで含めれば翻訳書は数え切れないぐらい出している。今の私は，やりたくない仕事を一つあげろ，と言われたら，翻訳をトップに上げるぐらい，翻訳仕事が嫌いになった。同じ時間をかけるなら自分の本を書いた方がはるかに良い。校正はもちろん面白くない。校正は本質的に自分がやったことへのダメ出しである。しかし，この本の校正は違った。

　　　初校を校正しながら，私は読まされた。読まされるという感じで，ついつい先はどうなるかと読みたくなるのである。すべては自分が翻訳した自分で書いた文章である。先がどうなるかも知っている。なのに読みたくなる。他でも書いている普段の日本語の文章もついこの本のスタイルに合わせたくなる。何かが他と違う。

『医師は最善を尽くしているか』は幸いに版を重ね，さらに 2016 年に『死すべき定め』(Gawande, 2014) の翻訳を依頼されるという幸運に恵まれた。『死すべき定め』は HONZ（書評サイト）に取り上げられ，アマゾンの医学書部門のベ

ストセラー1位になった。そして，プロの翻訳者から連絡をもらうなど訳者冥利につきる仕事になった。

　翻訳は矛盾に満ちた仕事である。日本に導入されてから半世紀以上が経つ行動療法の場合，もっともよく使われる技法が Exposure だが，この言葉の訳語もバラバラである——私は音訳のエクスポージャーを選んでいる。そんな間に，行動療法は認知行動療法に名前を変え，一般の人にも広く知られるようになった。40年近く行動療法をしている人間として嬉しいことだが，同時にこれは元の意味とは異なった受け取り方をされる用語が増えてきたということでもある。最近の例では，糖尿病が Diabetes Mellitus の音訳である「ダイアベティス」に変わるそうである（日本経済新聞，2023）。「尿」という言葉が患者に嫌がられるからだそうだ。心の専門家として恥ずかしいことなのかもしれないが，医師になってから今まで「尿」という言葉が差別的だとは思いつかなかった。

　訳語の違い・意味合いの違い・誤解・曲解・好き嫌いが今後も拡散することはあっても，収束することはないだろう。私自身が手掛けている MI 関連の本の翻訳もおそらく，同様な結果につながるのだろうと思う。

Ⅲ　翻訳の方法について

　翻訳にも翻訳学があり，歴史もある。たとえば玄奘はサンスクリット語の Śākya-muni（シャーキヤ族の聖者の意）を音訳して釈迦牟尼とした。釈尊は釈迦牟尼世尊を省略した言い方である。「お釈迦様」も同じ意味だが，こちらは機能的に同等な日本語を加えたものである。翻訳に長い歴史があるように，翻訳理論・技術にも長い歴史がある。私にはとても全体を網羅できないが，知る限りのところで主な翻訳の仕方について整理してみよう。

　翻訳はコミュニケーションの一つなのだから，その技術は MI の技術にも重なるところがある（表）。MI の「単純な聞き返し」を翻訳すれば直訳であり，「複雑な聞き返し」は意訳になる。意訳は翻訳学では機能的等価性と呼ばれるやり方だが，この方法に長けることは複雑な聞き返しの技術を磨くことにつながる。意訳をするためには，文章全体の文脈の中で大体の意味を抑え，著者の意図を推測する必要がある。専門用語がでてくる場合は全体での統一感も必要になる。そして「である調」「ですます調」などの語調や格調も合わせなくてはいけない。最後は読者に与える効果も考える必要がある。

表　翻訳の方法と MI の技術

翻訳	例	MI の技術	例
音訳	Change Talk →チェンジトーク	そのままオウム返し	つらい→つらい
逐語訳・直訳	Motivational Interviewing →動機づけ面接	言い換え	つらい→苦労している
転置・変換	Labeling trap →レッテル貼りの罠（レッテルの語源はオランダ語である）	リフレーム	心がつらい→つらさが心に染みる
意訳・機能的等価性	Test the water →探りを入れる Whenever you hear change talk, don't just sit there. →チェンジトークを聞いたなら，すぐに反応しなければならない。 Snatching change talk from the jaws of ambivalence. →両価性のドアが開いたときに中からチェンジトークを掴み取る。	パラフレーズ	つらい→訴えたい
補充・説明	元にはない説明を付け加える。訳注の形になることもある。 Agenda mapping →話題地図作り	複雑な聞き返し 説明を付け加える	つらい→自分がそう感じる理由を知りたい
省略	It などの形式主語を省略	維持トークを減弱	つらいので何もできない→ここには来れた

　MI-3 の翻訳に当たって音訳を使ったところが多数ある。OARS などの略語はもちろん，MI のスピリット，サマライズ，コミットメントなどがそうだ。トランスセオレティカルモデルについては，行動変容段階モデルという直訳も使われているが，文献を調べる限り，音訳のほうが多いので，そちらを採用した。Personcentered Counseling については，英語も多種多様で，日本語も多種である。こちらは音訳に逃げている。専門書としては，病名は DSM の最新の病名に，理論や概念について既存の翻訳があれば，できるだけそちらに合わせるようにしている。翻訳家として，昔のように図書館に行かなくても，ネット検索で済ませることができるようになったのはありがたい。

　意訳については少し説明が必要だろう。書き手の意図を汲み取り，その意図が読み手に伝わることを目的とし，場合によっては原文とは全く異なった翻訳をすることである。私自身，Gawande の翻訳を手掛けるまでは意訳のことがよくわかっていなかった。『死すべき定め』について書いた私のブログから引用する（原井，2016）。

　今回の本も翻訳が難しかった。Better の時は産科手技のような医学用語に悩んだ。現代の教科書にはない，過去の遺物のような手技を翻訳する必要があった。今回はそのような医学用語に悩まされることは少なかったが，英語が難しくなった。正確に言えば，英語がよりシンプルになったので，日本語に移し替えることが難しくなった。たとえば，人の会話文を受ける地の文が，someone said になっている。responded, answered, questioned がまったくない。たまに told が出てくる程度である。日本語もすべて，"と言った"だけで良いのか迷った。厳選されたわずかな単語で短くまとめられた文章は，文として美しく理解しやすい。しかし，だから，別の言語に置き換えるのが難しい。訳者も厳選されたわずかな単語で短くまとめた日本語を生み出さなければならない。複雑な言葉は実は訳が易しいのだ。まるで禅問答のようである。p.180 Itwas that simple—and that complicated. この通りだ。

　原著者が英語で表現しようとしている場面を思い浮かべて，原著者と自分を同一化する。そしてもし原著者が日本語に堪能だとして，もし日本語で書いたとしたら，どう書いただろうか？　そう考えて私は日本語を作り上げた。たとえば『死すべき定め』の p.265；

　　原文：After spreading my father's ashes, we floated silently for a while, letting the current take us. As the sun burned away the mist, it began warming our bones. Then we gave a signal to the boatman, and he picked up his oars. We headed back toward the shore.

　書き手にとって何が見えているのか，何を感じているのかを原文から私が感じ取り，もしその場に私がいたなら，自分の言葉でどう表現するか？　を考えた結果が下の訳である。

　　和訳：父の遺灰を散骨した後，しばらくの間，私たちは川の流れに任せて静かに漂っていた。日射しが強まり，もやが消えるにつれて，骨まで冷え切った私たちの身体も暖まってきた。私たちは漕ぎ手に合図し，彼は櫂を手に取った。舟は岸に向かって動き出した。

　Gawade の翻訳は意訳の連続だった。一方，このトレーニングは MI で使う複雑な聞き返しのトレーニングと重なっていた。直訳ではない，機能的等価性こそが複雑な聞き返しである。一方，機能的等価性を重んじる時は，何に等価であるかを考え抜かなくてはならない。場合によっては書き手の意図とは違っても，出版社の意図を汲み取って，その意図通りに翻訳する必要がある時もある。

Ⅳ　MI と基礎的教科書

　最初に書いたように，精神療法の普及の最初は基礎的な教科書の翻訳出版から始まることが多い。私が行動療法を学ぶ時に最初に参考にしたのが，山上先生たちが翻訳した『行動療法事典』（Bellack & Hersen, 1985）だった。MI も同じである。動機づけ面接トレーナーの団体である MINT の中でのみ通じる略語にMI-2，MI-3 がある。MI-2 は松島と後藤が翻訳した基礎的教科書であり，MI-3 は私が監訳し，2019 年に出したもののことである（Miller & Rollnick, 2013）。MI-3に準じた用語で MI を解説できなければ，まるで時代遅れのトレーナーのように扱われる。精神科医なら DSM-IV, DSM-5 を目にしたことがあると思うが，それとよく似ている。本に目を通したことがなくても——2023 年に出版された DSM-5-TR は 930 ページもあり，私だって全部は見ていない——，持っているふりだけでもしないと学会で恥ずかしいことになるだろう。MI-4 も 2023 年に出版され，私が翻訳することになっている。私は MI の基礎的教科書のメイン翻訳者という立場にいる。

　しかし，MI には基礎的教科書が必須だろうか？　書き言葉には重大な欠点がある。目の前に聞き手がいる会話と違い，受け手——読者からの即時のフィードバックがない。釈迦や孔子，ソクラテス，キリストなど偉大な教師と呼ばれている人たちは，自分自身では一つも書き残していない。仏典や論語，「ソクラテスの弁明」，聖書はすべて本人の死後，弟子たちが書いたものである。彼ら自身はその気になれば書くこともできたのだが，自分たちの意図がドグマ化したり，意図しない方向に使われたりすることを恐れ，書くことをあえて避けた。書いたものがどのように理解され，使われるかは著者にはコントロール不能である。翻訳も同じである。私の翻訳で原著者によるチェックを受けたものは一つもない。私自身が書き下ろした MI に関する本の中でこのように書いた（原井, 2012, p. vi）。

　もし，あなたがこの本を“エビデンスベースの新型精神療法の指南書”だと
認識し，期待しているのであれば，私はあなたを失望させなければならない。

　基礎的教科書は役立つが，それだけで精神療法を習得できることは決してない。
読書だけでは英会話を習得できないし，DSM-5-TRを読んだだけで診断できるは
ずがない。誰でも分かっていることだが，なぜか精神療法は別扱いされているよ
うである。

　本書の「17. 鼎談『動機づけ面接』はどうなるのか？」は私が加わっている。
鼎談自体をMIになるようにしたい，というのが私の狙いでもあったが難しかっ
た。対談では山上先生はどうしているのだろうと気になり，改めて論文を読んで
みた。以下の文章の中で，山上先生がどこでどのような聞き返しをし，どこで是
認しているかをチェックしてみてほしい（山上，2003，p149）。

　山上　私，この前ある学会で，「希望と心理療法」，逆だったかな，そんなシ
　　　ンポジウムがあって参加してきたのですが，治療は希望をどこかにもって
　　　いるからこのテーマは同義語反復みたいなんだけど，やはり治療者だって
　　　希望をもって治療しないとね。たくさんのことは援助できないけれども，
　　　自分が治療者としてすることが，どこかに少しはあると考える意味での希
　　　望ですね。少しは役に立つということでないと，治療にどこかに希望をみ
　　　つけないと，治療がどんどん下手になっていくと思うんです。そうすると，
　　　治療者としての生活も退行してつまらなくなっていく。
　鈴木　自信がなくなって，後退していくような気がしますね。
　山上　だから，どこでもいいから，小さなことにでも，こうしてこうしたら
　　　こうなったんだと，これだけ役に立ったんだというようにして研修をして
　　　いくことがよいと思いますね。
　鈴木　私は肥前で，山上先生がバックにいらしてということだったんですけ
　　　ど，すごく重いケースを診て，それで，今困っているケースでも，「あの
　　　ときがんばれたのだから」という踏ん張りがきくというか。これはどうい
　　　う学習かわからないですけど。
　山上　踏ん張って，学習して，踏ん張りを学習したんですね。
　鈴木　本当にそんな感じですよね。あのとき踏ん張れたんだから，まだどう
　　　にかいけるはずだと。

山上　治療者としてのがんばりというんですかね，やはりできることは何とかするのだということを覚えていくんだと思いますよね。

　山上先生は動機づけ面接を知らないし，本も読んでいないはずだ。しかし，聞き返しをしている。最初からできている人には基礎的教科書はいらないし，教科書ばかり読んで実践しない人にも基礎的教科書はいらない。釈迦や孔子，ソクラテス，キリストは自分の教科書を買えとは言わなかった。

文　　献

Bellack AS & Hersen M（Eds）（1985）Dictionary of Behavior Therapy Techniques. Pergamon Press.（山上敏子監訳（1987）行動療法事典．岩崎学術出版社）

Cusick A & Harai H（1992）The Allen tests for cognitive disability : A cross cultural pilot study. Occupational Therapy in Mental Health 11（4）; 61-75.

Freeman A, Felgoise SH, Nezu AM et al（Eds）（2008）Encyclopedia of Cognitive Behavior Therapy. Springer-Verlag.（内山喜久雄・大野裕・久保木富房，他監訳（2010）認知行動療法事典．日本評論社）

Gawande A（2007）Better : A surgeon's note on performance. Metropolitan Books.（原井宏明訳（2013）医師は最善を尽くしているか―医療現場の常識を変えた 11 のエピソード．pp.139-150，みすず書房）

Gawande A（2014）Being Mortal : Medicine and what matters in the end. Metropolitan Books.（原井宏明訳（2016）死すべき定め―死にゆく人に何ができるか．みすず書房）

原井宏明（2010）書評 Atul Gawande の Better. やさしい精神科医療の選び方．（http://hharai.cocolognifty.com/choice/2010/05/atul-gawandebet.html［2023 年 9 月 25 日閲覧］）

原井宏明（2012）方法としての動機づけ面接．岩崎学術出版社．

原井宏明（2016）ガワンデ著「死すべき定め」その 2. やさしい精神科医療の選び方．（http://hharai.cocolog-nifty.com/choice/2016/08/2-bc99.html［2023 年 9 月 27 日閲覧］）

原井宏明（2021）動機づけ面接を始める・続ける・広げる（第 1 回）動機づけ面接とは．精神療法 47（1）; 105-112.

原井宏明（2023）通訳すること．原井宏明の情報公開・HARAI Hiroaki Repository.（https://www.harai.co.jp/?p=1683［2023 年 9 月 25 日閲覧］）

Miller WR & Rollnick S（2002）Motivational Interviewing Preparing People for Change. Second Edition. Guilford Press.（松島義博・後藤恵訳（2007）動機づけ面接法―基礎・実践編．星和書店）

Miller WR & Rollnick S（2013）Motivational Interviewing : Helping people change. Third Edition. Guilford Press.（原井宏明監訳（2019）動機づけ面接〈第 3 版〉上・下．星和書店）

日本経済新聞（2023）糖尿病の新呼称提案，「ダイアベティス」学会など．（https://www.nikkei.com/article/DGXZQOUE229DY0S3A920C2000000/［2023 年 9 月 27 日閲覧］）

Rosengren D（2009）Building Motivational Interviewing Skills : A practitioner workbook. Guilford Press.（原井宏明監訳，岡嶋美代・山田英治・望月美智子訳（2013）動機づけ面接を身につける――一人でもできるエクササイズ集．星和書店）

Rosengren D（2018）Building Motivational Interviewing Skills : A practitioner workbook. Second Edition. Guilford Press.（原井宏明訳（2023）動機づけ面接を身につける〈改訂第 2 版〉――一人でもできるエクササイズ集 上・下．星和書店）

Schaefer CE & Briesmeister JM（Eds）(1989) Handbook of Parent Training : Parents as co-therapists for children's behavior problems. Wiley.（山上敏子・大隈紘子監訳（1996）共同治療者としての親訓練ハンドブック 上・下．二瓶社）

Stein DJ & Hollander E（Eds）(2002) Textbook of Anxiety Disorders. American Psychiatric Publishing.（樋口輝彦・久保木富房・貝谷久宣，他監訳（2005）不安障害．日本評論社）

山上敏子（2003）山上敏子氏：行動療法のすべて．こころのりんしょう à·la·carte 22（2）; 128-194.

17.　鼎談　精神療法の普及について
——「動機づけ面接」はどうなるのか？

原井宏明・斎藤　環・奥田健次

（2023 年 3 月 1 日収録）

はじめに

原井　今日の鼎談は，動機づけ面接を本業にしていらっしゃらない方にお越しいただきました。奥田先生は普段からの付き合いがあり，去年の原井クリニックの開業記念講演会にも来ていただきました。今回は斎藤先生に来ていただいたのがすごいなと思っています。2022 年 12 月放送の『100 分 de 名著中井久夫スペシャル』も見させていただきました。私は中井教授がおられた神戸大学精神科で研修しました。精神科を選んだ動機が中井先生の本でしたから，とても懐かしかったです。

　斎藤先生はオープンダイアローグを広げておられて，動機づけ面接と共通した部分もある。使っている言葉一つひとつは違うし，背景も違うけれど，どうやら態度としては共通しているものがあると思います。

　2 つほどお聞きしたいことがあります。1 つ目は，動機づけ面接についてお二人がどう思ってらっしゃるかです。

　普通の精神科医から見ると「この人は病人だ。だから……」からスタートします。斎藤先生は『オープンダイアローグとは何か』（医学書院，2015）の中ではそれを否定しておられます。ポジティブサイコロジーとネガティブサイコロジーという分け方がありますが，精神病理学の世界ではすべてがネガティブサイコロジーです。精神科医の存在自体が医学モデルの中で「相手が病人だ」というモデルから入っていて，すべての臨床家がそこからスタートしないと仕事が始まりません。一方，奥田先生も自閉症とか発達障害について，そういう

原井宏明先生

実体があるかといったら，多分否定なさると思うんですね。あくまでそういう行動があるだけで，私たちがラベルを付けているだけで，定型発達と非定型発達の間で境界線が引けるかと聞かれたら，絶対「ノー」と答えると思うんですね。そういう中で，オープンダイアローグをどうやって広めようかというところが多分，斎藤先生のチャレンジだと思うのです。私としては広めたいものはもちろん動機づけ面接なのですが，これにも同じようなチャレンジがあります。誰かに何かの問題があれば，たとえばストレスや知識不足，認知の誤りなど環境や脳，心に原因があると考えます。原因をみつけて，それを指摘し修正するというのが，誰でも持っているような常識的な心理学，フォークサイコロジーというものと動機づけ面接は対立します。動機づけ面接のやり方からすると，原因探しではなくて，ここで今起こっていることをこちら側の受け止める反応も変えていきながらやっていこう，相手がそう思っていたとしてもそれはそのままで受け止めながらやっていく。それを反発して否定してしまうとぶつかるだけになるので，相手の考えを受け止めながら変えていく。心理学的柔道という言い方がありますけど，これが動機づけ面接なんです。それぞれのチャレンジだと思いますが，これをどのように考えておられるかをお聞きしたいと思っています。

　2つ目の質問として，私自身も動機づけ面接を広げる立場にありますが，広げるとはいいながら自然に広がっていって，果たしてこのままでいいのかっていうクオリティーの部分では疑問の部分があります。そうしたところもどうしようか，広めていくなかで生じるチャレンジは何か。

　奥田先生の応用行動分析（ABA）の領域では最近ちょっと大きな事件が福岡でありましたね[注1]。ああいった事件が，ABAが広まってくると同時にその名前を騙るというか，宣伝文句として使って中身は違うってことをやる人たちもいるので，あの人たちは勝手なことをやってるんで僕らは知りませんって言

注1）2022年7月に発覚した，福岡県久留米市等に事業所を展開する特定非営利活動法人「さるく」における障害児虐待事案のこと。2023年2月，元理事長に対する実刑判決が確定した。

い方もできますけれど，私たちが名前を広めたときにその名前を信じてきた人たちに対する説明責任もあるので，どうしたらいいか。このところをお互いお話しできればと思っております。

I　オープンダイアローグと統合失調症に対する精神療法
——斎藤と原井

斎藤　私が門外漢ながらもこの鼎談に参加させていただこうと思えたのは，私が所属する筑波大学の社会精神保健学研究室は依存症と虐待も専門にやっていまして，依存症に関しては動機づけ面接を森田展彰准教授が高く評価していたんですね。そこで，元院生で防衛大学の瀬在泉さんにお願いして，しばらく研修をやっていただいたことがあります。コロナ禍で中断してそれきりになっていますけれども，そういうご縁があった。あと，関連領域でいうと，CRAFT（Community Reinforcement Approach and Family Training）は境泉洋さんという心理士がひきこもりの家族会に広めたという経緯があって，ひきこもりの家族の動機づけに用いられているようです。その有効性については評価できる立場にはありませんが，家族の動機づけはきわめて重要なテーマであることは確かですね。

　今の「どうやって広めるか」ということに関して，私の経験からお話ししますと，私自身がオープンダイアローグ（OD）に出会ったのが 2013 年なので，ちょうど今年で 10 年目なんですね。ダニエル・マックラー監督の『オープンダイアローグ』という映画が日本で公開されたのが 2013 年の 7 月なんです。これが大きな関心を集めて，2015 年には ODNJP，オープンダイアローグ・ネットワーク・ジャパンが設立され，私は共同代表を務めています。現在は精神科医のみならず，哲学者から心理士から看護師，PSW など，領域横断的にいろいろな人が参加して普及啓発活動を続けているという状況があります。

　同じ年に私が，今お持ちいただいた本『オープンダイアローグとは何か』をちょっとフライング気味だったんですけど出しました。OD にはヤーコ・セイックラさんという理論的主導者がいて，その方の原著を先に出すのが筋だったんですが，翻訳権を他社に取られてしまったんですね。代わりにセイックラの論文 3 本に私の解説を付ける形で出版したところ，専門書の割にはかなり広く読まれて，現在までに 3 万 1,000 部ぐらい出ています。専門家に限らず，この本

を読んで OD に関心を持った方が多いと聞いています。

　日本は OD に対する関心が，恐らく国際的に見ても最も高い国の一つと考えております。国別で見ると，ポーランドと日本がすごく関心が高いといわれていまして，共通点は精神医療が駄目な国ということになっているようですね。

原井　ポーランドは駄目なんですか。

斎藤　なかなか駄目らしいですね。病床数からみると日本のような収容主義ではないと思いますが，薬物至上主義のような風潮があるのかもしれません。日本は収容主義からなかなか卒業できなくて，世界的な趨勢から半世紀遅れているという批判もありますね。そういう状況の中で，一番インパクトが大きかったのが，統合失調症の急性期に精神療法的なアプローチで回復を促せるという成果が実際上がっているという事実です。

　もちろん OD については，まだまだ頑健なエビデンスは確立されていないという批判もあります。発祥地のトルニオで実施された後ろ向きコホート研究などでは成果が出ているということが分かっています。それから，イギリスで確か去年まで実施されていた ODDESSI という大規模 RCT（Randomized Controlled Trial：ランダム化比較試験）がありますので，その結果が出ればもう少しはっきりした成果が主張できるのではないかと思います。しかし日本の精神科医にとって，一番インパクトが大きかったのは，何といっても身体療法しか有効ではないといわれていた統合失調症急性期に対する……。

原井　身体療法？

斎藤　少なくとも急性期においては薬物療法と，それから電気けいれん療法しか効果がないという教育をわれわれは受けてきたわけですけれども，その領域で初めて薬物を使わず回復を促しているということのインパクトが非常に大きかったと言っていいと思います。いろいろな雑誌が OD の特集を組んでくれましたけれども，「精神科治療学」の特集記事では，巻頭言で岩井圭司さんが「黒船来航」であると述べていて，それほどショッキングで，ひょっとすると外傷的な出来事だったのかもしれません。

　応用範囲が広いというのは，ケアの手法だからという点が大きくて，治療とははっきり自称していないんですね。OD という言葉には，治療ではなくケアの手法であり，サービス供給システムであり，ケアの思想でもあるという，三重の意味がこめられている。いわゆる治療プログラムのように細部の手順やルールが細かく決まっているわけではありません。唯一プログラムっぽいとこ

ろがあるとすれば，対話の中に組み込まれて
いるリフレクティングという手法があるんで
すけれども，これは家族療法家のトム・アン
デルセンが開発したリフレクティングをそのま
ま応用しています。ここだけはちょっと「手
法」っぽい印象がありますけれども，あとは
治療チームと患者チームが，N対Nでごく
普通の対話をしているだけにしか見えないと
思います。その繰り返しで統合失調症の患者
が回復していくという経験は，実際やってみ
ると本当に驚きですし，感動的な経験です。
同時に，今まで自分がしてきたことは何だっ

斎藤環先生

たのかという思いも禁じえない。もっとも，若い世代の精神科医は，そういう「常
識」や「傷つき」はあまり意識せずに，ただ患者を無理に説得したり行動制限
しなくてもよいという点にひかれているようにも見えます。

　私もそうですが，年配の精神科医の中には，もう残りの人生は対話実践に賭
ける覚悟で，生き方を変えてしまうぐらいな勢いで参加してくる方がけっこう
いますし，病院勤務を辞めてODを取り入れたクリニックを開業した医師も
身近なところで3人ほどいます。来年には私も大学を早期退職して開業するこ
とを検討中です[注2]。医学書院の名物編集者，白石正明さんの言葉を借りれば，
「オープンダイアローグは（患者よりも）精神科医に一番効く」ということに
なりますが，確かにそのとおりで，多くの精神科医の行動変容に大きな影響が
あったと考えています。ただ，そのインパクトの広がりは限定的で，どうして
も多くの精神科医は薬物療法をやめられない。統合失調症に対するODの有効
性には，多分にNBM（Narrative Based Medicine；物語りと対話に基づく医
療）的な傾きがありますが，精神医療全体にアピールしていくためにはEBM
（Evidence Based Medicine；根拠に基づく医療）でやっていくしかないだろう
ということで，私たちは現在，科研費研究のほうで小規模ですけど，リモー
トでやるODの対話実践の有効性についてRCTを進めているところです。

　もっとも，リモートで実施する対話実践に効果があるとして，それをもって

注2）2024年10月「医療法人八月会　つくばダイアローグハウス」を開業した。

OD そのもののエビデンスと主張することは難しいですよね。OD には 7 原則があるんですが，これを忠実に実践して RCT をやろうと思ったら，自治体ぐるみで OD を実践した地域と，薬物療法のみの治療を行った地域を比較するしかありません。先述の ODDESSI はそれに近いですが，これは地域ごとに医療ネットワークがあるイギリスならではの研究で，医療にフリーアクセスできる日本では難しいでしょう。ただ最近の傾向として，科研費研究のテーマにも OD が散見されるようになっていますから，日本でも少しずつエビデンスが蓄積されていく可能性はあるかもしれません。

　ただ一方で，そうあってほしいと思いながらも，私は OD 的な発想があまり前面化するというか，それがマジョリティーになることはないだろうと思っているところがあります。あくまでも一角を占めるにとどまるということで，マジョリティーである薬物療法の簡便さとか分かりやすさにどうしても勝てないという諦めも感じています。

　そんな中で少し希望を持てるのは，最近になってさまざまな自治体が，研修にこの手法を取り込んでいて，私が関わっているところでは茨城県の笠間市とか，あるいは「東京都ひきこもりに係る支援協議会」なんかもそうですけれども，ひきこもりに対するアプローチとして対話実践を使っていこうという動きが一方にありまして，これは一つ有望な方向性かなというふうに感じているところではあります。

　広めるときの発想として私が考えているのは，ダブルスタンダードでいくしかないだろうということなんです。OD は，基本的には病理に注目せず，いわゆるストレングスモデルに近い発想が基本にあるんですね。ただ，それを主張し過ぎると保険適用ができないとか，いろいろな問題がありますので，表向きは通常の医療のように診断をして治療するという体裁でやるんだけれども，その内実は診断はどうでもいいし治療ではなくてケアであるという形でやっていく。ダブルスタンダード的に展開するというのは，そういう意味です。

　これはセイックラもそういう戦略だと思うんですね。彼自身が OD での成果を検証するのに，通常の RCT みたいな統計的手法では駄目だということはずっと主張している。ただ，そうはいっても通常のエビデンスがないと精神科医や行政を説得できないということで，事例報告のみならず，RCT や後ろ向きコホートなど，従来の手法を使ったエビデンスの確立もずっと続けている。近年では対話実践中の自律神経反射の測定まで手がけています。

例えば，ODの手法というのは，浦河町の「べてるの家」のやり方に共通点が多いんですけれども，べてるは基本的な発想もそうなんですけれども，あそこはそういう効果検証をしないですよね。「当事者研究のエビデンス」なんて，それ自体が語義矛盾みたいなものですが，それでもあえて当事者研究のエビデンスを訴えていかないと，精神医療の本丸はびくともしない。すごく先端的なことをやっているにもかかわらず，手法としていまだローカルな状態に留まっているのは，そういうことではないかと思うこともあります。

奥田健次先生

もっとも，検証されないからこそ，「べてる」の実践は日本の精神医療の喉に刺さった小骨のような存在であり続けているのかもしれませんが。

　一方，セイックラのダブルスタンダードでいこうと割り切って進めているところはすごく現実的にみえます。彼はもともと反精神医学の立場なんですが，それを前面には出さずに，薬も入院も必要があれば使うという柔軟性がある。政治的立場に固執しないんですね。これがゴリゴリの反精神医学イデオロギーだったら，受容は遙かに狭かったと思います。彼のダブスタ（ダブルスタンダード）的な柔軟性は，日本においても実践的に模倣できるところかなと思っていますが，とりあえずこの辺にしましょう。

原井　ありがとうございます。まとめますと，日本でも広まってきているけれども，多分場所によって大きな違いがあって，一方，ヨーロッパを考えると，ポーランドは関心が高いが決して北欧全体に広まっているわけでもない。また，フランスが最初から外れているのは，フランスって行動療法もやらないところなので，それもあるのでしょうね。

斎藤　フランスのみ実装が遅れていて，他の国ではけっこう，精神保健サービスの中にODの研修コースがあったりとか，実装する国が最近増えてきています。ドイツとデンマークはかなり進んでいる感じで，イギリスは大規模RCTで効果検証をしていますし，イタリアは精神科病床を撤廃しましたが，地域の精神保健サービスの一部で使っているということで，ヨーロッパではかなり浸透してきているという印象です。

原井　先生のお話の中で反精神医学の話が出てきました。ちょうど私も反精神医学に触れていた世代ですので，そういう領域の先生方が興味を持つのは読んでいて納得いくところがあるんですけど，若い先生たちがどう思われるのかなと思うところと。

　もう一つ，奥田先生も聞くかなと思うんですが，単一事例の研究があるかどうか。そして今度はまた精神療法の文脈になりますが，統合失調症に対して効果があると主張する精神療法は，もちろん行動療法にもたくさんあって，例えば SST（Social Skills Training；社会生活技能訓練），先生もどこかで関わっていらっしゃったかもしれないと思うんですが，SST が統合失調症に効果があるとして，日本でも保険点数化されました。私の知り合いの先生たちにも頑張って SST をやった方がおられます。「べてるの家」でも SST をやっていたんだと思います。

　それからこれは，私としては眉につば付けながら聞いてますが，スティーブン・ヘイズたちのアクセプタンス＆コミットメント・セラピーも統合失調症に効果があると RCT で出したと言っています。あと，これはかなり大規模で行われて，ほぼエビデンスとして固まっていると思いますが，アサーティブ・コミュニティ・トリートメント（ACT）ですね。これは，伊藤順一郎先生たちも多分，日本でもかなり実践されているので，そのように考えると，統合失調症に有効な精神療法がないというのはちょっと……。

斎藤　いや，もちろん日本でも「賦活再燃正気づけ療法」や「一喝療法」のような手法が知られていますし，皆無とは言いませんが，急性期はどうでしょうか。また，少なくとも教科書的レベルでは今でも身体療法が王道で，精神療法はせいぜい補完的な位置付けかと思います。それと，ACT は完全に慢性期のケアとケースワークが中心ですよね。なので，急性期に関してはちょっと存じ上げないってことがありますけれども。つまり，言葉が通じないレベルの，いわゆる精神病理学者のいうところの了解不能な患者さんに対する対話の実践ってことですね。

原井　急性精神病状態，急性躁状態と一緒に混合しているような状態も含んでいると思うんですが，そういう状態に対しても OD が有効だという意味なんですね。

斎藤　『オープンダイアローグとは何か』の中に紹介されている事例もそうだと思います。いわゆる支離滅裂な状態から対話が成立していくという過程が描かれていると思いますけれども。

原井　それが例えばSSTであるとか，ACTでも他の精神療法ではそんなになかったということですね。

斎藤　と認識しております。ACTはどちらかというと，アウトリーチのサービス供給システムではないでしょうか。トリートメントと付いてますけれども，そういう組織が365日24時間体制で，地域で慢性患者さんを支えていくという。

原井　混乱して幻覚妄想状態に陥って，ちょっとした音でも「俺を攻撃してきてるんだ」というふうに解釈する人に対して，病院へとにかく連れてきてくださいって言うんじゃなくて，その人がいる場所にみんなが向かっていって話を聞くんだっていう，その人がいる場所で対応しようという意味でおっしゃっているんだと思うので，それは確かに，この本の中でも紹介されていますけど，効果があるのは当然だろうなという神田橋條治先生のお話がありましたが，そこで先生も，特定の技法の部分ではなくて，その場所に行く，そうした仕組み，急性期に対応する仕組みの部分が役に立っているということなんですよね。

　ありがとうございました。どう広めていくかというところでは，最初のほうにお名前が上がった森田先生もお会いしたことがありますし，瀬在先生には本書の中でも書いていただいて，2023年3月11，12日に日本動機づけ面接学会の第11回大会があって，瀬在先生にも会長をしていただいています。そうしたところで動機づけ面接もある程度名前も聞いていただいて，すぐそばに実際に実践していらっしゃる先生がいるのは心強いです。

　ですから，そうしたところが広まっていくところで，ついでにCRAFTの話もしていただきました。私もCRAFTの本を境先生たちと一緒に翻訳しました。

　動機づけ面接に関していうと，比較的簡便で広まりやすい，誰でもやりやすい方法だと。精神科医よりも内科医とか，近縁領域に広まってきたというところがあります。内科の先生とか，他のパラメディカルの方たち，特に資格を必要としないので広まってきているわけですけれど，今まで精神科の研修とか何も受けていなかったような先生が，こういう病気を動機づけ面接で治しましたっていうけれど，ちゃんと診断してその人のいろいろな問題とか分かってやっているのかなというような，にわか精神療法家になってしまう場合がありまして。

　簡単っていうわけではない，簡単に見えるからこそ難しいんです。確かに入り口は優しい，長い間の研修を受けないと，例えば，精神分析のように教育分析を何年も受けないとできませんという治療法ではないので，その点では敷居

が低くなっていていいんですけど，それが悪い面に出たのかなと思うときは確かにありました。先生のお話を聞きながらの私の感想はそういうところなんですが，奥田先生いかがでしょうか。

Ⅱ　エビデンスと資格はセラピスト能力の根拠になるか？
——疑う精神

奥田　私は今回の3人の中で唯一，医師ではありません。ただ，斎藤先生は『オープンダイアローグとは何か』に「臨床家」って書いておられ，大学の先生でもあられる。精神科医もいろいろな人がいるじゃないですか。でも，臨床家だっていうところで恐らく，立場が違っても，使っている用語が違っても，例えば，ブリーフサイコセラピーにしても，用語や理論が違っても，やっていることで何かが変わるっていう，そこにすごく興味があります。一生懸命，ODで使われる用語や理論を行動論に翻訳しながら読んでいったわけですよ。

　最初，「かみ合うわけないんじゃないの？」って思っていたんですけど，『オープンダイアローグ』を読んでみて，むしろ私は「そりゃ，これは効くよね」って思いました。私は精神科医じゃないですが，今日は3人に共通する「臨床家」という立場からになるんですけど，効き目があることはよく分かるんですよ。そこで，一体どの成分が効くのかっていうところに非常に興味がありまして。原井先生から，「いろいろなところに噛みつく」って紹介されることがあるんですが，好奇心からいろいろと質問したり，言ったりするのでそう見えるだけで，ほんとうは全然噛みつくつもりはなく，「これってどうなんだろう？」っていう率直な疑問は投げかけてみたいと思います。

　まず，オープンダイアローグは率直には漢方薬みたいに思ったんですよ。私が興味あるのは漢方のどの成分が効いたんだろうっていうところです。私は『まんが　やってみたくなるオープンダイアローグ』（医学書院，2021）のほうを読んだんですけど，斎藤先生が出てこられて，あるケースに関して「なんで良くなったんだろう？」と，自問自答されるシーンがあったんですよ。

　つまり，やっている人間でさえこのセッションが繰り返されていって，このセッションで患者さんが急に変わったときに一体何が起きたの？　っていうのが，やっている先生の方にも起きているわけですから。漢方ってそうじゃないですか。鼻が垂れるので，これ飲んでみて，効いたっていうのがあったときに，

要らんものも飲んでいるかもしれないんですけど，より精度を高めるために西洋医学でいうところの成分というか，心理療法でいうところのこの部分っていう行動の制御変数を明らかにしたくてしょうがないんですよ。

　私に関して言うと，冒頭の原井先生の前提が実はちょっと違っていまして，確かに私もABAを普及させたいって昔は思っていましたよ。でも，今，ぜんぜん思っていなくて，むしろ虫酸が走っているところがあります。ABAって看板を掲げてデザインも技術も下手くそがはびこっていて，本当に腹立たしいんですよ。そして，とにかく詭弁が多い。目立つ詭弁の特徴っていうのは「エビデンス」って言葉の認識や使い方によく見られます。この言葉が便利過ぎるのと，それから資格問題もあるんですけど，例えば「自分はアメリカへ行って，ABAの国際資格取ってきました」って人がいるとするじゃないですか。ABAはエビデンスを大事にしているので，データ出して因果関係を明らかにしていく研究手法なので，そのABAの資格を自分は持っている，と。だから，ABAを看板に掲げている自分の仕事はエビデンスに基づいた方法を提供している，みたいな。

　これ，すごい詭弁なんですよね。自分のやっているアプローチとか，自分のやっている技法の一個一個が首尾よく奏功しているか確認しながら進めていくのが本来の仕事だと私は思っているので。ABAそのものが普及すると，さっきの福岡県での事件もそうですけど，虐待とか人間の尊厳を破壊するような方法が，ABAの看板を掲げながらも出てくるかもしれないじゃないですか。学会や資格団体としては「こんなふうに研修やりましたよ，声明を出しましたよ」みたいなことで終わらせちゃうと思うんですけど，普及を図るとそういうことが起きちゃう。

　私，とにかく懐疑的なんです。普及とかに関しては慎重派なんですよ。なので，学会認定資格を出すかみたいなことも行動分析学会で議論された際，私は少数派の反対した側の人間なんですけど，実力のない心の弱い支援者たちは資格を取ろうとするじゃないですか。学会としては，資格制度を取り入れた途端，めちゃくちゃもうかるんですよ。原井先生も動機づけ面接協会をつくっちゃったから，逆にジレンマを抱えているはずなんです。人が集まるので経済的には潤ったはずなんですけど，一方でそういう首を傾げたくなるような人も増えたと思うんですよ，二極化っていうか。それを，どう責任取るんですかみたいな。ジレンマ抱えながらの今日だと思うんですけどね。

　だから，広めるのはいいんだけど，びっくりするくらい低レベルな人も増えるよっていう。私は臨床の職人として，そんな低レベルなものを広めたくない。私が広げたいと思っていることは，効果を検証する方法なんですよ。シングルケース実験デザイン（Single-Case Experimental Design）の手法を広めたいんです。そうするとオープンダイアローグにも使えるし，効果検証って先ほど斎藤先生もおっしゃったけど，全部できるはずなんですよ。シングルケースの手法さえ広まれば。どうして医学研究や医学教育でこれが弱いのかっていう。シングルケース実験デザインのことを，まだお医者さんたちの多くは一症例研究って勘違いしていますしね。

　さっきのACT，アクセプタンス&コミットメント・セラピーの方のACTですが，これだってそうですけど，作文になりがちじゃないですか。ACTでやっているようなケースも，奥田研究室ぐらいじゃないでしょうか，作文を使わずにシングルケース実験デザインでやろうとするのは。私の研究室のテーマはいつも「生活」なんです。後で斎藤先生にもお聞きしたいんですけど，「急性期の患者さんに効く」っておっしゃるんですけど，好奇心旺盛な私は「何に効いたんですか？」ってなっちゃうんです。

　「何に効いたのか」っていうのは，判断材料は恐らく行動になると思うんですけど。例えば，生活の中でいうと，朝起きられるようになったとか，ご飯をおいしかったって言えるようになったとか，あるいは妄想的言語が減ったとか，生活の中で言語行動も含めて何が変わったかという事実を，私はかなり大事にしています。だから，精神科の医療現場で働く私の門下生たちっていうか，そこで働いている人たちには常に，「患者が何を主張しているのかというのも傾聴すればいいけども，もっと患者の生活を見なさい」と口喧しく言っています。アセスメントは，そこをかなり重視しているんですよ。患者さんが言った言葉に振り回されることなく，生活をアセスメントしているんです。後でひきこもりの話にも出てくるんですが。

　長くなりましたが，シングルケース実験デザインの手法を広めたいのであって，パッケージとしてのオープンダイアローグとかACTとか動機づけ面接とかって，動機づけ面接もいろいろなパッケージみたいなのあるんですけど，それのどこが何に効いたのかっていうのをデータで見たいんです。ラージNのデータとかじゃなくて，あるいはビフォーアフターでの質問紙でのスコアが変わったとか，そんんじゃなくて，どんな立場であろうと「QOLが大事だ」っ

て言っているのは共通しているんだから，本当にその患者さんや家族の生活で何が変わったのか，そこに興味津々でやってきましたので。私が目指したい普及っていうのはそこです。ABA を普及するっていうことに関しては非常に慎重。

原井　『メリットの法則―行動分析学・実践編』（集英社新書，2012）大変売れましたね。

奥田　あの頃には，ABA ってタイトルにしてませんでしょ。「メリットの法則」「行動分析学」って言ってるじゃないですか，新書らしくキャッチーにね。だけど最初，『自閉症への ABA 入門』（東京書籍，2003）っていうふうに，ABA っていうのを書籍タイトルに入れましょうと提案したのは私なんですよ。それまでは「応用行動分析」をタイトルに冠した本はありましたが，日本語の本で初めてこの本が「ABA」をタイトルに入れたものになりました。あの頃は確かに普及させたかった。あとがきに書いていますが，10 年後おかしなことになりますよ，アメリカ帰りの人が，日本で ABA，ABA と言ってやるような時代が来ますよっていったら，そうなってるじゃないですか。

　だから，どうも今は虫酸が走っています。私の専門が ABA って紹介されるだけでも腹が立つんです。一緒にしてくれるな，と。自分のことすら疑っていますので。論文も，研究も，臨床も，実験も，すべてデータを取る理由がこのスタンスにあるという……。

原井　疑う部分ですよね。例えば中井先生でもユングでもフロイトでも，それこそスキナーでも構わないと思うんですが，偉い人がいて，この人の言うとおり，書いたとおり，ガイドラインのあるとおりにやっているから自分はできるんだと思ってる人がいるとする。いや，そうじゃなくて，一つひとつ自分のやっていることを疑って，効果の検証の部分のところ，例えば急性期に効きましたと言っている段階で，疑う精神を持っているかどうか？　をその人に問いたくなります。奥田先生や私は行動を見るので「急性期に効いた」ではなくて，その人が朝どうしてるのか？　から考えます。例えば，朝起きたときに「おはよう」と言うのか，夜眠る前に「おやすみなさい」と言ってベッドにそのまま休んでいるのかどうか。診察室ではちゃんとおとなしくしているけれども，待合室を出てから受付で何をしているのか。薬局にちゃんと薬を取りに行くのか。それから電車に乗って家にどうやって帰っていくのか。

　そこまできちっと一つひとつ行動のシークエンスで押さえます。一緒にいる間は自分の介入法で押さえることができたけど，家に帰ったら全然，般化がで

きていなくて全部ぶっ壊れましたであれば，じゃあ，何をやるのか次の計画を
立てましょうと話をするわけです。ところが ABA だけ，奥田先生の本だけ読
みました，サイン書いてくださいっていう人の場合だと，こうした行動のシー
クエンスを突っ込むと一言も答えられなかったりするので。

奥田　私だって自分の知名度を使って民間資格を作ったらもうかるわけですよ。
私は大学を退職してから，心理士や教師，時に若手中堅のお医者さんが学びに
来る行動分析学の道場をやっていますけど，もしそこで奥田印の ABA 認定証
でも出したら，もう一桁もうかりますよ。そういうのを，一瞬ふらっと考えて
しまうこともありましたよ。やんなくても技術の低い人が増えるんやから，やっ
たろうかって。

原井　みんなやってるじゃない。

奥田　でも，それやったらあかんなって。いろいろな他の民間資格を見ていて，
そこに集まっている人たちのレベルを知ってしまうと，「うそでしょ？」ってい
う。その人自身が病んでるやろみたいな人が資格を取りに来るんですよ。そ
うすると，自分が出した資格が広がる一方で，自分の名前が落ちていくような
気がして。見た目と違って「のれん分け」をしたくないがんこ職人キャラなん
です。だから，安易にもうけるほうには走らないです，今の時点では。商売に
は向いていません。

　　お金はいるんですよ，今。資金調達にヒイヒイ言いながら小学校つくろうと
してるんで[注3]。だけど，そこに自分自身の職人魂が立ち塞がっているんです。

原井　この鼎談は出版社で収録しているので，出版社としてはそれで本が売れた
ほうが。

奥田　私の本も，それなりに売れるんですよ。

原井　資本主義の社会で私たちは生きているので，自分たちの理想だけでは生き
ていけないので，売れる，みんなに読んでいただけることが必要で本も出した
りするわけだけれども，そこで人間がわっと群がってくる。そういう中で，例
えばワークショップ，これは私自身の動機づけ面接のワークショップでも熱心
に勉強しに来る人がいるんですが，資格といったところで自分ができるように
なったことが分かる，そういった学習のステップとか段階があるじゃないです
か。奥田先生にも斎藤先生にもお伺いしたいんですけど，それが分かるような

注3）2024 年 4 月に「さやか星小学校」を開校した。

ものはないでしょうか？

　決してもうけようというだけではなく，周りのニードもあるので，技能検定みたいなものが考えられると思います。行動の部分だけでいうと動機づけ面接は比較的技能検定がやりやすいので，例えば，クライアント側の発言の頻度がどのように変わったのか，クライアントの発言が後半の部分で，これはチェンジトークといいますが，そうした頻度が増えてきたかどうかという行動レベルの回数レベルで見られます。ただ，それが本当に生活の変化につながっているのかどうか，アルコールの場合だったら断酒とか，治療のアドヒアランスがどうかといったところまでは本当は見えていなかったりするんですけど，とりあえず面接の中で炎上させずに話をすることで，ちょっと自分の見方が変わりましたぐらいの，15分でも20分でもそれぐらいはできるので，その辺の評価は比較的やりやすいんですけれど，これだけできたからといって精神療法ができてるわけでもない，相手のすべての生活全体のことまで押さえられてるわけでもない。もちろん言葉しか見ていないから，日常生活の行動でADL（日常生活動作）がどうなったかなんて全然見ていない人ができるようになったと思われると困ったなと思うんですけど，そういう人が来るわけです。

奥田　私はとにかく実験の手法，シングルケース実験デザインのやり方を身に付けていただくことに専念していけば，自分の仕事も疑えるじゃないですか。「これで良いの？」っていうことをモニターするわけでしょ。外科医が外科手術中にバイタル取りつつやるみたいに，患者の行動が，ビフォーアフターのアセスメントだけじゃなくて，日々の生活上の行動のデータを見て，それがどう変わったかっていうことをつぶさに知っていく。そうすると，自分のやり方が間違っている場合も早く気付けるし，合っていればそれは良い支援を提供している判断材料にもなれば，論文にもなるだろうし，大切なのはそこなんですよ。

原井　よくRCTの場合でネガティブスタディが出ないことが問題だと。ファンネルプロットを書いたりすると，ポジティブばっかり出てきていて，最後のほうでそういうファンネルプロットを見たときにポジティブばっかり出ていると疑います。薬物療法ではよく問題になるので，私としてはネガティブもケーススタディーで失敗例も出てきたほうがいいと思います。

　ちょっと話を戻しますけれど，そうやって自分のやっている臨床一つひとつ，一例一例が実験なので，やっている技法が正しいから，奥田式だからということではなく，実際の生活で疑問を持ってチェックしていく，そうした精神を教

えたいということですね。

奥田　その精神とその手法ですね。

原井　ありがとうございます。私と奥田先生はこんな話をよくして，盛り上がっています。斎藤先生。

III　行動療法家に対する斎藤先生の感想

斎藤　私の立場とはあまりにも「文化」が違うのでびっくりしました。

奥田　文化ですか。

斎藤　発想の文化が違います。ODって基本的にアセスメントしないんですよ，一切。それからプランも立てないんですね。だから，そこから全然違うという感じを持ちました。診断すらしないっていうことがあるんですけど，それは診断しないと保険点数が取れませんから，いちおう診断名はつけますけれども，本当は全然診断なんかも信頼していないということもあります。そもそも「症状」という言い方はせず「困りごと」として対応します。「幻聴」といわずに「その場にいない人の声に悩まされている」とか「妄想」といわずに「思い込みが強くて困っている」とかですね。それから，症状別の評価もしない，適応度も評価しない，やっていることは主観のみですね。「主観と主観の交換」と言ってますけれど。

　なので，客観的な正しさがあるということに関しては，臨床の場面から一切排除されているということになります。なので，いかにカルチャーが違うのかなということを分かりながら，感心しながら聞いてました。というか私たちの「治療文化」が特殊すぎるということでしょうけれど。

　とにかく発想の段階からかなり距離があるということになろうかと思いますね。

奥田　私が最初に『オープンダイアローグ』を読んで思ったのは，行動療法の世界で「フリーオペラント法」っていう日本生まれの方法があったんですけど，それにそっくりだなと。私の師匠の一人，佐久間徹先生や久野能弘先生が開発した技法ですが，これは技法としては広がらなかったですよね。今，この看板を掲げてやっている人ってわずかですよね。なぜ技法として広まらなかったかっていうのは，最初からターゲットを決めないんですよ，そのセッションで。だから，ODと一緒だと，まずそこで思ったんですね。あらかじめ決められないんですよ。親子がどんな状態で来て，何をし始めるかが分からないの

で。子どもがし始めたことにこっちが乗っかっていくみたいなやり方で，つまり，職人技だから多くの行動分析学の人たちからすると，「職人がやるやつでしょ？」って。私も若い頃，そう言われてたんですね。

　それじゃいかんだろうと思って，フリーオペラント法の何が効くのかを私なりに調べたんですね。そこで技法の話なんですけど，患者さんの変化に関して，何か目指しているものがあって，フリーオペラント法でも，望ましい行動が起きたときに強化する，拾っていくような作業をするんですよ。昔だったらロジャースのやつで，クライアントが適切なこと言ったときの相づちを打つみたいな。

　OD でも，操作とか，管理とか，誘導とかしないという看板を掲げておられるかもしれないんですけど，でも，実際には，誘導の成分があるんじゃないかと思っています。そこにももし，ダブスタがあるんであれば教えていただきたいのですが。例えば「気付きを尊重する」とか。これは動機づけ面接でもそうですけど，患者が気付くことを促す。言葉が合っているか分からないですが，斎藤先生がおっしゃるとおり文化が違うので。でも，「気付く瞬間」っていうのは，セラピストとして察知できたほうがいいと思っているんです。

　自分の仲間との会話をしているところで，患者さんを見るのではなく会話している治療チームの仲間のほうを向いていると，その瞬間は患者さんの様子が見えません。技術的な話なんですけど，私の言葉に言い換えれば，もし患者さん自身が目の前で繰り広げられる会話から何か気付く瞬間，それをターゲットにしてるんであれば，それが起きた瞬間が分からないと，何が良かったのかが不明のままになるのかもしれません。なので，それが一つは普及を阻んでいるのかなって思ったりしています。同じように職人技って言われたりするんじゃないかと……。患者さんの前で会話する治療チームらの「こんな考え方もあるよな」「苦しかったんだろうな」とかいう会話やつぶやき，この辺の上手い下手って絶対あると思ってるんですよ。

　「自己決定」という言葉はすごく耳ざわりのいい言葉ですし，私たちも臨床では大事にしているんですけど，実際はいくらかは誘導しているという自覚は私は持っています。それが上手ければ，誘導されたという感覚を患者さんに与えずに済むということかと。

斎藤　ゴールオリエンテッドじゃなくて，プロセスオリエンテッドということを，セイックラらは非常に強調するんですね。はっきりしたゴール設定は動機

やニーズを阻害する可能性があるので，ゴールは立てない。とにかく良いプロセスを共有していきましょうというふうな構えでやったほうがいいと。

　あえて「文化」を強調しますが，私たちは基本的に「こうすればうまくいく」という因果的な発想から距離を取っています。それは線的な因果関係を前提にしていると思うのですが，すべての人は複数の人間関係の中にいるので，家族療法でいう円環的因果関係ですよね。複雑系なので予測はできないはずなのですが，システム論的家族療法がそれができるという前提で介入を試みる。でもODでははっきりと「それは無理」と考えます。だから患者の反応や様子についても，あまり解釈しません。単純化して言えば，客観的な観察は放棄して，言葉を介した「主観と主観の交換」に没頭することが推奨されます。技量の問題はないとは言えませんが，個人のスキルは良くも悪くも平均化されます。切れ味の良い治療は難しいですが，初心者が参加してもそれなりに成果は出せる。私は精神療法の才能がないことは自覚していますが，それでも成果が出せているのはそのためかと思います。ここで成果というのはシンプルに「回復することで治療が終結する」という意味です。実はセイックラの論文には成果を分ける要因を分析したものがあるのですが，それは「対話の主導権を患者が握っている方がうまくいく」とか「隠喩的な表現が多いほうが良い成果に繋がる」といったもので，技法的な洗練という方向とは距離があります。

　ただ，おっしゃるようにダブスタではあるわけです。どこにあるかっていうと，それはコンテクスト，環境にあるんですね。「治療は意図しない」としつつも，やっている場面というのは治療チームが訪ねていって，クライアントチームと話しているわけですから，場の設定自体が治療志向なんですよね。治療志向の場があるおかげで，治療のことは忘れていいということができるわけなんです。病院でやっても同じですし，どこでやってもそうですけども，相手はとにかくこちらが治療者だと意識してきているわけですから，その時点で誘導はあると言っていいと思います。

　だけど，そこは強引にかっこに入れて，こちらの専門性もかっこに入れて，いわゆる「無知の姿勢」というやつですね。クライアントに教えを請うというスタイルで話をしていくことが治療的成果につながっていると考える。それなので，そこにはアセスメントが入り込む余地がほとんどないわけなんですね。

Ⅳ　精神療法の再現性——動機づけ面接の場合

原井　ちょっと動機づけ面接に戻しますが，動機づけ面接のほうでも，ウィリア
ム・ミラー先生が始めたということになっていますけど，彼自身が自分で始め
たのではなくて，何かそういった創始者がいて，最初にグランドデザインがあっ
て，精神療法になるようにしてデザインしてつくったのではなく，何か自分の
やっていることでノルウェーの心理学の学生たちでミラー先生のやっている面
接を聞いているうちに，これはどういうふうにやっているのかと聞かれるうち
に，技法としてこういうことをしているんだってことがだんだん言語化されて
きたというプロセスがあります。

　それだけではなく，最初の早い段階から一緒にやる人も，トレーナーも育て
るようにして，そうしたトレーナーとかもコミュニティーの中でその人が持っ
てきた知識とか知恵とかを本の中にまとめていって，広める形になってまいり
ました。

　OD と違うところは，一対一の心理療法から始まっているので，グループで
動機づけ面接を使うのも最近では本も出てきて一般的にはなりましたけれど，
基本はもともと一対一の心理療法です。しかし同時に，最初からビデオを出し
て，面接内容の，ここは本当に行動療法の伝統なんですけど，言語分析をして
どの発言がどのぐらい回数が出てきたか，アセスメントにはこだわるし，それ
からアルコール，薬物という場合には，アルコール，薬物の治療にゴールがあ
りませんとかっていうと怒られるんですね。とにかく酒，アルコールって社会
的な問題を起こす人たちなので，家まで行って話を聞いて，結局酒飲んでまし
たと。これは誰がどう考えてもそうですけど，多分，泥酔している人に OD やっ
て効果あるとは先生もおっしゃらないと思います。

斎藤　アルコールはそうですね。酔いは人をハーモニー志向にしますからポリ
フォニーにはなりにくい。

原井　これが酔っ払っている最中の人に，ABA だったら何とかなるんですよね。
酔っ払っている最中の人でも環境調整するとか，薬物，アルコールに対するア
クセスを変えていくとか，他の強化子を置くといった随伴性制御とか，さまざ
まな，これは CRAFT もそうですけど，そうした環境調整をやるけど，とに
かくトークセラピーが中毒状態の人に効いているって話は聞いたことがないの

で，まず離脱してからの話ですけど。

　誰が見ても飲酒の人の場合だったらゴールはお酒を減らすことです。そこでゴールはありませんなんて言ったら，それは最初から効果の主張を放棄してるような治療法になります。プロセスといったって，酒をやめなかったらプロセスどころではないので，どれだけ酒を飲んだかとか，どれだけ飲酒運転で捕まったかみたいな簡単な評価ができ，それで効果判定ができるようになってきたっていう傾向をたどってきました。

　さらに，もともと行動療法の伝統があるからだと思うんですけれど，細かなアセスメントツールと一緒に会話の部分も発展してきて，何を会話して，クライアントのどの部分に反応して，どの部分をそらしていって，中にはシングルケースでありますが，ABABデザインで面接中に動機づけ面接をするセクション，そこは捨ててしまって機能分析をするセクションに実験的にわけます。飲んだときの先行刺激は何か，飲んだ後の結果が何か，その後何をしたかといったことを，行動のチェーンを患者さんと一緒に分析をしましょうというセクション，また動機づけ面接をするセクションにわけます。この間で患者の発言内容がどのように変わったかっていった研究もあります。

　これだけだと，動機づけ面接が最終的に飲酒を減らしたっていう結果には結び付きませんが，少なくとも発言の内容に対して動機づけ面接が有意に影響を与えるっていう研究結果が出てきました。こういった研究の積み重ねからできているので，こうしてお話を伺っていくと，研究のスタイルというものが，ちょっとODにまた戻しますけれども，ここはプロセスの研究になります。どのような面接のやり方で，カウンセラーが話す内容について，クライアントがどう反応するとか，全体の発言内容が変わっていったかっていったところを調べる研究には参考になるだろうなと，お話を聞いていて思いました。

　ただ，広まるとか，これは弁別なんですよね。どうやってセラピストが相手の行動を弁別して，反応するか反応しないか，自分の行動を変えるか，その弁別のトレーニングはどうやってやればいいのか。フリーオペラント法であれば，今のクライアントの行動について，今ここは反応する，今ここはこのまま無視して強化を与えない，まず罰を与えることはないと思うので，そのままの強化にするんだと思うんですけど，ここがすぐさま動きが変わったとか，そうしたときに般性強化子を与えるんだとか，もちろん言葉で認めるとか，会話を止めて動きを変えてみるとかってことになると思うんですけれど，こうした訓練の

ほうは，場数を重ねるしかないっていうようなところでしょうかね。

奥田　支援者が提供した方法が合っていたかどうかというのはね，モニターして判断するしかない。私，プロセスって言葉は曖昧だと思っているんですよ。大切なのは「プロシージャー」だと思っているんです。先ほどの原井先生の動機づけ面接が「効いた」っていう表現さえ，まだちょっと懐疑的なスタンスになってしまう。ABAB デザインはかなり良い実験的方法です。一番，因果関係が分かりやすい方法なので。だけど，動機づけ面接の何が効いたかってところまで明らかにしないと，科学なので再現性の問題がやっぱりある。それも要らないって OD では言われちゃうかもしれませんが。なんでかというと毎回患者さんが違うし，患者さんがその日どう出るかが分からない。でも，やっている治療的な行為は本になるぐらいなわけですから，体系化されているものであって，再現性をどの程度担保していこうとされるのか。

　今の原井先生の動機づけ面接のご説明でさえ，動機づけ面接もあれだけ体系化されていても，まだ漢方っぽく聞こえる感じもします。だから，プロセスよりもプロシージャー，要するに手続きが知りたい。そうじゃないと再現できないので。

　アクセプタンス＆コミットメント・セラピー（ACT）もそうです。私，ある学会のシンポジウムで終わってから ACT では名の知れた先生に，「私も ACT やってますよ」って言ったら，「え，うそ？」って驚かれて，私「やってますよ」と。他にも名の知れた先生に「私のは ACT じゃないんですか？　どういう要件で ACT を使っていると判断するのですか？」って聞いてみたら，「六角形を使っていれば ACT です」って。その形式主義には失礼ながら思わず笑ってしまって，「じゃあ，私のは ACT じゃないですね」って。さらに「たまに三角形とか，四角形で十分なこともあるから」って言ったら黙っておられたので，「申し訳ないですが，そんな形式主義な臨床は，下手くそやな」って思わず言っちゃったんですよね。「いつまでも初心者止まりですよ」って思わず言っちゃったんです。六角形を整えてないと ACT じゃないっていう考え方なのであれば。

　だから，認知行動療法の手法も形式的なパッケージを使う人がほとんどのようなので，ちょっとどうなのかなと。手続きを明らかにしないと，というのはありますね。

原井　手続きっていうか，それをどう説明するかですね。

奥田　再現するために。手続きの記述が最も重要です。

原井　再現するために自分がどう説明しているのか。例えば，奥田先生がACTをやっているんですかと聞かれて，やってるよって言ったときに，次の質問が六角形かどうかっていう質問がすごくおかしかったんですけど，奥田先生がどんなことをして，ACTを自分が実践しているのかってことを，もっと聞き出すことができれば，奥田先生も答えたでしょうに。

V　治療の忠実性——治療中に何を意識しているか？

原井　少し，話がずれましたけれど，何を動機づけ面接としてやっているのか。そうすると今度は，ABAとは何ぞや，動機づけ面接とは何ぞや，それからODとは何ぞやと。一つひとつ，その治療のインテグリティーとか忠実性とか，自分はこれをやっているというときに，一体何をもって自分は今，動機づけ面接をしていると。今度はセラピスト自身の自分意識みたいな部分になりますが，その部分，お聞きしていいでしょうか。

　斎藤先生は今，ODは精神科医としてのお仕事の中の一部でしかないし，研究者としてとか，大学の教授でおられるので，指導者として教える場合もある。全部が全部，OD漬けじゃないと思うんですが，そうしたところ，今，自分はODを実践しているんだって意識は，どのように持たれているんでしょうか。

斎藤　まず，ODの実践には，いわゆる7原則というのがあるんですけれども，それが完全には実践できていないので，オープンダイアローグライクな対話実践をしているという自己認識であることは申し上げておきたいと思います。さっき，カルチャーが違うっていう話をしたんですけれども，ODのルーツが，一つは力動精神学というか，精神分析なんですよね。それから，もう一つは家族療法で，いずれも今おっしゃったようなアセスメント分析に当てはまりにくい領域じゃないかと私は考えています。

　ただ，いわゆる精神分析的な発想はかなり切り捨てていますし，もう一つの家族療法というのは，先ほども触れた円環的因果律で考えるわけですが，そうなるともう複雑過ぎて解析ができない。つまり，誰のどの発言がどう作用したかってことは，いわゆる三体問題以上の複雑さがあるので，とても解析できないし，そもそも解析する意味がないと私は思っているんですね。私が考えるODの良さというのは，「専門性を脱ぎ捨てる」という言葉からもわかるように，

熟練性, 職人性にはあまり価値を置かないんですね。精神療法初心者が, 素人っぽい熱意と手探りでベテラン以上の成果を出すことがありますが, そういう意味での素人性をどう温存するか, そちらを重視しているところがあると思います。根本にあるのは中井久夫も言っていた「治療は運だ」という発想で, ともかく懸命に対話をしてあとは運に任せる, マナーは守るけれどコントロールのことは考えない, そういうアプローチになります。

　対話実践の根本にあるのは, ポストモダンいわゆる社会構成主義的な発想であって, 言語とコミュニケーションはこの現実を生み出しているという発想は, 私はポストモダニストですから, けっこう近しいものを感じるところもありまして, そこでもし回復するんだったら, こんな素晴らしいことはないという意識でやっているということになります。つまり, 医学を実践している意識は対話実践のときはあまりなくて, まさにプロセス, この場合のプロセスっていう意味は, 対話を継続すること, それ自体なんですね。対話が続いていれば対話は成功したと考える。対話が不用意に終わったら失敗と考える。

　成果というか, 寛解とか就労とか, そういった, いわゆる治療成果みたいなものに位置付けるものっていうのは, 常に副産物といいますか, 意図せざるおまけとして生まれてくると考えるのが OD の発想なんです。それは, まさに職人的な精神療法家が昔から言うように「治そうとし過ぎると治るものも治らない」という逆説がある。OD では個人よりも関係性に病理があると考えますから, 時には「治すことを断念したら状況が好転した」なんてことも起きるわけです。そういう逆説をシステマティックに応用したっていうのが対話実践に対する私の評価ですね。それをやるようになってから, こちらも楽になったし, クライアントさんの評価も上がった。私は, もともと精神療法はあまり上手なほうじゃないんですけれども, 対話実践に取り組むようになってからはかなりポジティブな評価をクライアントさんから受けるようになりましたので, それだけでも大きな変化といってもいいかなと思っています。

　私のしていることを統合ということをおっしゃっていただいたんですけれども, 基本的には私はもともとは理論的にはラカン派精神分析が出発点で, あるいは精神病理学ですね。先ほどおっしゃった病理に注目をして, どうしたらその病理を回復できるかってことに腐心するという発想が骨組みに昔はあって, つまり, 統合失調症の精神病理として, それこそ去勢の排除とか, ファントム空間とか, そういった話にどっぷり漬かっていた時期があったわけですけれど

も，ただ，その中にも今につながる萌芽があっただろうと思うんですよね。それは，病理の捉え方というよりも，先ほど申し上げたような社会構成主義的な発想というのはそこに根差していて，それを引き継いできているところがあったと思います。

　中井先生の著作を読む限りでは少なくとも，病んでいる部分に注目してそこを何とかしようという発想よりは，むしろその人が持っている強みや健康をどう生かすかっていうことにずっと腐心されてきたという，治療よりもケアの精神がすごくある方だったと思います。いわゆる精神病理の文脈とはだいぶ距離があるというか，それこそ木村敏とか安永浩と同世代ですから一つにくくられがちですけれども，彼らとはだいぶ距離があると私は思っていたんですね。そこにまさに多くの精神科医が引き付けられたと考えていいと思います。

　そういう発想，もう一つの，なぜかラカニアンには中井ファンが多いんですけれども，人文的な興味でくくられるのかもしれませんけれども，まさに人文的な興味の背景にあるのが，今申し上げたような社会構成主義的な発想であると私は捉えているので，アイデンティファイするならば社会構成主義者という言い方が一番ぴったりくるのかなと思っています。そのポジションから教育をしたり研究をしたり，臨床をやったりしているところが私のアイデンティティーかなと，今言われて思い至ったという感じでしょうか。簡単にはそういうことになります。

原井　簡単にまとめると，今，自分が OD を使っているかどうかっていったところは，7 原則という決まりがあって，六角形みたいなものがあるかなと思いましたけど，それを使っているわけじゃないから，何となく，OD 的というのを使っているんだと。

　ここは少しお聞きしたいんですけど，社会構成主義とポストモダンは一緒でいいんですかね。

斎藤　この場合は同じ意味で使っています。微妙に違いますけれども。

原井　同じ意味でという感じで，社会構成主義者としてスタートして，その辺のスタートは最初から変わらないんですけれども，精神分析，ラカンもそうだし，そこからスタートしていらっしゃって，精神病理を掘り下げていく，言葉の部分を掘り下げていく。その中で例えば去勢の排除とか，そうしたこともおっしゃっていただきました。

　そこから入ってきたんだけれども，どうやらそこにちょっと居心地の悪さみ

たいなものを感じていて，中井久夫先生のほうに引かれたところ，決して中井久夫先生は精神分析どっぷりでもなかったので，違うところがあった。しかし，どうやってやればいいかというところで OD で対応の仕方を学び，実際に患者さんの反応も変わってきて，これは OD，自分にも合うし，こういうことだったんだと転換点みたいなのを覚えられた。

　　ただ，最初の私の質問が，今，御自身はどの部分にいるのかと。社会構成主義者であるという点はスタートから変わらないんですけれど，今，御自身が，ちょうどセイックラが社会構成主義者かどうかのように。

斎藤　ポストモダニストと自称しています。

原井　ルートも同じなんで，そこの部分は一緒なんですが，OD という，これは技法のセットという名前でもいいのかなと思いますが，今，自分がそれを使っているかどうかというところはそこまで意識していないし，むしろ使う場面っていうのがはっきり決まっているので，グループとかそこまでいった場面で決まっているから，どこでも，家族とでも，例えばこの場面でも，あるいは家電量販店で買い物をしに行くときに，店員さんと使っているかどうかっていう感覚はあまりないわけですね。

斎藤　フィンランドのトルニオが現地になりますけれども，現地でも OD って言葉はほぼ使われていないという状況もあって，みんなミーティングとか，ダイアロジカルプラクティスとか，そういう言い方をしている感じですね。

原井　似たものだけど言葉が違う？

斎藤　OD っていう固有名詞で言わないと思うんですね。OD っていう言葉はほとんど使われずに，対話とかミーティングとか，そういう一般語で使われているっていうことですね。

原井　とすると，OD の精神，例えば社会構成主義っていうものは，精神に，何かこころに病理があると考えるのではなく，それはあくまで言葉としてこういうふうに私たちが構成したものだというスタンスだと理解しているんですけれど，そうした主義とかなにかを除いて，ただ対話をして，そこにはリフレクティングとかいくつかの技法が入っているかもしれないけれども，もちろん 7 原則みたいなものは意識しないで，広く使われてることになる？

斎藤　それが当たり前になっているっていう感じですかね，7 つの原則に関しては。

原井　7 つの原則に関しては当たり前になっていて，それはもちろん斎藤先生ご

自身にとっても日常でという意味でしょうか。

斎藤　できるだけ日常生活においてもそうしたルールを守りたいという意識はあります。例えば，ヒエラルキーをつくらないとか，対話の継続性を大事にするとか，最も大きなルールは，「不確実性への耐性」と言いますが，先ほども言いましたように，対話に際しては，無計画で，プランを立てずに手ぶらで臨み，目前の対話のプロセスにだけ集中するという原則があります。基本にあるのは対話が続いてさえいれば成功であるという発想ですね。だから研究以外の目的ではアセスメントもしない。この辺は日常生活にもだいぶ浸透してきているように思います。

原井　だいぶ変わってきたわけですね，学ぶ前と学んだ後で，斎藤先生自身も。

斎藤　かなり変化したと思います。ラカンのセオリーとは全く対極にあるといってもいいくらい，技法的にも何もかも違うんですけれども，根本では通じるところがあって，それは何かっていうと，言葉への信頼だと思うんですよね。言語というものに対する信頼がすごく篤くて深い。ラカンの場合は否定神学と言いますが，要するに中心に一つの語り得ない欠如があって，その周辺に隠喩的連鎖があって，それが言葉システムをつくり出しているという発想があるんです。この発想自体は対話実践に際しては大いに役立つところがあると私は考えていて，どう役に立つかってことに関してはずっと「精神看護」に書いてきた連載をいま本にまとめようとしているところです。単純に対話実践っていうのがよく誤解されているように，みんながつながり合ってハーモニックな多幸感に浸るという技法ではない。そんな境地はそれこそ科学的に簡単に達成できる。そうではなくて，N対Nの対話がポリフォニックな空間をもたらし，その中で個と主体性の回復を目指すわけですが，ポリフォニーも主体性も治療者の意図や計算を超えたところで生ずるものと考えます。どちらも言語的な構築物と私は考えていますが，そこで言葉の持つ逆説的な機能が効いてくる。つまり「親密さと距離感を同時にもたらす」といった逆説です。だから，もっというと，私はこれ，文学だと思っています。昔から精神病理学に関しては文学者という蔑称がありましたけれども，私は今，「自分は医学ではなくポストモダン文学を実践している」と実感しながらやっていると考えていただいてけっこうです。だから技法的な側面に影響するのは効果やエビデンスよりも倫理性なんです。そもそもケロプダス病院のスタッフが一番最初に「患者がいないところで患者の話はしない」というルールを決めた時点でそうだったわけで，そんなエビデ

ンスはなかった。でもそうしてみたら成果が出た。万事がこの調子です。7原則も効果より倫理性を重視している。つまり患者の自由，権利，尊厳を常に尊重するという倫理観です。強制入院や身体拘束は，尊厳よりも治療を優先した結果なされる行為ですが，ODではそもそも尊厳が最優先なのでそういう発想は出てこない。どうしてもやらざるを得ない場面でも，例えば保護室を使うときはスタッフがずっと付きそうといった形で，尊厳への配慮がなされています。最近日本にも紹介されてきた認知症に対する「ユマニチュード」や依存症に対する「ハームリダクション」にも共通する発想で，これらをひっくるめて個人的には「人間主義2.0」などと呼んだりしています。

　本日のテーマの「広める」に関連付けるなら，この間口の広さ，敷居の低さがあるために，導入から10年経っても一過性のブームで終わらずに，高い関心が維持されていると自負しています。

原井　それが本につながるわけですね。ありがとうございました。奥田先生はどうでしょう。

奥田　こんなに良いものなのに，再現性っていうところがどんどん離れていきそうな感じがして。

原井　文学になってしまうと。

奥田　でも，私が使うとすれば，どうしても何に効いているかとか，もちろん患者さんの出方ありきだから，こっちがリアクティブに動けるというのは分かるし，できる。ところが，再現性って考えたときに，あるいは技術とかを人に伝達するときに，「7原則だけは覚えときや，あとはオープン」みたいな，そこに怖さを私は感じるんですよ。なので「困ったな」という感じですね。

　良いものなのに広めるって考えると，でもそっちのほうが広まるのかな。そこはちょっと分からないですね。ODは面白いし，何かに効き目があるんでしょうけど，今日は普及がテーマでしょ。

原井　ちょうどお話ししようとしたのは，今，自分が動機づけ面接をしているのか，それとも他のことをやっているのかといった，自分の意識ですね。これは多分，行動分析なら随伴性意識っていう言葉でもいいかなと思うんですけど，相手の言葉に対して今，どのように自分自身が反応しているのか，そこを意識する。例えば，今，私の場合だと斎藤先生のお話に関しては一生懸命サマライズをしようとして意識していました。どうやら，ちょっと開かれた質問をしてしまうと話が広がってしまうので，閉じられた質問のほうに切り替えました。

例えば社会構成主義とポストモダニズムは一緒のものなのでしょうかといった質問にしました。これを詳しく説明してくださいってやると話がさらに広がってしまうので。そして，サマライズをしていって，最後に私が聞きたかった部分ですが，これは私自身の話にもつなげていこうと思ってお話をしております。

　自分自身が今，動機づけ面接を使っている，サマライズをどのようにしようかと意識をしていました。それが今の，最終的に私自身がどう皆さんの話に反応するかを選ぶわけですね。奥田先生も会話をするときにどの部分に反応するのかを，選択的に反応するわけですから意識するはずだし，ここは流そう，ここは強化しようと考えるでしょう。あと，どちらを見られるか，私を見られるのか，斎藤先生を見られるのかっていったところでも刺激を既に選択しています。そうしたところを意識してやってらっしゃるかどうかっていうことを聞いてみようと思ったところでした。

奥田　全部関連するんですけど，クライアントの言った言葉っていうのを鵜呑みにしないんですよ。いつも機能分析をしているんですよ。行動の機能は，たった4つしかないので。クライアント本人が言ったことを言霊のように，本心をいつも言えているって考えてなくて。だから，実際，家でどうしているのかを見るわけです。質問紙じゃなくて，生態学的なアセスメントです。本当は社会に出たいんだとか，本当は就職したいんだって言っているけど，家で何してるかっていうところを調べるんですよ，それが生活のリアルなので。だから，言っていることとやっていることと，どうなっているのかっていう。いろいろなきっかけで不登校なり，ひきこもっちゃうっていうのは分かりますけど，そうすると，患者さんの言った言葉を尊重するっていうのも，またこれもきれいな言葉なんですけど，尊重している体を取りながら，大変深くうなずき，共感のふりはする。もちろん，実際には一定程度は共感もしていますよ。だけど，鵜呑みにはしていません。

　これは何かに対する要求なのか，あるいは注目なのか，何かからの逃避，回避か，あとは感覚。機能はこの4つしかない。よくあるのはこの4つが複合する場合ですけど，それでも種類は4つしかない。それ以外の5つ目の機能なんて，ないんです。世界中の研究者が調べたところで，人間の動機づけの中にこの4つ以外ありますかと。別の用語に言い換えることはできても，どれかに収れんされていくはずなんですね。

　だから，そこをいつも見抜きながらやっているんですけど，でも私は，斎藤

先生のご著書をいくつか読んで，すごくクライアントと寄り添って，尊重してっていうのがあって……。

斎藤 業界では逆の評価ですけれども（笑），ありがとうございます。

奥田 最初，普通にさらっと読んだら，私から見たら柔らかい先生で，患者に寄り添っていて，「寄り添い過ぎちゃう？」って思っていたんですけど（笑），読んだ後にいろいろと調べていったら，私が想像している以上に，精神科の入院治療の福祉のレベルの低さに驚きました。人間の尊厳を完全否定するぐらいのことがいまだにあるんだっていう，これは精神科の入院治療の一部かどれくらいか分かりませんけど相当劣悪で，そんなんじゃ駄目だろうっていう挑戦みたいなのが伝わってくるんです。

斎藤 一点，質問させてもらっていいでしょうか。どこで倫理性を担保するかという話なんですけれども，つまり，今のお話でいうと動機づけ面接を，服薬をするような方向付けとして用いましたという事例が多分，あると思うんですけれども，それ以外にも例えば，入院同意しない人の入院の動機づけに用いるとか，そういうことがあり得るのかどうか。

　その場合，入院したほうがいいという判断を誰が下していて，その正しさがどう担保されているのかということについてはいかがでしょうか。

原井 その人が置かれた文脈ですね。

斎藤 間違いもあるってことですね。

原井 そうでしょうね。動機づけ面接の中のセッションで，本人が本当に嫌がっていることは強制できないというのがありますから，最終的に決めるのは，例えば保護観察官で，今，保護観察中の人がいるとするじゃないですか。もし，もう一遍，窃盗したら次は刑務所に入りますというのが分かっている状況で，その保護観察官は，窃盗をするなというのが当然の仕事なので，「君，窃盗していいですよ，するかしないかは君の判断ですよ」っていうことはあり得ないんですけれど，最終的にまた窃盗をして，再度収監されて，次はもう10年入ることになりますというふうになったとしても，それを最終的に決めるのは本人だというやり方です。ですから，動機づけ面接の中で今，倫理性っていうのがありましたけれど，最終的な本人の自己決定をこちらで決めることができないというスタンスでやります。

　薬物の場合とか，そういった司法の場合だとそうですけれど，もっと幅広い領域の中で使えるのは認知症で，原井クリニックでの勉強会で出た事例なんで

すけれど，80 代の認知症も始まっている，夫からの暴力を長く受けている女性だったんですね。

　この人を夫から離すかどうか，それこそ，こういう場合でも確かに精神科病院はシェルター的に使うというメリットはあるわけですよ。認知症が治るわけじゃないんだけど，少なくとも DV を受けている，ここにジレンマがあります。本人は帰りたいと言うんですよ。「あの人（夫）は一人にしておくと寂しがる人だから」と言って。「いや，あなた殴られるだろう」と言うんだけれど，怪我が治ったら帰りたいって言うわけですが，それをいろいろセットして面接して，夫から引き離す。夫のほうは近所で暴れたり，なんで引き離すんだとか，俺はそんな何とか入院とかのサインした覚えなんかないぞ，妻を連れてこいとか言って電話してくるんです。

　そこは多分，今度は動機づけ面接で判断することじゃなくて，その人の臨床としての職人的なプライドであるとか，これは絶対正しいっていう判断はその場ではないと思います。

斎藤　そのことを伺ったのは，先ほどひきこもりの話を出していただきましたけれども，ひきこもりに対しての動機づけ面接っていうのは可能かどうかっていうところに，すごく私は興味があって。

　といいますのは，今，ひきこもりに関する政策決定の場面などにも当事者が参加しはじめていて，例えば「就労」はおろか「社会参加」を支援しよう，みたいな方向付けをしようとすると，強く反発されます。例えば，2010 年の厚生労働省のガイドラインには，ひきこもり支援には 4 段階あると述べてあって，最初が家族面接，次は個人療法，次が集団参加で，最後がソーシャルワークで終了するとなっているわけですが，こういう図式も批判されます。つまり段階が階段状の図になっているんですが，社会参加が一番上で，家族相談，つまり最初の段階が一番下っていうのはおかしいと。それは「ひきこもりよりも社会参加の方が偉い」という価値判断だろうと。私はこれは正当な抗議だと思いますが，何が言いたいかと言えば，そういう話が来るぐらい，動かされることに対する警戒心が強いんです。だから境泉洋さんも家族支援に CRAFT は用いるけれど，本人に動機づけをしようとはしていない。恐らくは単純にそれは「無理」なんですよ。そういうときに動機づけ，どういう方向性があり得るのかという疑問がまずあって，少なくともはっきり言えることは，就労，社会参加をゴールにした動機づけ面接をすると，非常に強い反発が来るだろうということです。

　そもそも，当事者は一般にプログラム的な手法を忌避する傾向が強いので，面接自体が難しいと思いますけれども，私が一番望ましいと思っているのは，いわゆる共同創造といいますか，あらかじめ方向を定めずに，本人にどういうニーズがあるかってことを自分で発見する手助けをしていただけると一番ありがたいんですけど，それも動機づけ面接に含まれるのかどうかということを質問したかったんですけれども。

VI　動機づけ面接のロールプレイ

原井　これは，実際の事例でリアルプレイとかロールプレイでやってみたほうがいいですね。そのようなクライアントさんの役割を，先生やってもらえますか？

斎藤　患者さんの役割ですか。いいですよ。

原井　じゃあ，ちょっとやってみようと思います。

斎藤　ひきこもり，基本しゃべらないので（笑），私，黙っていますからよろしくお願いします。

原井　私，原井と申します。きょう，家族の方から呼ばれてこちらに夾たんですが，斎藤さん，ずっとこうして家におられますが，この家にずっといること，どう思われてますか。

斎藤　楽園ですよね。だって，働かなくても飯出てくるし，寝てればいいし，楽園ですよ。

原井　天国にいるような感じなんですね。

斎藤　天国ほど良くはないけど，嫌なことしないで済むから楽園ですね。

原井　天国まではいかない，もちろん，天国って簡単にいけるとこではないんですけど，ちょっと不満なところもあるんですね，そしたら。

斎藤　不満なところ？　確かにこちらが食べたいものがいつも出てくるわけじゃないので，食事には不満があるかな。

原井　まず食事ですね，自分のタイミングで食事が出てくるわけじゃないし。

斎藤　我慢できますけど。

原井　それはしょうがないかなって，我慢してらっしゃるわけですね。他にはなにかちょっと不満が，もしあれば，食事以外でも。

斎藤　もっと金欲しいですけどね。自分の自由になる，自分が苦労しなくて使える金があると，とてもありがたいです。

原井　お金使ってやりたいことがあるんですね。

斎藤　ゲームですよね。

原井　そうすると食事，タイミングとか内容とか，そしてゲームも，本当はもう少し高いゲームでも買いたいものがあるわけですね。

斎藤　課金ですね。

原井　必ずクレジットカードとか，そういうのを使って課金しなくちゃいけないので，それの枠みたいなのがはめられてしまってるんで。

斎藤　でも，ただでも遊べますからいいんですけどね。

原井　無料だけだと，もうちょっとこれで遊びたいのにっていうときがある，その部分が不満といえば不満な部分ですね。

斎藤　多少はね。

原井　そうすると，食事と，それからゲームの課金で無料の中でしかやらせてもらえないといったところ，他にもありますか。

斎藤　多少は使いますよ，小遣いもらってますから。ちょっと足りないかなってぐらいですね。

原井　いつもなんか足りないな，もうちょっとっていうところで我慢しているわけなんですね。

　　そうすると，けっこう我慢していることがあるわけですけど，他に不満，我慢していることは？

斎藤　あとは特にないですね。食事とゲームですね。

原井　もちろん食事が自分の食べたいときに欲しいものが必ず得られて，それからゲームのほうも小遣いを自分が欲しいだけ増やしてくれるとか，自分でも稼げたりするともっといいだろうなと，そこまでいけば天国と思ってらっしゃるわけですけれど，その部分で他にも，あるいはその不満の部分というのを今どうしたいとか，我慢はしておられるわけですけれど。

斎藤　我慢っていうか，俺みたいに無価値な人間にはそれぐらいがちょうどいいんじゃないですかね。無価値な人間ですよ。税金も払ってないし，仕事もしてないし，そういう価値がない人間にとってはこのぐらいの生活がちょうどいいんじゃないですかね。我慢というのも納得してますよ。

原井　自分で諦めてるわけですね。

斎藤　諦めるっていうか，納得してます。

原井　いつから？

斎藤　いつからだろう。もう何年も前からですかね。

原井　小さな頃からという意味ですか。

斎藤　小さい頃っていうか，この部屋から出なくなってからですかね。だから，10年ぐらい前かな。

原井　その前はもうちょっと，もちろん無価値じゃなかったし，将来はとか思ってたときがあったんですね。

斎藤　ていうかあまり考えなかったですけどね。

原井　あんまり？

斎藤　考えなかったです。

原井　そのときは，自分が価値があるとか，もちろん無価値なんて思っていなかったわけですけれど，そうすると，ひきこもるようになってからは，何十年か分かりませんけど，自分のことを無価値って考えるようになったんですね。

斎藤　でも，普通に考えて価値ないでしょう。だって，何も生み出してないし。誰も自分が助けてるわけでもないしね。生きてれば親が納得するみたいだから，とりあえずは生きてればいいかなと思ってます。

原井　親にとってみれば価値がある人間だけど，その他の人から見たらいなくても一緒，そんなふうに自分のこと考えてるわけですね。

斎藤　そう思いますね。

原井　ちょっといいですかね。斎藤さんのお話聞いてて，もちろん多少の不満もある，でもそれは我慢するしかないなと思っておられて，食事とかゲームの課金のところですよね。でも，この十何年間，自分のことを無価値って，意味がない，親に生かされてる，まるで親に飼いならされてるみたいな感じがしますけど，私から見てて。

斎藤　いや，飼いならされてるっていうよりは，親にはそこそこ感謝はしてますよ，そこそこね。俺をこんなにしたのは親なんだから，面倒見るのは当然とは思ってますけど，でも，価値がない人間を10年も飼ってくれてるんだから，そこは感謝しますよ，普通に。

　　　だから，半々ですかね。恨み半分で感謝半分ってとこですかね。

原井　こんなふうにしたのは親だという気持ちも半分あるし。

斎藤　それは当然，ありますよね。

原井　こんな自分でも，限度はあるけどゲームさせてくれて，それと食べさせてはくれていてっていうとこ。

斎藤　でも，もう 30 ですからね。30 まで，20 歳過ぎて 10 年間もこのごくつぶ
　　しを飼ってくれてるんですから，それは感謝しますよね。

原井　感謝してる？

斎藤　半分は。

原井　半分は。

斎藤　相殺してるんです，相殺。プラマイゼロですかね。

原井　ずっとそう思ってたわけですか。

斎藤　言われれば考えるくらいですかね。普段そんなこと考えたらやっぱりきつ
　　いですから，あんまり考えない。ゲームやってボーっとしてますよ。

原井　今，初めてそういうことを考えて，こういったこと振り返って，この 10
　　年間のことを，初めて会う私なんですけど，考えていただいてるわけですね。

斎藤　言われてみればって感じですかね。

原井　言われてみればやっぱり，もちろん食べ物がうまく出ないときとか，ゲー
　　ムでもうちょっといけば課金のところがここまであったりで，もうちょっと，
　　あと 10 分，20 分やれば最高点取れたのにっていうところでやめなくちゃいけ
　　なかったりするときとか。

斎藤　そこまでゲームに執着してないんで，強いていえばですよ。そんな楽しく
　　ないし，やってても。

原井　我慢強いんですね。

斎藤　我慢強いですかね。確かに我慢強いほうかもしれませんね，そういった意
　　味では。

原井　半分，親に対して恨みもあるし，こんなふうにしたのは親のせいだと思
　　うときもある一方で，こんな無価値な人間を養ってくれてる親に感謝してると
　　おっしゃってるわけで。

斎藤　我慢っていうか，これ以上きついことはしたくないんで，我慢というより
　　も嫌なことはしないってことですかね。その結果がこれですかね，やっぱり。

原井　本当はこうなるはずじゃなかった。

斎藤　今はそこまで考えないですね。そういうこと，最初の 1 年ぐらいは考えた
　　かもしれないけど，今はもうこれしかなかったという感じですかね。

原井　最初の 1 年間はこのままじゃ駄目だなと思うところがあって，9 年間はも
　　う諦めて，自分の人生捨ててみたいな 9 年間だったんですね。

斎藤　言われてみればそうかもしれませんね。人生捨ててって言われるとちょっ

と傷付きますけれどね。そんなことかもしれませんね。

原井　ちょっと当たってる部分もあるなと。

＊　　　＊　　　＊

　この辺でちょっと区切りますけれど，こうして会話していただければ，とりあえずこんな感じで会話を続けて，じゃあ，諦めていた夢の部分を聞かせてくださいって，次の約束をとれるようにしていきます。

　何を私が意図的にやっているかというと，ここでのポイントは，最初はかなり選択的な技法を使っていて，不満な部分を引き出すようにした。不満な部分が2つ，例えば食事とゲームの課金の部分。現状に対して不満を引き出す。話をまとめていって，自分の現状についてどう思うかを，開かれた質問をしていって，親に対する葛藤があるという部分を引き出す。ひきこもった最初の1年間は，このままじゃまずいなと思っていた，そのうちそのことを考えなくなっていった。考えるのが面倒くさい，出掛けるのも面倒くさい，嫌なことするのが嫌だっていうところには選択的に反応していないんですね。こんなふうにしていました。

斎藤　すごいですね。私はそこまで自分のしゃべったことを意識したことないので，モニター力がすごいですね，本当に。

奥田　斎藤先生はたくさんひきこもりの人を見ておられるから，うまく演じておられますが，原井先生のやり方で腹を立てそうな患者さんっていそうですか？

斎藤　若干，誘導の要素を感じて反発したりする人はいると思います。それに対して見構えちゃうっていうか。

奥田　怒っちゃう人とか……。

斎藤　沈黙しちゃう人がきっといると思います。

奥田　私たちのこの関係性だから，そっちのほうは演じなかったんですけど，私が見ていて，ある人にとったら，「原井先生，一体何が言いたいんですか？」って言いたくなるところがあると思います。

原井　奥田先生にやっていたら，「あんた何言いたいの，自分の言いたいこと言えよ。俺の話ばかり聞いて何が言いたいんだよ」って，絶対言われますね。これ，奥田先生と最初出会ったときに奥田先生に言われたんですよ（笑）。

奥田　客観的に見ていて，穏やかなほうを演じておられるけども，怒っちゃう人

もいるだろうなと。

斎藤　中ぐらいに厄介な人を演じた感じです。本当に厄介な人は何言っても怒りますんで。

奥田　面白い。

斎藤　面白かったです。まさかここでロールプレイをやることになるとは思ってなかったので（笑）。

Ⅶ　文化の広がりとミーム——まとめ

原井　ちょっと話が飛んで申し訳ないですけど，文化が広まるっていうときに，奥田先生はミームって言葉使います？

奥田　私は使わないです。

原井　ミームっていうの，ご存じ？

斎藤　使います。ネットミームとかいうじゃないですか。

原井　結局，言葉がなぜあるのかっていったときに，言葉自体，もちろん伝達する，周りに伝えて，情報を伝えるために私たち言葉を使うし，そして，それで科学技術であるとか，知識であるとか広まっていくけれども，99パーセントはただ広まるためだけに使われている言葉で，別に意味のある情報を伝えているわけでもないし，それこそフェイクニュースと言ってもいいのかな，ただ広まるだけに広まっている。ですから，言葉とか文化っていうのも広げるための器で，単純にただ広がっていく。

　　精神科医のいろいろな言説というか，ディスコースって言ったほうがいいんでしょうかね，フランス風に言うと。ただ広めるためだけに，これしゃべっているよねという人は，精神科医だけじゃないです。文学だって，ネットでもそうですもんね，広めるためだけ。広めるのがうまい人たちが一定数いて，それをさらにツイートしてリツイートしてって，どんどん広まっていく。

　　その中で，効果がある治療法だから広がるとか，いい治療法だから自然に広まるはずだと思うのは妄想だと思うんですけど，いかがですか。

斎藤　それは全く同感ですけれどもね。やっぱり広がるのはもう少し，本質とは別のところでミーム化したものでしょうね，恐らく。

奥田　診断名だってそうでしょ。

原井　発達障害ってやつもね。

斎藤　HSP とかね。

奥田　精神科医の先生がたに伺いたかったのは，『改訂版　社会的ひきこもり』
（PHP 新書，2020）もそうですけど，やっぱり予防なんですよ。斎藤先生も前
半のほうで予防のやり方も分かっているのにみたいなことが書いてあったの
に，最近のウェブ上での先生のインタビューの記事を見たら，編集者がそう書
いたのかもしれないですけど，不登校の予防，ひきこもりの予防なんてナンセ
ンスだ，みたいな。

斎藤　予防っていった時点で問題行動になっちゃうので，それはもはやタブーな
んです。

奥田　タブー？

斎藤　タブーなんです。文部科学省が今，不登校は問題行動ではないと明言して
いますよね。同じ文脈で，ひきこもりは問題行動ではないと，今なっています
ので，予防という発想自体が駄目なんです。

奥田　駄目っていうのは，使っちゃ駄目ってことなんですか。

斎藤　予防するということは，問題行動や病と同じ扱いになっちゃいますから，
少なくとも行政レベルでは予防という言葉はもう使えません。一義的には，ど
ちらもただの状態像ですから，予防するという発想になじまないという考え方
ですよね。

奥田　私は幼稚園を創立したのですが，当然ですけど不登校は一人も生み出して
いませんし，よその幼稚園の登園渋りの子も相談を受ければ直してきました。
不登校のリスクになっていくような子は明確にいるんです。トイレに行って
帰ってきて参加がほんの少し遅れただけで，みんなが歌っているところに入れ
ないとか。定型発達の子で，そういう子も普通にいますよ。もちろん自閉症の
子も含めて不登校のリスクは，十分に自覚しています。多くの幼稚園や保育所，
学校はそういうリスクを甘く見ているのではないかと。

　予防にも成功している人がここにいるのに，文部科学省がやっている不登校
の定義や分類法は本当に馬鹿げています。長期欠席者というのが問題で。長期
欠席者の中の1つが病気，2つ目が経済的理由，3つ目が不登校，4つ目がそ
の他だったんですけど，4つ目の定義なんて，1でも2でも3でもないことっ
て書いてあるんですよ。

　一番目の病気は，本人または周囲の者がこうこうこうでって書いてあって，
「必ずしも医者の診断が必要ない」っていうことも定義に入っているんですね。

医者じゃない私が自分のクリニックで診断したらしょっぴかれるのに，小学校6年の子が「おなかが痛い」って言ったら，不登校じゃなくて病気だから，不登校からは除外されるんですよ。本人が「病気だ」と言っているから，と。こうした詭弁をずっとやり続けているんですよ。長期欠席者の一覧を見れば分かるんです，データで明らかなんですけど。今はここに「コロナ感染回避」という分類も加わり，一気に長期欠席者数が増加しました。文科省の分類では，これも不登校ではないとなります。

斎藤　低学年の不登校対応については，同意できるところもあります。ただ少なくとも中学以降の不登校については，一番の予防策は学校現場の環境調整だと思っています。具体的には「指導」や「校則」といった生徒の尊厳を傷つける暴力の撤廃などですね。文科省はその体でずっとやってきているので，発達障害診断も教師がやっているわけですし，不登校の原因の6割が無気力というデータを出したのは文科省ですからね。そういうナンセンスなことをやっているうちは難しいんじゃないでしょうかね。

奥田　私が文科省に対する怒りを燃やして，もう25年も徳島県に関わりを持っているのですが，3年ぐらい前から徳島県の事業として不登校の調査と支援も開始しました。ちなみに徳島県の不登校問題の管轄は人権教育課です。いろいろな自治体でどこが扱うとかっていうのがあるんですけど，たいてい敗北しているんですよ。

　私がずっと関わってきたのは特別支援教育課なので，特別支援教育課の中で不登校をやっちゃおうということで，文科省の使えない定義をガラっと変えちゃいまして，新たな調査項目を入れてもらったんです。それは「常に子どもの要求が優先される」という項目で，これは文科省にない言葉なんです。自画自賛になりますが，個人的にはファインプレーだと思ってるんですけど，なぜならこれが不登校の原因の2位以内に入ってくるんですよ。親子関係において，常に子どもの要求が優先されるという項目が1位，または2位なんです。

　1位になっちゃうような項目が文科省の調査の中には入っていない。それが不登校の要因だっていうことを臨床経験から分かっているので，それを調査項目に入れたら案の定ということです。親子関係において子どもが「主」であり親が「従」であるという，召し使い状態が続くと不登校になっていくということを，2歳ぐらいからもう分かっているんですよ。それじゃ駄目ですよっていうことで，親教育にめちゃくちゃ力を入れるんです。そうすると奥田健次は人

　気がなくなるんですよ（笑）。

　　医療経済学の話で，ありましたっけ？　　人気があるのは患者の言うままにホイホイと診断名をつけてあげたり，診断書を書いてあげたり，そっちの医者でしょ。そういうところに医師の実力を発揮されても，何の専門性も感じませんけど。薬だって，言われるままに出したら……。

原井　整形外科なら，おじいちゃん，おばあちゃんに言われるがままに痛み止めや湿布を出して，交通事故で診断書を書いてというのが一番もうかりますね。

奥田　では，精神科医のもうけ方はどうなっているんでしょうか。

原井　例えば，精神科の病院で，暴力をふるうような病院の話もありましたが，そこに入れる親，家族もいるんです。あるいは地域から頼んで入れるところもある。地域のどこかに，「あそこに入れたら退院しないから入れよう」という病院が必ずあって，排除しようという精神とか心理，相互依存というのはどこかにあります。

奥田　そういうニーズがね……。

原井　これは随伴性っていう言葉でいいと思うんですけど。

奥田　必要悪だったりするんですか？

原井　これを必要悪と思うのか，それとも，人権とかあるべき姿というところから外れていくからいろいろな方法で，もちろん罰コントロールになるんですね，病院の資格を奪ったりとか。滝山病院の場合だったら院長，一遍，罰コントロール受けてるのに。

斎藤　朝倉病院で事件を起こして，保険医はく奪されています。

原井　行政罰，受けてるんです。

斎藤　なぜか5年後に復活して院長になってしまったということですね。厚労省が甘いですよね。

原井　甘いか，あるいはそういう医者しか行かないような病院があったんでしょうね。

奥田　先ほどの斎藤先生の国のシステムの話はちょっと置いといて，もし，斎藤先生が私みたいに幼稚園を経営するとします。例えば，養老孟司先生は病院ではなく保育所の理事長をやっておられます。斎藤先生がご自身の幼稚園や保育所で親子関係を見て，2歳，3歳ぐらいから，いわゆる自我みたいなものがバンバン出てきて，自分が要求しても駄目なことっていうのがあって，体の不調を訴えて，それを親がどうケアするかというのを目の当たりにします。私の言っ

ている予防，この親子関係が続くと不登校になるんじゃないかとか，私には分かります。これだけ，ひきこもりのことをやっておられる斎藤先生が，もし理事長になって，そうした親子関係を見たときに，先生もお分かりになるはずなんですよ。先生のご著書にも，いくつか理由が書いてあったと思うんです。共依存とか。

　そういったところで，斎藤先生がもっと予防に関われるのであれば，そこに着手というか，アドバイス，親御さんに対する支援とかありますか？

斎藤　私は小児は専門外なんで，思春期の類推でしかできないんですけど，ただ一つ言えることは，私，コフーシャンのところがあるので，コフートが言っているような，オプティマルフラストレーションということは必要だろうと思っています。つまり，100 パーセント欲求をかなえるんじゃなくて，必ず不満が残るようにやっていくことが大事であって，それがしつけというのか分かりませんけれども，おっしゃるように，全部聞くっていうことはあり得ないと。

　これは，日本で 20 年前ぐらいまでまん延していた，全受容ブームというのがあって，非常に気持ち悪かったんですけども，あそこに一つの徴候があったといってもいいのかもしれませんね。

奥田　本人が母親に要求したからということで，中学生におっぱい吸わせるやつとかですよね。

斎藤　多分，曲解されたロジャーリアンとか，そんな感じだと思いますけれども，信田さよ子さんもルーツ分からないと言っていましたから，何となくみんなでつくり上げたブームだったと思いますけれどもね。専門家までが子どもの家庭内暴力を全部受け入れましょうと推奨して，結果的に暴力に耐えられなくなった親の子殺し事件が続発したのもそのせいですから，有害性ははっきりしています。抽象的な話しかできませんけれども。

原井　今のところで奥田先生自身の本は実績として不登校を予防できる。幼稚園の段階からして，さらに小学校，中学，高校も含めてこれから考えられるんだと思いますが，そうした方法論もあるし，技法もある。なのに，例えば親のこうした細かな行動，一つの行動でその子ども全部受け入れる，全受容なんかもそのうちの一つですよね。それが不登校を増やしてしまっているっていうことが分かるのに，みんな……。

奥田　今の親御さんって 30 代，40 代ですよ。保育士とかもその影響をいまだに受けているんですよ。

原井　『子育てハッピーアドバイス』（1万年堂出版，2005）のように500万部も売れている本のように，全受容ブームがいろいろ名前を変えて出てくるけれど，奥田先生はそれに一生懸命，地元の軽井沢であらがっている感じがしますね。

奥田　あらがっています。そして，成功しています。長野県で一番小さい幼稚園ですけど，来春には小学校も開校する予定ですし。

斎藤　難しいのは，それがイデオロギー化されてしまいやすいところがあって，全受容もフリースクール系のイデオロギーですし，一方には親学的なものもある。日本会議なんかの親学的なイデオロギーに奥田先生の主張が取り込まれてしまうと厄介だなということを思うわけです。

奥田　戸塚ヨットスクールと同じにされたくないわけです。

斎藤　そうです。でも，その発想を極端化すると戸塚ヨットスクールになったりする可能性があり，中間が難しいです，すごく。

原井　最後に，広まるというところでいうと，ミームみたいな形で広がっていくといろいろな形で広がっていって，全受容とか，そうした分かりやすい言葉で広まっていったりする。全受容っていうところの反対は全否定。

奥田　極端なんですよね。

斎藤　極論ですよね。

原井　どうしてもメディアのほうは白黒分けたりとか，例えばオープンダイアローグがある程度出たところで，クローズダイアローグが出てきたりする。

斎藤　ネットミームっていう点でいうと，ある意味，今は対話ブームですよね。空疎な対話ブームですけれども，それはそれとして，これに乗っからない手はないかなってちょっと思ったりもしますね。『対話する力』みたいな新書，今出せたら売れそうですし。

原井　そうして広まっていってしまうと，また波が変わっていってしまう。本当に広めたいものはそういうものではないので。最後にちょっと付け加えさせていただくと，精神科病院の話がありましたけど，罰コントロールはどうやらうまくいかない。行政は，例えば医師に対して，保険医資格を奪うとか，病院なら最終的に廃院に持っていくとかっていうこともするでしょうけど，それでは決して滝山病院みたいなものもなくならない。人権に違反するところは消えていくとは思いますけれども，罰を与える形では全体の改善ができない。

　　私としては最終的に，罰コントロールではなく，ポジティブに効果が出た，いいことがあったということに対して，どんな形にしたらいいのか分かりませ

んけれど周りが正しく評価し，社会全体が評価を与えてくれるといいなと思います。日本全体で見ていくと，例えば経営者として考えていくと，たとえばコロナのときの補助金とか，クリニックにも出てくるんですけれど，決していいことやったから出すんじゃなくて，損したから出しますとか，なにか補う形にしかならない。いい結果を出したところに対してもうちょっと報われるような社会になれば，奥田先生の試み，それからオープンダイアローグの試み，また，動機づけ面接に関しても，ただいいから広まるのではなくて，結果が出たところがさらに広めていくような社会になっていったらいいなとは思います。

あとがき

原井宏明

　書き手にとって書くことには3つの機能があるだろう。1つは，他人に文字を通じて情報を伝えることである。文字を持たなかった古代日本人は文字の効用に気づき，情報伝達の方法として漢文を選んだ。今も玄奘法師が翻訳した仏典が儀式の場で読み上げられる。書き残すことによって同世代はもちろん後世に残すことができる。それが書かれた文脈や著者の個人的な経験・感情のすべてを伝えることはできないが，後世の人がそれを解釈して再現してくれるかもしれない。もう1つは，自分自身が学ぶことである。講義メモや日記などがそれにあたるだろう。自分自身を読者として，自分の体験を自分の言葉で語るものである。最後の1つは書くことを通じて感情を共有することである。情報ではなく，読者自身の共感がその人の行動に影響を与える。『源氏物語』がその代表だろう。小説や詩はもちろん，警句もその中に入るだろう。この本の中の著者がどの機能を想定して書いたかは分からないが，実際に機能を決めるのは読者自身である。

　本書は情報伝達の部分もあるが，それだけではなく各執筆者の自分の体験を自分の言葉で語ることをお願いした。読者の中には執筆者に対して共感した人がいたはずだ。しかし，読者がそれをどう「読み返し」，どう「書き換えし」て人に伝え，自分や人の行動に影響していくのかは私には予測できない。最終的な消費者である，クライエントや患者さんのためになればと願うばかりである。

　緒言では触れなかったが，言うまでもなく本を世に出すのは出版社である。新聞や雑誌が姿を消し，スクリーンやデジタルデバイスを通じて情報を得ることが一般的になった現代でも，出版社と編集者は必須の存在である。

　緒言でとりあげた表では出版社名を上げなかった。次の表に出版社のランキングを示す。1冊だけのところは省略した。

280

表　出版社別　MI 本の数

出版社名	数
星和書店	7
金剛出版	3
メヂカルフレンド社	2
中和印刷	2
医歯薬出版	2

どこが熱心に MI に取り組んでいるかは一目瞭然だろう。金剛出版については私の単著を含めて，MI 以外でも大変お世話になっている。私の書いたものが本に乗ったのは 1992 年に出た金剛出版の本が最初である。内山英幸先生が編集した本の一章だった（原井・他，1992）。MI の出版を企画された立石社長に感謝したい。

　　最後に連載の編集を担当してくださった「精神療法」編集部の梅田さんにも感謝を申し上げる。本書の編集中に，初めて分かったことであるが，実は梅田さんとの関わりは 1990 年にさかのぼる。昔，「現代のエスプリ」という雑誌があった。山上敏子先生が監修して行動療法特集号が出ることになった。私は山上先生の指示のもと，先輩弟子である中島勝秀先生と「社会技術訓練」について書くことになった（中島・原井，1990）。当時の「現代のエスプリ」の編集者は梅田さんであった。縁とは不思議なものである。さらに，あらためて 34 年前の自分の原稿を読むと，社会技術訓練（social skills training, SST，今日では生活技能訓練と呼ぶことが多い）と MI の類似性に気づく。なんのことはない，34 年前に山上先生が私にさせようとしたことを私は MI の形でやろうとしているのだった。

　　最後に編集者をもう一人つけ加えさせてほしい。緒言にでてきた某編集者は穂原俊二さんである。彼の編集者人生の話は最高に面白かった。

文　献

中島勝秀・原井宏明（1990）社会技術訓練.（山上敏子編集）現代のエスプリ 279（pp.89-98）. 至文堂.

原井宏明・高松淳一・内村英幸（1992）第 15 章　森田療法と行動療法—部分から全体へ.（内村英幸編）森田療法を超えて—神経質から境界例へ. pp.249-268. 金剛出版.

索引

■執筆者一覧 （執筆順）

原井宏明	はらい・ひろあき	原井クリニック／株式会社原井コンサルティング＆トレーニング
北田雅子	きただ・まさこ	札幌学院大学人文学部／アンド MI ラボ
沢宮容子	さわみや・ようこ	東京成徳大学応用心理学部
佐藤洋輔	さとう・ようすけ	立命館大学人間科学研究科
坂上貴之	さかがみ・たかゆき	慶應義塾大学名誉教授
村井佳比子	むらい・けいこ	神戸学院大学心理学部
加濃正人	かのう・まさと	祐和会大石クリニック／昭和大学
山田英治	やまだ・えいじ	東京家庭裁判所
大坪陽子	おおつぼ・ようこ	東京医科大学 医療の質・安全管理学分野
挾間雅章	はざま・まさあき	京都桂病院
川村智行	かわむら・ともゆき	あべのメディカルクリニック
松浦文香	まつうら・あやか	原井クリニック／株式会社原井コンサルティング＆トレーニング
瀬在　泉	せざい・いずみ	防衛医科大学校医学教育部看護学科
今井淳司	いまい・あつし	東京都立松沢病院精神科
岡嶋美代	おかじま・みよ	道玄坂ふじたクリニック／BTC センター
磯村　毅	いそむら・たけし	予防医療研究所／スマホ依存防止学会

〈鼎談〉

斎藤　環	さいとう・たまき	医療法人八月会 つくばダイアローグハウス／筑波大学名誉教授
奥田健次	おくだ・けんじ	学校法人西軽井沢学園

■編著者略歴

原井宏明（はらい・ひろあき）

原井クリニック院長，（株）原井コンサルティング&トレーニング代表取締役。IFAPA。ABCT フェロー。精神科専門医。精神保健指定医。日本認知・行動療法学会常任編集委員・代議員・専門行動療法士。MINT 認定動機づけ面接トレーナー。日本動機づけ面接学会名誉理事。1984 年岐阜大学医学部卒業，ミシガン大学文学部に留学。国立肥前療養所精神科，国立菊池病院精神科，医療法人和楽会なごやメンタルクリニックを経て 2019 年から現職。

［著書］『対人援助職のための認知・行動療法―マニュアルから抜け出したい臨床家の道具箱』（金剛出版，2010），『方法としての動機づけ面接―面接によって人と関わるすべての人のために』（岩崎学術出版社，2012），『図解 やさしくわかる強迫性障害』〔共著，ナツメ社，2012），『「不安症」に気づいて治すノート』（すばる舎，2016），『認知行動療法実践のコツ―臨床家の治療パフォーマンスをあげるための技術』（金剛出版，2020）など。

［訳書］『組織の変化と動機づけ面接―医療・福祉領域におけるリーダーのために』（監訳，金剛出版，2025），『CRAFT 依存症患者への治療動機づけ―家族と治療者のためのプログラムとマニュアル』（監訳，金剛出版，2012），『医師は最善を尽くしているか―医療現場の常識を変えた 11 のエピソード』（みすず書房，2013），『死すべき定め―死にゆく人に何ができるか』（みすず書房，2016），『動機づけ面接 第 3 版（上・下）』（監訳，星和書店，2019），『動機づけ面接を身につける〈改訂第 2 版〉――人でもできるエクササイズ集（上・下）』（星和書店，2023）など。

動機づけ面接を始める・続ける・広げる

2025 年 3 月 20 日　印刷
2025 年 3 月 31 日　発行

編著者　原井宏明

発行者　立石正信

装丁　臼井新太郎

組版　古口正枝

印刷・製本　シナノ印刷

株式会社　金剛出版

〒 112-0005　東京都文京区水道 1-5-16
　　　　　　　電話 03（3815）6661（代）
　　　　　　　振替 00120-6-34848

ISBN978-4-7724-2090-7　C3011　　　　　　　　　　Printed in Japan ©2025

組織の変化と動機づけ面接
医療・福祉領域におけるリーダーのために

[編]=コリーン・マーシャル　アネット・S・ニールセン
[監訳]=原井宏明　[訳]=大出めぐみ

●A5判　●並製　●300頁　●定価 **4,180** 円
● ISBN978-4-7724-2089-1 C3011

医療・社会福祉組織のリーダー必読
従業員の成長や組織の重要な変化を助ける,
動機づけ面接の活用法を学ぶ
あらゆる層のリーダーにとって役に立つ実践的な一冊。

認知行動療法実践のコツ
臨床家の治療パフォーマンスをあげるための技術

[著]=原井宏明

●A5判　●並製　●256頁　●定価 **3,740** 円
● ISBN978-4-7724-1780-8 C3011

OCD関連疾患, 恐怖症などを主な対象とし,
エクスポージャーや動機づけ面接を
中心とした行動療法を
長年実践してきた著者による治療論。

対人援助職のための認知・行動療法
マニュアルから抜け出したい臨床家の道具箱

[著]=原井宏明

●A5判　●上製　●260頁　●定価 **3,850** 円
● ISBN978-4-7724-1165-3 C3011

脱・マニュアルを目指すための"実践 認知行動療法"!
今もっとも体系だった有効な心理療法として注目される
認知行動療法を実際の臨床現場で適用するための
画期的な臨床指導書。

価格は10%税込です。